2026
메가트렌드
MEGA TREND

불확실성을 넘을 비즈니스 전략 포인트

들어가며

2026 메가트렌드

한국건설 '희망 불빛'을 밝혀라!
전문가·기자들이 제안하는 새해 비즈전략 포인트

    2026년 병오년은 한치 앞을 내다보기 힘든 격변의 해입니다. 미 트럼프 대통령의 관세폭탄발 무역전쟁이 불거지자, 경제협력개발기구(OECD)는 세계 경제가 2%대 저성장세로 고착화할 것으로 전망하면서 "불확실성과의 싸움이 시작됐다"고 경고했습니다.

    우려는 현실이 됐습니다. 세계 각국이 저성장 늪에서 헤어나오기 위해 금리를 내리고 돈을 풀었지만 '인플레이션'이란 복병에 직면했습니다. 관세장벽을 걷어내야 하지만 트럼프 정부의 입장은 확고합니다. 시험대가 될 11월 미국 중간선거까진 바뀔 가능성이 희박합니다.

    대한민국도 '경주 APEC 정상회의'에서 급한 불은 껐지만 극한의 수출환경은 감내해야 할 처지입니다. 실질 국내총생산(GDP) 중 수출비중은 36.3%, 2024년 경제성장률(2.04%)의 수출기여도만 1.93%p인 나리에서 수출이 흔들리면 건설을 포함한 국내 경기도 휘청일 수밖에 없습니다.

러우전쟁 등 국지적 분쟁이 지속되는 가운데 북한 김정은 국무위원장의 핵 고집, 극우 성향의 일본 다카이치 사나에 내각 출범 등의 여파가 어디로 튈 지도 가늠하기 어렵습니다.

이재명 정부의 친노동정책 기조는 엎친 데 덮친 격입니다. 임기 첫해 쏟아낸 '노란봉투법'(노동조합 및 노동관계조정법 2·3조 개정안), 상법 개정안에 더해 주 4.5일제, 정년연장 등의 조치가 실행될 예정입니다. 기업들로선 하나하나가 비용 부담과 직결되는 악재들입니다.

특히 건설산업은 사면초가입니다. 잇따른 사고를 막기 위한 영업정지 등 정부의 고강도 제재에 이어 건설안전특별법 논의도 급물살을 탔습니다. 반면 안전 이행의 필수 선결조건으로 산업계가 촉구한 공사비 현실화는 늦어지고 있습니다.

이뿐이 아닙니다. 건설물량의 70% 이상을 차지하는 주택시장이 토지거래허가구역 남발로 대표되는 10·15대책에 꽁꽁 묶였습니다. 새해 예산을 8.1% 늘어난 728조 원으로 잡고 확장재정 기조로의 전환을 선언했지만 예산은 민생경제와 AI 대전환을 향할 뿐, 건설을 비껴갈 조짐입니다.

양극화가 대·중소기업, 서울·지방을 넘어 업종간에도 벌어지고 있습니다. 코스피가 4000p를 넘어도 K-붐을 탄 반도체, 자동차, 조선, 식품, 패션, 화장품 등이 중심일 뿐, 건설, 철강, 석유화학, 시멘트 등 전통산업 주가는 맥을 못추는 현실입니다.

산업 진흥보다 제재·압박에 치중된 정부 정책을 바꾸는 게 사실상 어렵다면 기업인들로선 스스로 변화하고 혁신하는 길밖에 없습니다. 그 첫걸음은 정교한 시장예측입니다. 위기를 피해가고 기회의 길목을 지키기 위한 필수 요건입니다.

〈대한경제〉는 전문가·전문기자들의 시각에서 새해 기업 운명을 좌우할 10대 변수를 선별하고 이를 헤쳐나갈 비즈니스 전략포인트를 짚어낸 '2026 메가

트렌드'를 발간합니다.

1부는 '경제 읽어주는 남자'로 잘 알려진 김광석 한국경제산업연구원 경제연구실장이 트럼프 2기 집권 후 파편화된 세계경제의 향방을 지정학과 경제학을 합친 지경학적 시선에서 풀어내고 생존전략을 제시합니다.

이복남 서울대 건설환경연구소 특임교수는 내년 건설산업 환경을 조망한 후 산업계 스스로 희망의 횃불을 밝히기 위해 보다 적극적인 목소리 내기를 강조합니다.

2부는 안전, 구조조정, 노란봉투법, 하도급 상생, AI 대전환, 지방선거, 트럼프 2기, 원전·신에너지, 기후변화, K컬처 등 10가지의 시장 변수를 짚어내고 불확실성을 뚫어낼 대안을 제안합니다.

3부는 건설시장을 해부합니다. 중기 건설 먹거리 분석을 시작으로 건설경기, 부동산, 도시정비, 공공건설, 해외건설, 민자·건설엔지니어링, 건축설계·CM, 건자재, 건설기술 순으로 비즈니스 포인트를 짚어냅니다.

4부에선 코스피 5000P를 내다보는 증권시장 호황의 지속가능성을 점검하고 넘치는 시중 유동성의 향방, 즉 '머니 무브'의 방향성을 진단합니다. 이어 AI·반도체·배터리, 모빌리티, 조선·해운·항공·방산, 전자·포털·게임, 유통, 제약·바이오 등 산업 전반에 걸친 K-열풍이 건설시장에 가져올 막대한 물량과 기회 요인들을 정리합니다.

62년 전통의 신개념 종합경제지 〈대한경제〉가 건설산업의 시각에서 준비한 '2026 메가트렌드'가 '붉은 말의 해'에도 독자 여러분의 든든한 길잡이이자, 위기를 뛰어넘을 적토마가 되길 바랍니다.

대한경제 발행인 **유 일 동**

Contents

1부
2026년 세계 경제와 건설 트렌드 조망

[2026년 세계 경제]
관세전쟁發 '저성장'… 美 중간선거 반등 기회될까?　　　**021**

[2026년 건설 시장]
급변하는 생태계… 위기와 신성장 갈림길　　　**030**

Contents

2부
2026년 건설·경제 10대 이슈

[안전]
사고 트라우마… 처벌 포비아 — **049**

[구조조정]
불황 늪 건설업… 구조조정 쓰나미 — **058**

[노란봉투법]
산재·체불·불법고용… '제값주기'가 해법 — **066**

[하도급 상생]
불법 하도급 근절, 속도·강도 세진다 — **076**

[AI 대전환]
생성형 AI 넘어 'Agentic AI'로… 급속 진화 — **085**

[지방선거]
중도층 표심 5% 확보에 걸린 승패　　　　　　　　　　**093**

[트럼프·대북관계]
트럼프發 안보 불확실성… 남북관계 변수　　　　　　**101**

[원전·신에너지]
이재명 정부의 혼재된 新에너지정책　　　　　　　　**110**

[기후변화]
극한 기상이변… 노후 인프라 시장 뜬다　　　　　　**123**

[K-컬처 신드롬]
먹고, 바르고… 세계로 뻗어가는 'K-물결'　　　　　**134**

Contents

3부
건설·부동산 기상도

[건설산업 중기 수주 트렌드]
실버·모듈러·데이터센터… 10대 미래 동력 잡아라!　　　**149**

[건설경기]
금리·정책·경기 변수… 제한적 반등 가능성　　　**167**

[부동산시장]
지역·가격대별 양극화… '선별적 강세장' 재편　　　**176**

[도시정비]
한강벨트 호재… 서울, 정비사업 물량 쏟아진다　　　**191**

[공공건설]
안전·공사비·미분양… 62조 역대급 예산의 그늘　　　**198**

[해외건설]
수주 500억달러 달성, 전력 플랜트가 빛줄기 **207**

[민자·엔지니어링]
침체일로 민자시장, 활성화 기로 **218**

[건축설계·CM]
규제 강화-기회 확대… 명암 교차 **226**

[건자재]
불황 장기화… 구조적 대전환의 시간 **237**

[건설기술]
설계부터 유지관리까지… AI로 진화 **246**

4부

금융·증권·산업 기상도

[금융]
경제성장 둔화… 환율·금리 불확실성 지속　　　　　**259**

[증권]
역대급 랠리 코스피… 5000선 돌파 주목　　　　　**268**

[AI·반도체·배터리]
AI 날개 단 반도체 슈퍼사이클　　　　　**277**

[모빌리티]
소프트웨어가 자동차를 지배하는 시대　　　　　**288**

[조선·해운·항공·방산]
LNG선박 발주 호황… K-조선 쾌속항진　　　　　　　　　　**297**

[전자·포털·게임]
저성장 진입… 스마트홈·모듈러가 '돌파구'　　　　　　　　**308**

[유통]
'초개인화 경험' 제공… 차별화 경쟁　　　　　　　　　　　**318**

[제약·바이오]
위기 넘어 재도약… 르네상스 서막　　　　　　　　　　　　**327**

1부

2026년 세계 경제와 건설 트렌드 조망

1부

2026년 세계 경제와 건설 트렌드 조망

[2026년 세계 경제]
관세 전쟁發 '저성장'… 美 중간선거 반등 기회될까?

[2026년 건설 시장]
급변하는 생태계… 위기와 신성장 갈림길

관세 전쟁發 '저성장'… 美 중간선거 반등 기회될까?

김광석 한국경제산업연구원 경제연구실장

2026년 세계 경제

어제 경험한 세상과 내일 살아갈 세상이 완전히 다르다. 세계 경제는 변화하고 있다. 자동차였다가 로봇으로 바뀌는 변신 로봇처럼 말이다. 지금까지 경험한 세계 경제 질서와 향후 세계 경제 질서는 완전히 바뀔 것으로 보인다. 2025년 트럼프 2기 행정부는 관세 전쟁에 시동을 걸고, 세계 주요국에 미국 내 투자를 약속받았다. 2026년 세계 주요국들은 자국 산업을 위한 보호무역 조치를 강화하고, 브릭스(BRICs) 국가간 연대를 강화하거나 공동 대응을 준비할 것이다. 2026년 우리는 산업과 금융 등에 걸쳐 전개되는 경제 트렌드를 이해하고, 준비된 나를 만들 필요가 있다.

지경학적 분절화(Geoeconomical Fragmentation)

트럼프 2기 정부 아래 세계화(Globalization)는 멈추게 되었고 대신 '지경학적 분절화(Geoeconomical Fragmentation)'가 전개되고 있다. 지구를 구성하는 퍼즐들이 산산이 조각 나면서 흩어지고 있다. 지경학적 분절화는 불확실성을 고조시키고, 경제 주체들의 대응 역시 복잡한 셈법이 필요해진 만큼, 지정학이라는 도구로 경제 현상을 이해하는 것이 필요하다. 지경학(Geoeconomics)은 지정학(Geopolitics)과 경제학(Economics)의 합성어다. IMF, OECD, 세계은행, WTO 등의 국제기구들과 저명한 경제학자들은 '지경학적 분절화'가 전개되고 있다고 강조해 왔다. 2023년 CEPR[1] 과 IMF의 공동 연구는 지경학적 분절화가 세계 경제의 하방 압력으로 작용하기 시작했다 강조했고, 2025년 OECD는 트럼프 2.0 시대 지정학적 불안이 고조되면서 불확실성과의 싸움(Tackling Uncertainty)이 시작했다고 경고한 바 있다.

 세계가 조각난다. 세계의 지형이 부서져 다른 지형으로 변모하고 있다. 세계 곳곳에서 전쟁이 일어나며, 많은 나라는 국방비를 증액한다. 지정학적 이유에 경제적 편익이라는 목적성이 더해져 분쟁은 멈추지 않고 있다. 2025년 등장한 트럼프 행정부는 자본주의의 근간을 흔들고 있다. 상호 관세를 무기로 동맹국이라 칭하던 국가에 투자를 강요하고 있다. 중국, 인도, 러시아, 브라질 등 신흥 강국들은 연대를 강화하고 있다. 현대식 이합집산(離合集散)과 합종연횡(合從連衡)의 시작이다. 즉, 이해관계를 같이하는 여러 국가가 힘을 합쳐 연대하고 강대국에 대항하는 외교 전략을 취하고 있다.

 자유무역 체제가 무너지고 있다. 보호무역 조치는 세계화를 멈춰 세웠다. 2025년 트럼프 미국 대통령의 행정명령으로 시작된 관세 전쟁은 극단적 보호무역주의 시대로 세계 경제를 내몰았다. 그동안 자유시장 경제에서 경쟁력을 확보한 기업들이 큰 시장으로 진출해 나갔겠지만, 일방적으로 세워놓은 관세 및 비관세 장벽이 이를 막아 세웠으며 이러한 지정학적 불안과 무역 장벽은 세

---

1) CEPR(The Centre for Economic Policy Research)는 1,700여 경제학자들로 구성된 네트워크 연구기관으로, 정책 연구 중심의 독립적 싱크탱크의 기능을 수행하고, 경제 및 사회 정책에 관한 객관적이고 독립적인 연구와 공공 교육을 수행하는 비영리 조직이다. CEPR은 미국과 유럽에 각각 별도의 조직이 존재하며, 정책 결정자와 시민사회, 민간 부문에 정책적 근거를 제공하는 연구 활동을 중점적으로 진행한다.

지경학적 분절화(Geoeconomical Fragmentation) / 자료 : ChatGPT

계 교역을 침체시키고, 세계 경제에 하방 압력의 요소가 될 것으로 보인다.

'저성장 고착화'의 세계 경제

IMF는 2026년 세계 경제성장률을 3.1%로 전망했다. 2025년 성장률 3.0%보다는 높다고는 할 수 있으나, '도토리 키 재기' 격인 더디고 미약한 경기 흐름임에는 틀림이 없다. 과거 10년 동안의 장기 세계 경제성장률이 3.7% 수준이었음을 참작하면, 2022~2026년 '저성장 고착화'라는 불황의 늪에서 빠져나오지 못한 상황이라고 볼 수 있다. 특히 지정학적 불확실성이 부정적으로 전개될 경우, 세계 경제는 더욱 어려워질 것이다.

2020년 코로나19 팬데믹의 충격에서 벗어나기 위해 막대한 유동성을 공급했고, 그 부작용은 2021년 하반기 인플레이션 현상으로 돌아왔다. 2022년 러시아의 우크라이나 침공은 공급 대란을 초래했고, 그것은 '인플레이션'이라는 불에 기름을 부었다. 2022년 중반 세계 경제는 41년 만에 초인플레이션이 발생했고, 2024년 중반까지 강한 금리 인상과 유동성 축소라는 고강도 긴축의 시대가 되었다.

세계 경제는 2022~2024년까지 고물가와 고금리의 강한 하방 압력을 받았고, 2025년에 들어 관세 전쟁이라는 또 다른 하방 압력이 등장했다. 2026년 세계 각국은 중립금리 수준으로 기준금리를 인하하고, 유동성 정책을 가동하고 있지만 수출 및 설비투자 감소로 뚜렷한 경기 회복세를 만나기는 쉽지 않을 전망이다.

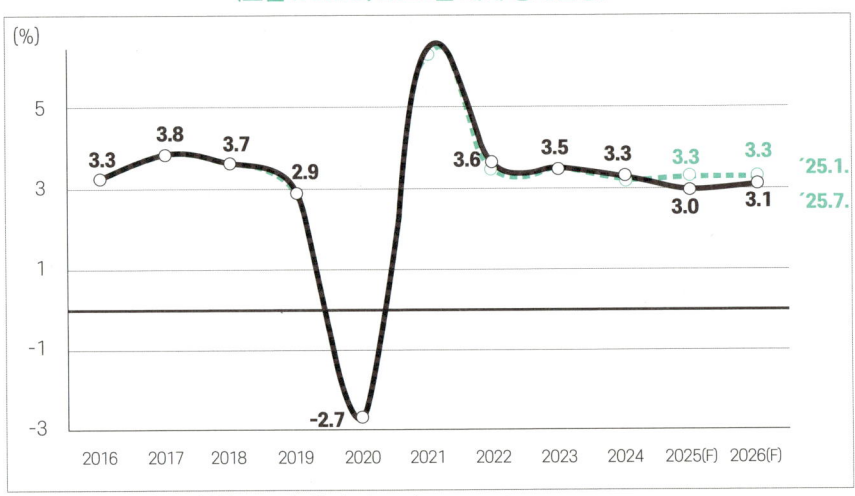

〈그림1. IMF의 2026년 세계 경제전망〉

자료 : IMF(2025.7.) World Economic Outlook update.
주 : 2025년 1월 기준의 전망은 점선으로, 2025년 7월 전망은 실선으로 표시함.

국제기구들이 공통적으로 세계 경제가 저성장에 갇혀 있다 경고하고 있다. 2025년 세계 경제가 극단적인 불확실성과 경기 둔화 압력에도, 2026년 뚜렷하게 반등할 만한 여건은 조성되지 않고 있다.

OECD는 세계 경제성장률이 2025년에 이어 2026년에도 2.9% 수준으로 유지될 것으로 전망했다. 트럼프 대통령의 관세 전쟁으로 포문을 연 무역 정책의 불확실성은 2026년 더 확산할 가능성이 있다. OECD는 불확실성을 뚫고 항해(Steering through Uncertainty)해야 함을 강조한 바 있다.[2] 세계 주요국들은 비관세 무역 장벽을 확대하거나, 관세를 점차 올리는 방향으로 움직일 가능성이 높다. 인플레이션이 점차 완화되고, 기준금리를 인하하는 단계에 진입했음에도, 뚜렷한 회복세는 나타나기 어려울 것으로 보인다.

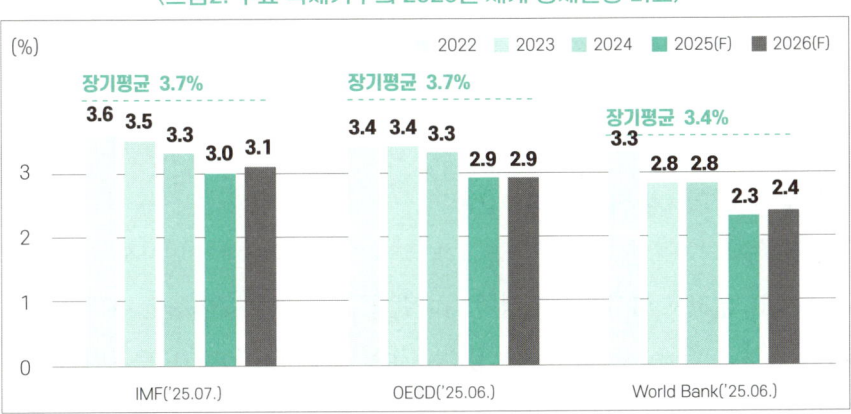

〈그림2. 주요 국제기구의 2026년 세계 경제전망 비교〉

자료 : IMF, OECD, World Bank.
주 : IMF와 OECD는 세계 GDP를 추계할 때 구매력평가(PPP) 기준을 사용하는 반면, 세계은행은 경제성장률 계산시 시장환율 기준을 사용한다. 세계은행의 경제성장률을 바탕으로 추세를 이해하는데 참조하는 것은 좋으나, IMF나 OECD 등과 같은 다른 기관의 성장률을 비교하는데는 주의가 필요하다.

"오늘날 세계 경제는 격동에 빠져 있다(The world economy today is running into turbulence)." 세계은행(World Bank)의 공식 진단이다[3]. 세계은행은 2024년 2.8%, 2025년 2.3%에서 2026년 2.4%로 세계 경제성장률이 완만하게 상승할 것으로 전망했다.[4] 2025년 경제가 유독 억눌려서일까? 2026년 세계 경제가 딱히

---

2) OECD(2025.3), OECD Economic Outlook, Interim Report.
3) World Bank(2025.6), Global Economic Prospects.

성장하는 것으로는 내다보지는 않고 있다. 2025년 대비 기저효과에 따른 반등이 있음에도 2.4% 수준으로 전망한다는 것은 그동안 쌓인 피로가 마치 만성 피로처럼 나타날 것으로 보고 있는 것이다.

WTO(세계무역기구)[5]는 "역사적으로 높은 관세와 무역 정책의 불확실성이 세계 무역을 강타하고 있다(Historically high tariffs and trade policy uncertainty expected to hit world trade)"고 강조했다. 2021년~2024년까지 2.8% 이상으로 세계 경제가 성장했다면, 2025년과 2026년 각각 2.2%, 2.4% 수준으로 둔화할 것으로 전망했다. 보호무역주의가 얼마나 확산하는지에 따라 국제 무역량은 추가로 조정받을 것으로 보인다.

'유동성 파티'에 취한 자본시장

유동성 파티가 시작된다. 금값은 4,000달러를 돌파하면서 역사상 고점을 갱신중이고, 은값도 역사상 최고점에 다다랐다. 세계 모든 국가들의 주가가 연일 상승 중이고, 한국 코스피도 역사상 최고점을 갱신하고 있다. 비트코인이나 부동산 시장 등도 마찬가지다. 유동성이 공급되면서 돈의 가치가 떨어지고, 모든 자본과 자산 가치는 상승하고 있다. 사실 현물 가치가 오르는 것이 아니라, 현금의 가치가 떨어지니 더 많은 현금을 주고 현물과 바꾸는 모습이는 해석이 맞아 보인다.

대부분의 주요국이 그렇지만, 미국을 조망해 보자. 미국 트럼프 대통령은 중간선거[6](2026년 11월 3일)를 겨냥한 대규모 정치 활동에 나선다. 중간선거에서 패배할 경우, 트럼프의 레임덕이 일찍 찾아오고 공화당이 정권을 재창출할 기

---

4) IMF와 OECD는 세계 GDP를 추계할 때 구매력평가(PPP) 기준을 사용하는 반면, 세계은행은 경제성장률 계산시 시장환율 기준을 사용한다. 세계은행의 경제성장률을 바탕으로 추세를 이해하는데 참조하는 것은 좋으나, IMF나 OECD 등과 같은 다른 기관의 성장률을 비교하는데는 주의가 필요하다.
5) WTO (2025.4), Global Trade Outlook and Statistics.

반을 놓치기 쉽다. 따라서 미 트럼프 행정부는 가용할 수 있는 유동성 공급 장치들을 총동원해 증시를 부양하고, 경제 주체들의 금리 부담을 덜어 줌으로써 지지율을 끌어올리려 할 것이다.

2025년 트럼프 행정부는 중간선거를 겨냥한 유동성 파티를 구상해 왔다. 첫째, 통화정책에 과도하게 개입하면서 파월 연준 의장에게 지속적으로 기준금리 인하 압박을 해왔다. 둘째, 부채 한도 증액을 의회에 통과시키면서 확장적 재정정책을 준비했다. 셋째, 금융 규제 완화를 통해 시중에 유동성을 공급할 방안을 마련했다. 넷째, 스테이블 코인을 법제화하면서 유동성 공급과 미국 국채 매입처 확보를 준비했다. 이 네 가지가 그 압박의 증거이다.

2025년~2026년은 세계 주요국들이 각자가 생각하는 중립금리[7]를 향해 기준금리를 인하 혹은 인상하는 시대라고 정의할 수 있을 법하다. 트럼프는 전방위적으로 파월의 해임 및 금리 인하 압박을 단행해 왔다. 2025년 1월 20일 트럼프 대통령이 취임식을 하고 정권을 시작했고, 마치 그 주에 개최된 세계경제포럼(WEF, World Economic Forum)에서 화상 연설을 진행했다. "I'll demand that interest rates drop immediately(기준금리 인하를 즉각 요구할 것이다)." 2025년 7월 말에는 트럼프가 연준의 개보수 현장을 방문하기까지 했지만, 이는 고금리의 책임이 파월에게 있음을 미국 유권자들에게 알리기 위한 정치적 행보로 해석된다.

---

6) 2026년 11월 3일에 미국에서 치러질 중간선거로 상원 의원 100석 중 35석, 하원 의원 전체, 주지사 50석 중 36석, 워싱턴 D.C.의 시장 및 준주지사 3석, 각 주의 주무장관 47석중 32석, 각 주의 법무장관 51석 중 33석을 선출한다. 트럼프 2기 행정부의 최종평가가 될 선거로 여당인 공화당은 국정 동력 유지와 정권 재창출의 기반을 마련하기 위해, 야당인 민주당은 행정부 견제와 정권 탈환의 기반을 마련하기 위해 총력을 다할 것으로 예상되는 선거이다.
7) 중립금리(neutral interest rate 혹은 neutral rate)란, 경제가 인플레이션이나 디플레이션 압력이 없는 잠재성장률 수준을 회복할 수 있도록 하는 이론적 금리수준을 말한다. 중립금리는 정책적으로 경기부양 정책이나 경기과열에 다른 인플레이션에 대비해 긴축정책을 선택하는 것이 아니라, 물가상승률과 잠재성장률 그리고 정책금리와 실질금리 사이의 스프레드 등을 감안하여 중립적인 상태로 한국의 콜금리(미국의 경우 연방기금금리)를 유지하는 것이다.

〈그림3. 주요국 기준금리 추이〉

자료 : 각국 중앙은행

통화정책뿐만 아니라, 재정정책 관점에서도 막대한 유동성 공급이 기정사실로 되고 있다. 2025년 7월 OBBBA(One Big Beautiful Bill Act, 하나의 크고 아름다운 법)가 통과되고, 부채 한도(debt ceiling)가 상향되었다. 2026년 11월 중간선거를 앞두고 적극적으로 재정을 투입할 제도적 여건을 마련한 셈이다. 미국 정부는 더 많은 부채에 의존해 시중에 유동성을 공급할 것이다.

AI 트랜스포메이션(AI Transformation)의 시대

산업적인 영역에서 가장 주목할 만한 트렌드는 AI 대전환이다. AI가 본격적으로 일상에 들어올 전망이다. 기술적으로 고도화되고, AI 모델의 가격 경쟁이 치열해지면서 나타나는 자연스러운 현상이다. 플랫폼 기업들은 소비자에게 소구할 만한 AI 서비스를 경쟁적으로 확대하고 있다. 이용자들은 점점 디지털 플랫폼과 AI에 익숙해지고 스마트폰이 없는 삶은 상상할 수 없듯, AI 없는 삶은 상상할 수 없게 될 것으로 보인다.

AI 기반의 스마트홈이 대표적인 예다. 삼성전자는 'AI for All(모두를 위한 AI)'이라는 슬로건을 제시했다. 스마트싱스(SmartThings)를 통해 TV, 조명, 청소기, 에어컨 등의 가전들을 연결하고, 집 전체를 제어하도록 하고 있다. LG전자도 업계 최초로 생성형 AI를 탑재한 'ThinQ(씽큐 온)'을 선보였고, AI 에이전트 '퓨론'은 다양한 거대 언어 모델(LLM, Large Language Models)[8] 을 결합해 AI 홈의 두뇌 역할을 한다.

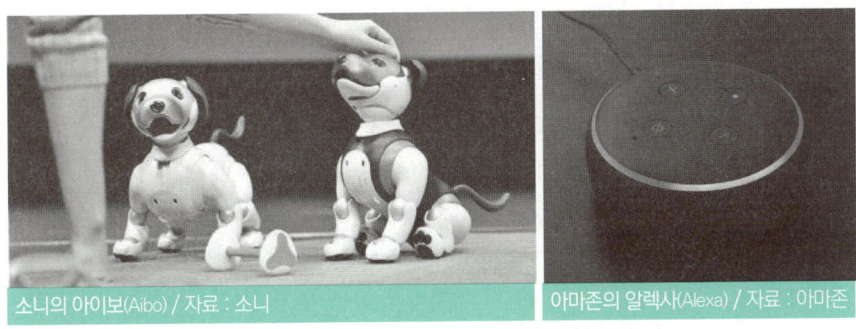

소니의 아이보(Aibo) / 자료 : 소니   아마존의 알렉사(Alexa) / 자료 : 아마존

AI 플랫폼들이 일상을 채워 나가고 있다. OpenAI의 ChatGPT는 '검색하기'에서 '질문하기'로 일상을 바꿔놓고 있다. 아마존의 알렉사(Alexa)는 이용자의 삶의 패턴을 이해하고 일일이 명령하지 않아도 작업을 자동으로 수행하는 AI 에이전트 역할을 수행하고 있다. 맞춤형 음악이나 레스토랑을 추천하는 등 개인화 기능을 강화하고 있다. 소니의 반려로봇 아이보(Aibo)는 주인 말을 인식하고, 훈련도 가능하며, 다양한 기억을 저장한다. 고령자 및 소외계층에게 돌봄 서비스를 제공하는 등 광범위한 시장으로의 진입을 준비해 나가고 있다. 그 밖에도 로봇이나 모빌리티 영역에서 물리적 AI(Physical AI)가 도입되어 일상을 함께해 나갈 것이다.

---

8) 언어 모델(LM, Language Model)은 입력값(자연어, 보통은 사용자의 문장)을 기반으로 통계학적으로 가장 적절한 출력값을 출력하도록 학습된 모델이다. 규모가 더욱 커다란 언어모델을 LLM(Large Language Models, 거대 언어모델)이라고 부르는데, 매개변수 규모가 막대한 GPT-4 같은 모델들이 이에 해당한다.

급변하는 생태계… 위기와 신성장 갈림길

이복남 서울대 건설환경종합연구소 특임교수

2026년 건설 시장

미래보다 당장의 효과를 노리는 대책들이 난무하면서 건설산업은 투자, 수주, 수익, 그리고 안정성마저 지속 하락하는 추세[1]다. 정부 대책은 시장을 위축시키고, 산업과 기업 경영을 압박하는 데 힘을 실어주고 있다. 내수시장의 70%를 점유하는 주택, 부동산 시장은 코로나 팬데믹, 러시아·우크라이나 전쟁 등 글로벌 변수 3高(물가·금리·환율)로 2020년 대비 원가만 30% 이상 뛰었다. 재건축·재개발 사업이 건설사를 찾지 못하는 기현상이 일상화되었다. 생산원가가 높아졌음에도 입주자인 국민은 증액을 거부하고 있다. 공공시장은 높아진 원가를 반영하지 못해 유찰이 반복되고 있다.

새 정부가 추진하는 정책과 제도는 오늘에 집중되어 있다. 트럼프 제2기 역시 "미국 최우선·최강국(MAGA)"을 내세우며, 그 실현 수단으로 관세를 앞세웠

---

1) 한국은행(2025), 2025년 2/4분기 기업경영분석(전년 동기 대비)

다. 지속가능성보다 당장의 효과를 노리는 포퓰리즘이 대세다. 2026년 한국건설은 한 번도 경험해 보지 못한 내우외환 환경과 마주할 수밖에 없다. 자력으로 환경을 변화시킬 수 없는, 예측 불가능한 변수에 둘러쌓여 있다. 정책과 정치는 6월에 있을 지방자치단체장 선거에 집중되어 있다. 시장과 산업 진흥보다 압박과 제재 등 현안에 집중되는 해가 될 것이다.

지속 가능 여부와 상관없이 버티기에 몰입할 수밖에 없는 현실. 건설은 캄캄한 터널에 갇혔다. 이런 현실을 국민은 외면하고 정부는 압박과 제재로만 일관하고 있다. 터널에서 벗어나려면 산업이 자력으로 불을 밝혀야 한다. 그래야 앞을 볼 수 있는 2026년이다.

예측 힘든 국내·외 변수가 생존 돌파구 마련 촉진

새 정부 출범 2개월 시점 국정기획위원회는 '이재명정부 123대 국정과제'를 발표했다. 국토이용과 인프라에 영향을 미치는 과제는 "모두가 잘사는 균형성장(23개 과제)"에 포함되어 있다. 균형발전은 수도권은 억제시키고 지역 성장을 유도하는 것이 핵심. 동반 성장보다 하향 평준화·평균화로 가기 쉬운 정책이다. 새로운 성장동력 발굴보다 기존 산업을 그대로 유지하는 정책으로 보이지만, 이미 빠른 속도로 변하는 산업생태계의 변화는 간과한 것으로 보인다. '5극 3특'과 '중소도시 균형성장'이란 과제 속에 교통과 도시인프라 구축이 포함되어 있기도 하다. 그러나 과거 정부가 이미 추진해 오던 인프라 정책의 연장선으로 보여 산업계 기대에는 미치지 못한다.

정책 기조는 시장과 산업보다는 국민 개개인을 중시하고 기업보다 노동단체를, 기업가 및 경영그룹보다는 근로자 개인을 중시하는 데 있다. 현장 근로자 생명을 중시한다는 명분으로 산재 사망 시 매출액의 3% 혹은 이익금의 5%에 달하는, 기업체가 감당하기 불가능한 범칙금을 부과하는 것은 물론 금융제재와 입찰자격 박탈, 경영자 처벌에 더해 산재 사망 3건 발생 시 등록을 말소하는 초강력 규제를 담은 '노동안전 종합대책'[2]이 관계부처 합동으로 발표되었다. 건설공사 현장이 있는 한 산재 사망은 제로가 될 수 없음에도, 선진국의 낮은 산재 사망률과 비교해 대책을 수립했다. 산업 발전에 장애가 되는 규제를 과감하게 개선하겠다고 발표[3]했지만 시장은 이것을 '또 다른 규제'로 인식하고 있다. 정부와 국회는 중소기업 지원 대책을 내세우지만 시장은 기업보다 노동조합 보호로 읽는 것이다.

주택정책도 시장의 실패를 반복하는 공공 주도로 가고 있어 내수시장을 지탱해 오던 부동산시장이 활성화 되는 것 역시 기대하기 어렵다. 정책 기조가 '수요 억제·공급 확대'로 당장 효과가 나타나는 대출 규제에 두었다. 대출한도 규제 역시 서민에게는 부담을, 현금을 보유한 소득 상위그룹에는 새로운 기회를 주는 현상으로 나타난다. 공급 확대를 위해 LH, SH, GH 등 공공기관이 주택을 공급하겠다지만 시간이 오래 걸리며 지속가능성도 높지 않다.

정부 조직 개편이 가져올 파급 영향은 예측이 어려워, 시장과 산업은 변화에 대한 대응보다 관망 일변도다.

선거 표몰이 정책과 정치가 건설을 불안하게 만든다

2026년 최대 이슈는 6월로 예정된 지방자치단체장 선거다. 6월 선거 결과가 나오기 전까지 산업계는 아무런 대응을 하지 않을 것으로 예측된다. 재정 한계에 느슨한 정부라지만 국민 피부에 와 닿는 민생경제 살리기 우선으로 효과가

---

2) 관계부처합동(2025), 노사정이 함께 만들어가는 안전한 일터 (관계부처합동 2025.9.15. 발표)
3) 관계부처합동(2025), 신산업 발목 잡는 거미줄 규제 걷어내기, 대통령이 직접 나섰다. (관계부처합동 보도자료, 2025.9.15.)

길게 나타나는 인프라 투자가 소외될 가능성이 높다. 산업체는 신규 고용을 최소화하거나 하반기로 늦추고 고령자 위주로 구조조정하는 부작용이 건설을 덮칠 가능성이 높다.

한국의 대외경제 의존도를 보면 2024년 기준으로 GDP 대비 수출업 비중이 90%이다. 미국의 35%, 일본의 55%보다 월등히 높다. 높은 대외경제 의존도는 트럼프2기 정부 관세정책에 OECD 국가 중 가장 큰 영향을 받을 것으로 예상된다. 달러화 강세는 자재 가격을 상승시키고 주 4.5일제 정책은 인건비를 상승시켜 2025년보다 건설의 생산원가에 더 큰 부담을 주게 된다. 현장 공사 대부분이 습식공사여서 반나절 공사는 아무런 의미가 없기 때문에, 주 4.5일제 도입 시 현장은 주 4일제로 근무하거나 2교대로 주 3.5일제를 운영해 주 7일 가동하는 곳이 나타날 것으로 예측된다.

미국 정부가 25% 관세율을 고집할 경우 국내 건설 생산원가에 큰 부담으로 작용해 민간 공사는 물론 공공공사도 당초 예상보다 신규 물량이 크게 줄어들 가능성이 높다. 민간 공사는 주택과 부동산이 주가 되겠지만 반도체와 중장비, 그리고 제철과 조선, 중화학공업을 주도하는 그룹의 투자가 크게 위축되리라 예상한다. 대기업군이 그룹에 의존하는 비중이 급격히 낮아지게 된다. 타격은 중소 건설사에 더 크게 미칠 것으로 예상된다. 민생경제에 집중배정될 예산으로 인해 공공공사 신규 발주는 상반기 동결이나 하락, 하반기에는 다소 회복될 가능성이 있지만 내수시장은 수주 보릿고개 현상에 직면하게 될 것으로 예측된다.

변하는 생태계가 위기와 신시장 창출 기회를 동시에

세계는 물론 국내에도 예외 없이 과거와 다른 새로운 생태계가 조성될 것으로 예상된다. 그중에서도 2026년 건설시장과 산업에 파급 영향을 주는 주요 생태계 변화는 5가지로 설명할 수 있다.

첫째, 인공지능과 데이터센터가 미치는 파급 영향 예측이다. 2016년 다보스 포럼은 제4차 산업혁명으로 새로운 세계가 전개될 것임을 처음으로 예고했다. 당시는 다수의 리더 그룹이 제4차 산업혁명의 파급 영향 크기에 공감하지 않았지만 상황이 변했다. 2022년부터 글로벌 시장에 선보이기 시작한 인공지능(AI)발 생성형 AI는 예측 못한 속도로 기술 발전이 이뤄지고, 그 활용이 광범위하게 확산되었다. AI로 산업과 국민 생활, 그리고 기술 등 모든 분야에 새로운 생태계가 구축될 것이라는 예측이다. 데이터를 기반으로 한 AI는 저장과 처리 속도 경쟁력을 높이기 위한 고(高)집적 반도체 개발과 데이터센터의 수요를 기하급수로 늘게 하는 중요한 원인이다.

데이터센터와 정보고속도로에 해당하는 통신망 역시 변방에서 핵심 인프라로 부상하게 된다[4]. 반도체 공장과 데이터센터, 그리고 통신망은 전통적인 에너지와 수자원 인프라의 수요를 늘리고 있다. 새로운 인프라가 연관 인프라 수요를 폭증시킨다는 것은 건설에 새로운 시장을 만들어 주는 만큼 긍정적이다. 이 효과는 6월 선거 이후에 본격적으로 전개되리라는 예측이다. AI 운용 기반인 거대언어모델(LLM)이 데이터센터 신축을 기반으로 하지만, 산업 섹터의 특성을 집약한 폐쇄형 LLM 개발이 주가 될 것으로 예상된다. 인터넷망을 이용하면서도 특정 기업이나 집단만을 위한 독립 운영 형태의 인트라넷과 유사한 개념이라 이해하면 된다.

둘째, 도시와 일자리 생태계 변화다. 국민이 인식 못하는 사이 산업 생태계에는 큰 변화가 있었다. 중화학과 중공업, 철강과 조선 등 제조업 중심이었던 산

---

[4] McKinsey & Company(2025), The Infrastructure Moment, Investing in the expanding foundation of modern society (September 2025)

업 생태계는 반도체와 지식기반 서비스, 그리고 엔터테인먼트, 즉 예체능 문화와 화장품 등 비중이 급속도로 높아졌다. 산업단지가 일자리를 만들었던 배후 도시 개발이, 도시가 일자리를 만들어 내는 지식산업이 활성화되면서부터 인구, 특히 청년 세대가 서울과 경기도 등 수도권으로 집중되는 '도시 밀집화' 현상이 나타나고 있다. 지식산업과 예체능, 그리고 화장품 산업의 속성은 개발과 운영 인력이 집약되어 있으며 결과물의 소비는 인터넷 망을 통한 글로벌 시장에서 이뤄지는 특성을 가지고 있다. 인력은 개발 주제에 따라 채용과 이합집산이 단시간 내 이뤄질 수 있는 도시, 특히 도심지로 모이게 된다. 인재 풀도 크고 이동이 짧은 시간 내에 이뤄지기 때문이다. 이런 현상은 영국의 런던과 일본의 도쿄, 싱가포르 등에서 압도적으로 나타난다. 런던은 도시로 몰려드는 인구와 지식서비스 산업 수요를 충족시키기 위해 2011년부터 '런던 계획(The London Plan)'[5] [6]을 런던 시장 주도로 개발해 현재까지 지속되고 있다. 도쿄도 새로운 성장 동력과 일자리 창조를 위해 도시 내 도심지를 지향하는 초밀집 단지를 여러 곳에 분산하는 '도쿄 힐즈 시리즈'(롯본기 힐즈에서부터 아자부다이 힐즈)를 개발해, 도시가 경제 성장과 최고급 일자리를 만들어 낼 수 있음을 증명해 보였다[7]. 도시국가 싱가포르는 금기시하던 도박을 산업으로 인정하고 쇼핑, 예능과 관광을 중심으로 '마리나 샌즈베이 리조트' 단지를 개발해 GDP를 매년 1% 이상씩 성장시키는 힘을 발휘하고 있다[8]. 이에 따라 물리적인 일자리 이동과 새로운 일자리 창출 효과 중 어떤 선택을 해야 하는지 고민하는 현상이 나타나게 될 것으로 예상된다.

---

5) Mayer London(2011), The London Plan, Spatial Development Strategy for greater London (July, 2011)
6) Greater London Authority(2014), The Cost of London's Lon-term Infrastructure (Final Report, 29 July 2024)
7) 박희윤(2024), 도쿄를 바꾼 빌딩들, 라이프스타일의 최전선에 이 빌딩들이 있다.
8) McKisey & Company(2025), Future Of Asia, (Bloomberg.com 2025.8.26.일 인터넷 기사에서 발췌)

셋째, 인구 생태계 변화가 건설시장과 산업에 미치는 파급 영향이다. 2018년을 정점으로 출생아보다 사망자 수가 늘어나 총인구가 감소하는 현상이 나타나기 시작했다. 인구는 줄고 65세 노령 인구가 증가하는 이른바 '저출산·고령화'는 인구 생태계 구조 자체를 완전히 바꾸고 있다. 2024년 총인구는 10년 전 2015년보다 1.4% 감소한 데 비해 외국인 인구는 1.5배로 증가했다. 주택 수는 1.21배 늘어난 데 비해 1인 가구 수는 1.55배 증가했다. 지방 도시 인구는 감소하고 있지만 인구는 증가일로다[9) 10)]. 수도권, 특히 서울은 주택 수요 증가에 비해 공급이 줄어들다 보니 가격이 높아지는 부작용이 나타날 수밖에 없다. 주택 공급 정책이 수평 면적을 넓히는 신도시 개발 방식에는 큰 변화가 가시화될 전망이다. 재개발·재건축 용적률을 파격적으로 높여 수평 공간에서 수직 공간 도시 개발로 정책과 제도 전환이 빠르게 이뤄질 수밖에 없는 실정이다. 이에 광역단체장 후보들은 밀집 개발과 절차 통합, 신속한 인·허가 공약을 경쟁적으로 발표할 것으로 예상된다. 주택 단지의 공동 생활 공간 변화 정책과 제도가 2026년 중에 나타나게 되리라는 예측이 주가 되고 있다.

넷째, 건설 프로젝트 생태계에 나타나는 변화다. 국내 건설 프로젝트는 도급이 보편적이었다. 공공공사는 정부가 구상하고 계획에 따라 발주하는 '도급 시장'이다. 공공 인프라는 개인이 소유할 수 없는 공공재 성격이기 때문에 재정 투입이 당연하다. 문제는 공공재는 무료라는 인식이 야기하는 부작용이다. 경제 성장과 함께 인구 증가와 사회간접시설, 즉 공공 인프라 수요가 끊임없이 증가하고 있다. 하지만 사용료를 징수하지 못하거나 높이지 못해 인프라 투자 여력이 급격히 감소되면서, 역으로는 국민 삶과 경제 성장을 저해하는 피해가

---

9) 국가통계포털(2025), KOSIS에서 2025.9.19.일자 데이터 발췌
10) 한반도미래인구연구원(2025), 2025 인구보고서, 대한민국 인구 대전환이 온다

생기게 된다. 이에 선진국은 재정 여력 부족 문제를 개선하기 위해 인프라 공급과 운영에 민간 자본 유입을 촉진하는 정책을 도입하기 시작했다. 우리나라도 1994년 최초로 "사회간접시설에 대한 민간 투자법"(민투법)을 제정했다. 국회 예산정책처 예측[11]에 의하면 2025년부터 2072년까지 재정 수입은 연평균 0.8% 증가하는 데 비해 지출 예산 증가는 연평균 1.6%로 수입 대비 지출이 2배나 높다. 지출 예산의 큰 증가는 인프라 투자 예산이 포함된 재량 예산보다 저출산·고령화로 인한 복지비용을 포함하는 의무 지출 비중이 큰 폭으로 증가로 이어진다. 재정은 정부 정책 주도를 당연시하지만 민간 자본 주도는 당연히 민간과 시장 중심으로 큰 변화를 야기할 수 밖에 없다. 노후화가 급진전되는 상황에서는 재량 지출 예산은 신규 물량 창출보다 노후 인프라 개선에 집중 배정될 것이다. 선거 공약에 각종 개발 공약 사업이 난무하지만 재정 부족으로 실현되기는 어렵다. 민간 자본 주도는 건설 프로젝트 생태계에 큰 변화를 예고한다. 도심지 밀집 개발에 직·주·락을 겸한 글로벌 자본과 상품이 동원될 가능성이 높아질 것으로 예측된다. 경제 상황이 나빠질수록 국내 및 글로벌 투자 기관 연합으로 새로운 개발 전략과 계획 수립에 착수하게 될 것으로 예상된다.

다섯째, 법·제도의 생태계 변화가 건설시장과 기업의 경영 전략에 미치게 될 부정적 영향이다. 산재 사망자 수를 줄이기 위해 산안법과 중처법이 시행 중이다. 국토부는 건설만을 대상으로 한 '건설안전특별법' 제정을 서두르고 있다. 관계부처 합동으로 발표한 '노동안전 종합대책'[12]에 산재 사망 시 벌칙으로 명시된 범칙금, 입찰 자격과 사업자 면허 취소, 노란봉투법 등 새로운 규제는 건설 기업의 경영을 위축시키고 주택·부동산 시장은 관망하는 선에 머물 것으로

---

11) 국회예산정책처(2025), 2025~2072년 NABO 장기재정전망 (추계세제분석실, 2025.2.21.)
12) 고용노동부(2025), 산업재해 예상은 노사 모두의 이익, 노동안전 종합대책 (보도자료 2025.9.15.)

예상된다. 근로자를 노동자로, 종업원을 노조원으로, 기업을 노동조합으로 인식하게 만드는 규제 정책은 2026년 건설시장과 경영환경을 급속하게 위축시켜 민간 자본 투자시장을 얼어붙게 할 개연성이 크다. 시장과 산업을 압박하는 규제 정책은 부작용 때문에 지속 가능성 확보가 힘들 것으로 보이지만 2026년 건설 경제에 빨간불로 작용할 것임은 분명해 보인다.

자유시장 경제는 공공보다 시장 주도

변화는 위기를 불러오기도 하지만 새로운 기회를 제공하며, 준비된 자만이 기회를 이용할 수 있다. 준비와 선택의 타이밍이 중요하다. 2026년 건설 경제를 어둡게 만드는 글로벌 및 국내 변수와 생태계도 지속 가능성이 없고 변화 가능성이 더 높다.

트럼프 2기 출범과 동시에 선언한 'MAGA(미국을 다시 위대하게)'와 'America First(미국 우선주의)'는 다른 주요 선진 경제국에 비해 우리가 더 큰 영향을 받을 수밖에 없다. MAGA와 미국 우선주의는 미국 내부적으로는 고물가를, 밖으로는 미국 외 국가군의 협력 강화 움직임으로 지속되지는 못할 것으로 추정된다. 대신 대외경제 환경에 다소 희망이 나타날 것으로 보인다. 극도로 침체된 한국의 글로벌 챔피언 산업(자동차, 반도체, 가전 등)이 돌파구가 보이면 미뤄왔던 국내 투자 계획을 실행에 옮기려는 조짐이 하반기에 나타나면 건설시장에 파란불이 켜질 것으로 예상된다.

AI와 데이터센터 생태계 변화는 2026년 내내 지속될 것으로 예상된다. 맥킨지 추정으로는 2030년까지 약 6.7조 달러(약 9,000조 원)에 달하는 투자가 데이터센터에 몰릴 것으로 예상되고 있다[13]. 데이터센터에 투자하는 5대 그룹군으로 건설을 포함한 시행사, 에너지와 중공업, 반도체와 IT, 정보 플랫폼, AI 기술

개발을 지목했다. 5대 투자 그룹에 지목된 산업을 한국은 모두 갖추고 있다. 한국 건설에도 희망 조짐이 나타나게 될 것으로 예상하는 이유다.

데이터센터의 경우 그룹사에 속한 건설 기업군, 123대 국정기획 과제에 포함된 정보고속도로와 공용 데이터 플랫폼 구축은 민간 시장과 함께 호재로 작용하게 될 것이 분명하다. 공기업(한전과 한국수력원자력, 한국도로공사, 한국수자원공사 등)이 독자 데이터센터 구축 계획을 수립하게 될 것으로 예측된다.

수도권 개발 규제와 일자리 생태계 변화도 새 도전에 직면할 것으로 예상된다. 수도권 개발 억제와 지역 균형 발전 명목으로 공공기관 지방 이전 시즌2 정책을 펼치겠지만 국정 과제에 포함된 내용 자체가 '5극3특'이라는 국토 균형 발전에 변화 흐름을 담고 있어 변화가 불가피하다는 추정이다. 5극이라는 단어 자체가 5개 권역을 거점 도시 중심으로 인프라를 구축해야 하기 때문이다. "균형=평균=평준"이라는 물리적 개념은 국토 면적, 즉 수평적 균형 발전이라는 의미를 담고 있지만 거점 도시 중심 개발은 수직 개발이 불가피해진다.

공공기관 이전은 일자리 이전으로 여전히 청년층에게 취업 기회를 넓혀주지 못하는 한계가 있다. '도시가 일자리를 창출한다'는 새로운 도시 경제를 체감할수록 도시 내 도심지 개발, 도쿄와 런던, 싱가포르와 같이 '직·주·락' 현상이 한국에도 나타나게 될 것으로 예상된다. 청년 일자리 마련을 위해 공공 분야 일자리 양산은 행정 기능과 AI 접목으로 불가능하게 될 것으로 예상된다. 수도권 개발 억제와 일자리 생태계는 단체장 선거 이후 본격적으로 수정과 보완의 목

---

13) McKinsey & Company(2025), Whp's funding the AI data center boom? (2025.9.25. market report)
14) 국토교통부·국토과학기술진흥원(2018), 스마트건설, 건설산업의 디지털 전환을 이끌 스마트 건설기술 개발사업을 소개합니다. (한국도로공사 스마트건설사업단 재편집, 2022. 7)

소리가 커질 것이다. 소득으로 높아진 국민의 생활 수준이 후퇴함을 체감하면 여론이 경제 성장 동력 개발을 요구하는 방향으로 변하게 된다.

저출산·고령화 시대에 국민과 국가가 살아남기 위한 새 정책이 '생산성과 효율성 극대화'로 방향을 전환할 것으로 예측된다. 건설 정책도 이미 이런 내용을 담은 방안이 2018년 발표한 '스마트 건설[14]'에 담겨 있다. 2025년까지 기술 개발 완료 후 2030년까지 설계는 자동화, 공사 현장은 제작 공장화를 선언했다. 공사 현장에서 근로자 인력을 획기적으로 줄이는 현장의 자동화·공장 제작화· 모듈러 도입 확대는 산재 사망 처벌을 피해가기 위한 필수 조건이 되었기 때문이다.

재정과 공공 주도에 의존해 왔던 한국 특유의 프로젝트 생태계는 수명을 다했다. 재정이 없는 공공 주도는 실효성이 없다. 재정과 공공 주도는 이미 존재하는 인프라를 복제하는 것이기 때문에 국민의 공감을 얻기 힘들 뿐만 아니라 더 이상 양질의 일자리 창출로 이어지지 않아 지속 가능성이 없다. 이미 사용 중인 인프라는 급속도로 노후화되고 또 정치 혹은 정책으로 발표했던 대규모 교통 인프라(예: 신공제공항과 광역철도 등) 구축은 재정 부족으로 추진되기 어렵게 되었다.

부족한 재원을 충당하기 위한 수단으로 국채 발행은 국제통화기금(IMF), 세계경제포럼(WEF), 국제신용평가 기관(S&P, Moody's, Fitch 등)으로부터 재정 건전성 확대 요구를 끊임없이 받게 될 것으로 예상된다. 고령화로 복지 비용이 증가하고 국채 발행으로 원금과 이자를 지불하는 비용이 기하급수로 늘어나게 되면 국민의 거센 저항에 직면하게 될 것으로 예상한다. 불가피하게 민간 자본과 외국의 직접 투자를 끌어들이기 위해 금융 인센티브제를 강화시킬 것으로 예상한다.

 기업 규제와 근로자 우대 정책은 지속 가능성이 거의 없다. 일자리 유지가 생계와 직결되기 때문이다. 기업 규제는 투자와 신규 채용을 기피하기 때문에 MZ세대에게는 취업 기회 박탈, 50대 후반 근로자에게는 실직 공포를 유발하는 부작용으로 연결되어 지속 가능성이 거의 없다. 선진국에서도 성공 사례를 찾아보기 어렵기 때문에 MZ세대들의 불만이 부모 세대까지 전파되어 정책 전환 압박을 지속적으로 받게 될 것이 확실하다.

읍소보다 당당한 요구가 힘을 발휘하는 시대

 '오늘과 같은 내일'이 아니라 '내일을 위한 오늘'이라는 인식이 절실하다. 건설 산업은 위기 때마다 정부와 정치권에 도움을 요청하는 읍소 일변도였다. 새 정부가 들어설 때마다 공약이나 국정 계획에 '시장과 민간 주도'가 포함되었지만 제대로 실천하지 못했다. 반도체, 조선, 가전, 자동차 등 한국의 글로벌 챔피언 산업이 글로벌 시장을 겨냥해 정부와 정치권의 간섭을 기피한 반면 건설은 정부와 정치권에 시장과 산업 주도를 요구했다. 시장과 산업에 '오늘이 곧 내일'이라는 인식이 자리 잡게 된 배경이다. 2026년은 '오늘과 다른 내일'을 만들어 가는 해로 인식해야 할 것 같다.

 이제는 '내일을 예측하기 힘든 불확실성'이 정상인 시대로 변했다. IT 기술이 어느 순간 더 이상 파급 영향이 커지지 않음을 인식하면서 선택으로 인식하게 되어 버블 붕괴를 경험했다. AI와 DX(디지털 전환)는 선택 여지 없는 필수 조건으로 자리 잡았다. 세계는 과거 찰스 다윈의 진화론(강한 자가 살아남는다)에서 '살아남는 자가 강한 자'인 세상으로 변했다. 건설에 '오늘과 같은 내일은 없다'를 인정해야 생존의 문을 열 수 있다. 소낙비를 피하는 처마 밑은 사라졌다. 지속되는 장맛비를 인정하고 대응책을 마련해 가야 한다. 누구도 탈출구를 열어주지 않는다. 스스로 탈출구를 만들어야 하는 해다.

위기는 반드시 시작과 끝이 있다. 내수시장과 산업은 이미 어두운 터널 속에 갇혀 있다. 건설의 주력 시장은 주거와 도시(생활 공간), 교통과 에너지, 수자원 인프라 등 국토 인프라를 구축하고 운용하는 것이다. 국민과 국가가 존재하는 한 지속될 수밖에 없는 독특한 시장이다. 위기만큼 기다리는 도약의 기회가 타 산업보다 잠재력이 크다. 인프라 시장은 잠시 주춤해도, 사라지지 않는 특성으로 축적되어 갈 뿐이다. 정책·제도가 아무리 억제하려 해도 축적량은 쌓여 간다. 살아가야 할 가치가 충분한 시장이다.

주택·부동산 수요 억제 정책과 제도가 시장 경제를 이겨낼 순 없다. 축적된 인프라 시장이 외압을 견디지 못해 폭발할 개연성이 높아질 뿐이다. 건설은 대세인 AI 확산이 유발한 데이터센터, 에너지와 수자원 인프라, 억눌린 주택·부동산, 그리고 도시 인프라 노후화와 도시 집중화 현상에서 폭발력을 가진 시장을 기대해도 좋다. 컨설팅사와 미국 건설 협회 시장 조사[15)16)]에 따르면 2040년까지 글로벌 인프라 투자는 106조 달러에 달하고 미국 건설 협회 회원의 42%가 데이터센터에 투자 혹은 계획 중이다. 수자원(35%), 에너지(32%), 교통(29%) 인프라 등 AI 연관 시장과 관련된 투자를 준비하고 있어 이런 기대를 가능하게 한다.

공공 주도 시장은 재정 고갈로 힘을 잃게 될 것이 분명하다. 자유경제 체제가

---

15) McKinsey & Company (2025), The infrastructure moment (2025.9.1. 발간)
16) AGC · Sage (2025), 2025 Construction Outlook National Survey Results (AGC, Associated General Contractors of America, 미국 종합건설업협회, Sage는 미국에 본사를 둔 영국컨설팅회사)

유지되는 한 정부가 시장을 이겨 낼 가능성은 없다. 궁지에 몰릴수록 한국 경제의 역동성이 힘을 받는다. 건설도 예외가 아니다. 글로벌 환경 변화와 국내 산업 구조 변화는 민간 자본과 창의력을 강하게 요구한다. 터널 속에서 빛이 들어오기를 기다리기보다 정중동 태세로 탈출을 위한 횃불을 켜야 할 절박한 상황이다. 탈출구는 건설 산업 내부에서 불을 켜고 밝혀야 하는 2026년이다. 과거에 어려울 때 과감한 투자로 돌파해야 한다는 주장이 힘을 얻었지만 현실은 과감한 투자보다 '살아남는 자가 강자'가 되는 도약 디딤돌 강화 전략을 건설 내부에서 준비하는 해가 되어야 할 것 같다.

2부

2026년 건설·경제 10대 이슈

2부 2026년 건설·경제 10대 이슈

[안전]
사고 트라우마… 처벌 포비아

[구조조정]
불황 늪 건설업… 구조조정 쓰나미

[노란봉투법]
산재·체불·불법고용… '제값주기'가 해법

[하도급 상생]
불법 하도급 근절, 속도·강도 세진다

[AI 대전환]
생성형 AI 넘어 'Agentic AI'로… 급속 진화

[지방선거]
중도층 표심 5% 확보에 걸린 승패

[트럼프·대북관계]
트럼프發 안보 불확실성… 남북관계 변수

[원전·신에너지]
이재명 정부의 혼재된 新에너지정책

[기후변화]
극한 기상이변… 노후 인프라 시장 뜬다

[K-컬처 신드롬]
먹고, 바르고… 세계로 뻗어가는 'K-물결'

사고 트라우마… 처벌 포비아

박흥순 기자

안전

신안산선 터널 붕괴 사고현장

안성 교량 붕괴 사고현장

한국 건설 산업은 깊이를 가늠하기 어려운 안전사고 트라우마의 늪에서 여전히 쉽게 빠져나오지 못하고 있다. 2025년 초 잇따라 발생한 안성 교량 붕괴와 신안산선 터널 붕괴 사고는 위태롭던 건설 현장의 민낯을 다시 한 번 드러내는 결정타가 되었다. TV 화면을 가득 채운 무너진 교량과 뒤엉킨 철근, 암흑 속에 무너져 내린 터널 내부는 단순한 물리적 파괴만을 상징하지 않았다. 그것은 국민의 안전에 대한 믿음에 어떻게 균열이 나는지를 보여주는 상징과 같았다. "내가 매일 건너는 다리, 매일 지나는 터널도 안전하지 않을 수 있다"는 근원적 불안이 조용하게, 그러나 깊숙이 일상으로 스며들었다.

무너진 신뢰에 칼 빼든 정부
　일개 개인의 차원을 넘어, 이 불안은 건설 산업 전체에 대한 불신으로 이어졌다. 그 결과 눈에 보이지 않는 곳에서 사회적 비용은 계속 증폭됐다. 정부는 들끓는 여론에, '처벌 강화'라는 가장 손쉬우면서도 강력한 정책 카드를 꺼내 들었다. 중대재해처벌법(중처법)과 산업안전보건법(산안법)에 이어 2026년부터 본격 시행되는 건설안전특별법(건안법)은 건설의 전체적 주기인 발주·설계·시공·감리에 이르기까지 책임의 고리를 촘촘히 연결하는 법이다.

　이론적으로는 누구도 빠져나갈 수 없는 완벽한 안전망을 구축하는 듯 보인다. 하지만, 현장의 체감은 다르다. "법은 강해졌지만 안전은 여전히 멀다"는 회의론적 사고가 팽배하며 실제로는 책임 전가와 서류 중심 면피형 안전 관리, 자원과 정보력에서 비롯된 대형사와 중소사 간 격차등의 '안전 양극화'만 뚜렷해졌다.

이중삼중 규제에 안전 시스템 과부하
　문제는 안전 강화를 위한 법률이 겹겹이 쌓이며 오히려 현장의 안전 시스템을 마비시키는 부작용을 낳고 있다는 점이다. 중처법, 산안법, 건안법이 서로 유사하거나 중복되는 의무를 부과하면서 현장에서는 "어떤 법을 우선 따라야 하는가"라는 혼란이 끊이지 않는다. 기업들은 실질적인 위험 요인을 개선하기보다 처벌을 피하기 위한 서류 작성과 법률 자문에 더 많은 시간과 비용을 쓰고 있다.

　특히 자금과 인력이 부족한 중소 건설사는 '모든 규제를 충족하기 어렵다' 하소연한다. 이는 안전 관리의 외주화와 무리한 하도급 전가로 이어지며, 오히려 안전 취약성을 키우는 결과를 낳기도 한다. 결국 '안전을 위한 법'이 '책임 회피를 위한 법'으로 변질되고, 현장에서는 실질적 안전 문화 대신, 형식주의가 굳어지는 역설이 생기는 것이다.

〈2024년 재해조사 대상 사고사망자 현황〉

구분	2024년 현황	2023년 대비	주요 분석
전체 사망자	589명	▼9명 (1.5%)	소폭 감소
▷ 건설업	276명	▼27명 (8.9%)	경기 위축 영향, 여전히 사망자 최다
▷ 제조업	175명	▲5명 (2.9%)	증가세
▷ 50인(억) 미만	339명	▼15명 (4.2%)	소폭 감소했으나 여전히 다수 차지
▷ 50인(억) 이상	250명	▲6명 (2.5%)	대형 현장 안전 문제 심각성 반증

자료 : 고용노동부

산재 통계에서 드러난 허점

2024년의 산업재해 통계는 문제의 심각성을 수치로 확인할 수 있는 정확한 자료이다. 2024년 한 해 동안 발생한 사고 사망자는 589명으로, 전년 598명 대비 9명, 백분위로 1.5% 감소했다. 전체 사망사고 건수도 553건으로 전년 발생건 584건의 5.3%인 31건 감소했다. 줄었다. 업종별로 보면 건설업 사망자가 276명으로 전년보다 27명(8.9%)이나 크게 줄며 전체 사망자 수 감소를 이끌었다.

반면 제조업은 175명으로 5명(2.9%), 기타 업종은 138명으로 13명(10.4%) 증가해 건설업과 대조를 이뤘다. 사업장 규모별로는 50인(억) 미만 사업장에서 339명이 사망해 전년보다 4.2% 수준인 15명 감소했으나, 50인(억) 이상 사업장에서는 250명이 사망해 오히려 2.5% 수준인 6명 늘었다. 이는 중처법 적용 대상이 5인 이상 사업장으로 확대됐음에도 여전히 소규모 사업장이 재해에 취약하고, 대형 현장의 중대재해는 근절되지 않고 있음을 보여준다.

　건설업 사망자 수가 감소하는 현상 역시 긍정적인 신호로만 해석하기는 어렵다. 정부 역시 통계 발표에서 "경기 영향 등으로 건설업 사고 사망자 수가 크게 감소하며 전체 감소를 견인한 측면이 있다"고 분석했다. 즉, 안전 시스템이 획기적으로 개선됐다기보다 건설 경기 침체로 착공 물량 자체가 줄어든 것이 통계에 영향을 미쳤을 가능성이 크다는 의미다. 실제로 수치는 감소했지만, 276명이라는 건설업 사망자 수는 가장 많으며, 여전히 전 업종을 통틀어 압도적이다. 오히려 중처법의 핵심 규제 대상인 50인 이상 사업장에서 사망자가 증가했다는 점은 법의 실효성에 대한 근본적인 의문을 제기 할 만한 수치이며, 건설 현장의 구조적 문제가 해결되지 않았음을 방증한다.

실제 판례가 중처법 한계 방증

　통계 속에서 축적되는 중처법 관련 판례들은 현실의 복잡성과 법의 한계를 동시에 드러낸다. 경남 창원의 한 오피스텔 공사 현장에서 계단 사이 견출 작업 중 노동자가 추락해 사망한 사건에서, 원청인 상운건설 대표에게는 징역 1년, 집행유예 2년이, 현장소장에게는 징역 10개월, 집행유예 2년이 선고됐다. 법원은 '상운건설이 안전보건관리체계를 제대로 구축하지 않았고, 위험 요인을 발굴하고 개선하는 절차가 형식에 그쳤다'는 점을 명확히 지적했다.

　또 다른 사례로, 서울 서초구 신축 건물에서 페인트 작업 중 노동자가 추락해 사망한 사건에서는 기본적인 안전 조치인 안전대 착용 지시나 추락 방호망 설치조차 없었다는 사실이 인정돼 원청 건설업체에 벌금 5000만 원이 선고됐다.

　최근에는 법의 엄격한 잣대를 보여주는 판결도 나왔다. 경기도의 한 물류센터 신축 현장에서 거푸집이 무너져 5명의 사상자가 발생한 사건에서, 원청업체 대표 A 씨에게 1심에서 징역 1년 6개월의 실형이 선고됐다. 재판부는 "안전조치 의무를 단순히 형식적으로 이행하는 것을 넘어, 실질적으로 현장에서 작동하도록 관리·감독할 책임이 경영책임자에게 있다"고 판시하며 서류상 안전관리에 경종을 울렸다.

반면 법망을 피하거나 책임이 인정되지 않은 무죄 판결 사례도 잇따르며 현장의 혼란을 가중시키고 있다. 전북 군산의 금광동 하수관로 공사 현장에서 발생한 지반 붕괴 사망 사고는 그것의 대표 사례이다. 이 사건에서 원청 업체인 삼화건설 대표 윤 모 씨와 현장소장 모두 무죄 판결을 받았다. 재판부는 원청이 위험성 평가와 안전 관리 계획을 수립했고, 관련 서류를 구비했으며, 실제 작업에 대한 구체적인 지휘·감독권은 하도급 업체에 있었다는 점을 인정했다. 원청의 책임이 서류상 의무 이행으로 상당 부분 면책된 것이다.

또 다른 무죄 사례인 경북 영덕군 지방상수도 정비공사 현장 사망 사고에서도 비슷한 판결이 나왔다. 도로에서 작업하던 노동자가 화물차와 담벼락 사이에 끼여 사망했지만, 지디종합건설 대표의 중처법 위반 혐의는 무죄가 선고됐다. 현장소장은 업무상 과실치사와 산안법 위반으로 처벌받았지만, 대표의 관리 책임까지는 이어지지 않았다.

유·무죄 가르는 판단 기준은

그렇다면 어떤 기준이 유죄와 무죄를 가르는가? 판례를 종합해 보면, 위험성 평가의 형식적 존재 여부를 넘어 '실질적 이행 여부', 안전보건 관리체계의 '실제 작동 여부', 현장 지휘권과 감독권의 '실질적 귀속 주체', 복잡한 하도급 구조 속 계약상 역할 분담과 책임 소재, 그리고 사고의 '구체적 예견 가능성' 등이 주요 판단 요소로 작용한다.

　법무법인 대륙아주의 분석에 따르면, 선고된 중처법 사건 37건 중 33건이 유죄였지만 실형은 소수에 그치고 대부분 집행유예형에 머물렀다. 특히 건설업 사건에서는 위험성 평가나 안전 조치 미흡, 안전 책임자 미배치 등이 가장 빈번하게 지적됐다.

<중대재해처벌법 판결, 유·무죄 가르는 핵심 쟁점>

유죄 판결 경향
▷ **형식적 안전관리** : 서류만 구비하고 실제 조치는 미흡한 경우
▷ **절차적 의무 이행** : 위험성 평가 등 법적 절차를 서류상으로 모두 이행한 경우
▷ **실질적 안전조치 미이행** : 기본적인 안전장비 미지급, 방호시설 미설치 등
무죄 판결 경향
▷ **실질적 지휘권 부재** : 실제 작업 지휘·감독 권한이 하도급사에 있었다고 인정된 경우
▷ **원청의 직접적 지휘·감독** : 원청이 하청 노동자의 작업에 구체적으로 관여한 정황
▷ **사고 예견 가능성 부인** : 사고 발생을 원청이 구체적으로 예견하기 어려웠다고 판단된 경우

　이런 현실은 중처법이나 향후 시행될 건안법에 대한 깊은 우려를 낳는다. 처벌 조항과 책임 범위만 강화할 때 안전이 자동으로 확보되지는 않는 다는 것이 명백해졌기 때문이다. 책임은 넓어지고 규제는 많아질수록, 기업은 실제 위험을 줄이는 노력보다 서류상 의무를 다하는 데 치중하고, 현장에서는 근본적으로 개선이 더뎌지는 악순환이 반복된다. 또한 위험 요소를 발굴하고 개선하는 절차를 서류상으로 마련한 기업이라도 빠듯한 예산과 부족한 전문 인력, 복잡한 하도급 구조의 장벽에 부딪혀 실행이 제대로 이뤄지지 않는 경우가 비일비재하다.

　앞서 언급된 삼화건설 사건은 '서류상 요건 충족'이 면죄부로 작동할 수 있는지 보여주는 상징적 사례다. 삼화건설 대표가 무죄 판결을 받는 동안 법인에는 고작 벌금 400만 원이 부과됐을 뿐이다. 법원은 '삼화건설이 위험성 평가와 안전관리 계획을 수립하고 시방서 등 계약 문서도 마련했으며, 사고 당시 실제 작업 지휘권은 하도급 업체에 있었다'는 사실을 그대로 인정했다. 지디종합건설 대표 역시 비슷한 맥락에서 '책임이 부족하다'는 판단 아래 무죄 판결을 받았다. 건설업 전반에 걸쳐 사고 사망자 비중이 여전히 높다는 통계, 그리고 유죄와 무죄 판례의 혼재는 법과 제도의 경계가 얼마나 모호한지를 방증한다.

지속 가능한 안전 모델 구축해야

이런 흐름 속에서 정부가 발표한 '노동안전 종합대책'은 정책적으로 중요한 전환이 될 전망이다. 이 대책의 핵심은 노동자를 '보호의 객체'에서 '예방의 주체'로 전환하고, 중대재해가 반복 발생하는 기업에는 '확실한 책임'을 부과하는 것이다. 특히 안전 사각지대에 놓인 소규모 사업장과 취약 노동자에 대한 예방 지원을 강화하고, 안전 주체로서 노사의 역할과 책무를 명확히 하는 데 방점을 찍었다. 이는 처벌의 공포만으로는 현장을 바꿀 수 없다는 반성적 고려에서 출발했다.

이 변화는 2026년 건안법 시행과 맞물려 실질적인 시너지를 낼 수 있을지 주목된다. 구체적으로 정부는 '추락·끼임·부딪힘'으로 대표되는 10인 미만 소규모 사업장의 3대 사고 예방 지원을 대폭 확대하고, 스마트 안전장비를 보급하며, 중대재해 재발 방지 컨설팅 등을 통해 현장의 실질적인 안전관리 수준을 끌어올리려 계획하고 있다. 또한 위험성 평가 과정에 노동자 참여를 보장하고 작업중지권을 실질화하는 등 노동자가 현장의 위험을 스스로 개선할 수 있는 권한을 강화하는 내용도 포함됐다. 하지만 현장에 안착하기까지는 넘어야 할 산이 많다. 위험성 평가가 또 다른 형식적 서류 작업으로 전락하지 않도록 실효성을 담보해야 한다. 그리고, 중소기업 지원이 일회성·선심성 정책에 그치지 않도록 지속 가능한 모델을 구축해야 하는 것 역시 또다른 과제이다.

제값 주는 발주제 개혁 병행해야

'발주 구조의 근본적인 개혁이 필요하다'는 요구는 바로 이런 현실을 반영하고 있다. 관행처럼 굳어진 최저가 낙찰제 하에서는 공사비와 공기 단축 압박이 안전 확보를 위한 최소한의 노력마저 가로막는 가장 큰 걸림돌이 된다. 실제로 2023년 발생한 한 공공시설물 공사 현장 붕괴 사고의 원인을 조사하는 과정에서, 예정 가격의 70% 수준에 그치는 저가 수주가 무리한 공정 진행과 안전관리 소홀로 이어진 정황이 드러나기도 했다. 건안법이 도입돼 발주자의 책임이 강화되더라도, 충분한 비용과 기간이 보장되지 않는다면 현장에 돌아오는 것은 '감당할 수 없는 법적 책임'뿐이다.

스마트 안전 기술의 도입 역시 비용 부담이 큰 중소사에겐 여전히 먼나라 이야기다. 정부의 보조금이나 지원 제도가 존재하지만, 신청 절차가 까다로운데다 장비 유지와 보수 비용에 부담이 되고, 관련 기술 인력을 확보하는 데 드는 어려움이 높은 장벽으로 남는다. 한 중소 건설업체 대표는 "AI 기반 CCTV 한 세트를 설치하는 데 수천만 원이 드는데, 영세한 업체로서는 엄두도 못 낼 일"이라며 "정부 지원은 전체 비용의 일부에 불과하고, 그마저도 신청 절차가 복잡해 포기하는 경우가 많다"고 토로했다.

노동자의 역할 또한 아무리 강조해도 지나치지 않다. 현장의 위험을 가장 먼저, 가장 잘 아는 것은 바로 노동자다. 작업자가 위험을 발견하고 개선을 요구할 수 있는 권리, 즉 작업중지권 등이 명확하고 실질적으로 보장돼야 한다. 처벌 중심의 규제는 필연적으로 '누가 책임을 질 것인가'에 초점이 맞춰지지만, 예방 중심의 문화는 '어떻게 사고를 막을 것인가'에 중심을 둬야 한다. 안전 수칙 준수 자체가 직원의 핵심 능력으로 인정받는 일터, 위험을 지적하는 것이 당연한 권리이자 자부심이 되는 문화가 절실하다.

자율·책임 중심의 안전 대전환 원년으로

건안법과 새로운 노동안전 정책은 단순한 처벌 강화를 넘어 책임 주체 간 실질적인 역할 분담과 공정한 계약 관계, 다단계 하도급 구조 개선과 발주의 질적 향상, 안전 예산의 현실적 확보 등이 함께 작동하도록 설계돼야 한다.

유럽의 여러 국가나 일본은 위험예지훈련(KYT)과 안전보건위원회, 원·하청 통합 안전관리 시스템과 도급업체에 대한 기술 능력 및 안전관리 능력 평가 제도 등을 통해 책임자와 작업자 간 소통을 강화하고 자율적 안전 문화를 조성해 왔다. 이처럼, 우리도 처벌과 규제에 더해 예산, 인센티브, 기술 지원을 통한 실질적 책임·자율 기반의 전환을 서둘러야 한다. 지난 몇 년간 판례들은 법원 또한 단순한 '법 조항 적용'을 넘어 사건의 구체적 맥락을 들여다보고 있음을 보여준다. 위험성 평가서를 작성했다는 서류상 사실만 가지고 기업에 면죄부를 주는 순간, 법은 실질적 예방보다 절차적 완성을 우선시한다는 함정에 빠지게 된다. 사고를 예견하는 가능성과 사고가 일어났을 때 작업을 지휘할 수 있는 권한과 감독권의 실질적 귀속 여부, 하도급 구조를 투명하게 하고 발주 조건 및 안전관리비 예산을 충분히 확보하는 등 앞으로 유죄와 무죄의 갈림길을 결정하는 핵심 변수가 될 것이다.

한 건설업계 관계자는 "처벌의 공포가 아니라 책임을 공유하고 서로 믿는 문화, 서류가 아니라 현장의 실질이 우선되는 시스템, 위기의 반복이 아닌 예방의 일상화가 지배하는 미래를 만들어야 할 때"라고 강조했다. 한국 건설 산업은 과거의 참담한 사고와 희생을 딛고, 자율과 책임을 중심으로 한 전환을 이뤄내야만 한다. 2026년, 새로운 법 제도가 완성되는 시점이 중대한 분기점이 될 전망이다.

불황 늪 건설업… 구조조정 쓰나미

정석한 기자

구조 조정

2026년 한국 건설업계에는 올해보다 좀 더 강력한 구조조정 태풍을 예상하고 있다. 건설 관련 지표가 하향 리스크인 가운데, 중소·중견 건설사 중심 구조조정은 더욱 본격화할 여지가 많기 때문이다. 건설업계 구조조정은 지역 일자리 감소와 지역 경제 침체, 나아가 한국 거시경제 성장을 크게 저해할 수 있는 만큼 이재명 정부의 발 빠른 대처가 필수라는 지적도 나온다.

올 건설기성액 감소…IMF 때보다 심각

2026년 건설업계 구조조정 가능성을 엿볼 수 있는 가장 정확한 지표 중 하나는 건설기성액이라는 개념이다. '건설기성액'은 시공사가 발주자와 계약한 전체 금액에서 매달 진행된 공사에 대해 지급된 금액을 일컫는 말이다. 그런 이유로, 건설기성액을 관찰하면 현재 건설 경기 상황을 방증하고 단시일 내 건설 경기 상황을 예측할 수 있다. 정부와 건설업계에서는 건설기성액을 통해 공사

진척도를 파악하고, 향후 부동산 정책에 참고한다.

　한국건설산업연구원이 내놓은 월간 건설시장 동향에 따르면 2025년 7월 기준 건설기성액은 11조 4,000억 원으로, 2024년 동월 대비 무려 13.7% 감소했다. 건설기성액은 2024년 5월부터 2025년 7월까지 15개월 연속 감소세를 이어가고 있다. 그리고 이는 또 통계가 작성된 지난 1997년 7월 후 역대 최장 기간 동안 지속되고 있다고 한다. 즉 IMF 외환위기 시기 이상 건설 경기 불황으로 인해 건설현장은 감소되고 중단되었으며, 그만큼 인력과 장비, 설비 등이 쉬고 있다는 의미다.

　건설기성액 감소는 민간 부문에 더욱 심각하게 작용한다. 공공 건설기성액은 전년 동월 대비 7.8% 감소한 1조 9,000억 원에 그쳤다 하지만 민간 건설기성액은 14.8% 줄어든 9조 5,000억 원을 기록했다. 공공은 3년 평균 1,000억 원 부진으로 끝났지만 민간은 1조 6,000억 원이나 부진했다. 민간 건설기성액의 경우, 부동산 경기 침체로 인해 재건축·재개발 등 정비사업이 원활하게 추진되지 않으면서 건설수주액 및 건설기성액이 감소되었다는 평가를 받고 있다.

　특히 2025년 건설 경기 불황은 더욱 심각하다. 2025년 1~7월 누계 건설기성액은 82조 4,000억 원으로, 전년 동기 대비 18% 이상 감소한 것으로 분석된다. 8~9월까지 건설기성액을 봐도 불황은 나아질 기미를 보이지 않는다. 8~9월에 예상치 못한 폭염, 폭우, 가뭄 등 자연재해 영향으로 건설현장이 중단되는 사례가 많았기 때문이다. 이는 건설현장 비(非)가동 일수 증가에 영향을 미쳐 건설기성액 감소로 이어진다.

　물론 10~12월 3개월간 건설기성액이 소폭 늘어나기는 했다. 전통적인 비수기를 벗어난 데다, 하반기에는 공공 부문에서 매년 발주 계획에 포함된 물량을 밀어내기하면서 건설기성액이 증가하는 경향이 있기 때문이다. 그러나 총 건설기성액에서 압도적인 비중을 차지하는 민간 부문이 회복되지 않으면 올해 건설업계 구조조정은 피할 수 없을 것으로 예측된다.

건설기성액뿐만 아니라 건축 착공 면적에서도 향후 구조조정 가능성을 짐작할 수 있다. 국토교통부 통계에 의하면 2025년 1~8월 건축 착공 면적은 전년 동기 대비 17.0% 감소한 5,043만㎡를 기록했는데, 이는 IMF 외환위기 시기 이후 두 번째다. 건축 착공 면적이 적다는 것은 향후 1~2년간 공사 물량도 줄어들게 된다는 의미이기 때문에, 향후 건설업계는 재정 여력이 악화되면서, 그로 인한 구조조정으로 이어질 가능성이 충분하다.

구조조정은 이미 진행 중… 상반기 1,531곳 말소·폐업

사실 건설업계의 구조조정은 이미 진행이 되고 있다. 건설산업지식정보시스템(KISCON)과 건설산업정보원에 따르면, 2025년 상반기에 접수된 말소·폐업 신고는 종합건설사와 전문건설사를 모두 포함해 1,531건으로, 자진 폐업은 1,032건, 무려 67.4%에 달한다. 즉 건설사 10곳 중 7곳 가까이 스스로 폐업을 결정했다는 점은 건설 경기 불황을 방증하고 있다.

건설사의 자진 폐업 비율이 올라가는 경향 역시 약화된 건설 경기의 큰 원인일 수 있다. 건설기성액이 줄어드는 등 건설업계의 현재 일감이 감소한 데다, 인건비와 자재 대금이 상승하면서 공사비가 높은 수준에서 유지되는 이유로 수익성이 크게 나빠지고 있는 것이다.

높은 공사비 수준은 지표로도 확인할 수 있다. 한국건설기술연구원이 매달 발표하는 건설공사비지수를 보면, 2025년 1~8월에는 계속해서 131포인트(p)

선에서 유지되고 있다. 지수의 기준점이 되는 100포인트가 2020년이라는 사실을 감안하면, 공사비는 30% 이상 오른 셈이다. 그리고, 이 지수는 점차 상승해 2024년 2월 130포인트를 돌파한 뒤 현재까지도 높은 수준에 머물러 있다.

업종별로 떼어놓고 봐도 자진 폐업 비율은 여전히 높다. 2025년 상반기 종합건설사의 말소·폐업은 465건이고, 이 중 자진 폐업은 258건으로 집계됐다. 총 55.4%수준이다. 전문건설사의 사정은 더욱 심각하다. 2025년 상반기 전문건설사의 말소·폐업은 1,066건이었는데, 이 중 자진 폐업은 774건으로 무려 72.6%에 달했다.

종합건설사 대비 전문건설사의 자진 폐업 비율이 높은 것은 그만큼 악화된 건설 경기를 버티는 것이 영세한 규모의 전문건설사에게는 더욱 가혹한 상황이기 때문이다. 영세 전문 건설사는 유동성이나 일감 확보 면에서 여력이 부족하고, 규모가 그리 크지 않을 수 밖에 없다 보니 공사를 한 번만 잘못하거나 공기를 맞추지 못하면 다시 회복하는 것이 사실상 불가능하다. 때문에 스스로 건설업계를 떠나는 비율이 종합건설사보다 더 높게 나타난 것으로 분석된다.

구조조정 상황은 중견 건설사 중심 법정관리에서도 드러난다. 이것은 재무구조 악화로 경영 위기를 맞은 건설사가 말소·폐업 같은 최악의 경우를 모면하기 위해 기업회생절차를 신청하는 것을 의미한다.

실제로 2025년 초부터 중견 건설사의 법정관리 신청이 이어지고 있다. 시공능력평가액 200위권 내에서 확인해 보자면 연초 신동아건설(58위)을 시작으로 대저건설(103위)과 삼부토건(71위), 안강건설(138위)과 대우조선해양건설(83위), 삼정기업(114위)과 삼정이앤씨(122위), 벽산엔지니어링(180위)과 대흥건설(96위), 영무토건(111위)과 동우건설(174위) 등이 줄줄이 기업회생절차를 신청했다. 이중 신동아건설만 유일하게 2025년 10월 법정관리를 졸업했다.

2025년 워크아웃을 졸업한 신동아건설의 서울 용산 사옥.

지방 미분양 문제 해결이 열쇠… 다주택자 규제 풀어야

문제는 이렇게 중소 건설사 위주의 말소·폐업, 중견 건설사 위주의 법정관리 신청이 이어진다면 일자리가 점차 감소하게 되고, 이는 지역경제 불황으로 자연스럽게 연결된다는 데 있다. 건설산업 불황이 단순히 개별 산업의 이슈에서 끝나지 않는 이유도 바로 이것이다.

이미 건설산업 불황은 고용위기로 번지고 있다. 통계청에 따르면 2025년 상반기 건설업 취업자는 193만9000명으로 1년 전보다 14만6000명 줄어들었다. 이는 1999년 상반기(-27만4000명) 이후 가장 큰 폭이며 코로나19·금융위기 때보다 더 큰 감소폭이다. 취업자 수는 2020년 상반기 기준 196만6000명 이후 5년 만에 다시 200만명 밑으로 떨어졌다. 2016년 하반기 수치인 192만 6000명 이후 8년 반 만에 가장 작은 규모다.

건설산업은 다른 산업에 미치는 영향이 매우 크다. 한국은행의 2020년 통계를 보면 건설산업 생산유발계수는 1.97명으로, 전 산업 평균(1.80명)보다 높다.

취업유발계수도 10.5명(산업 평균 9.7명), 고용유발계수도 8.2명(산업 평균 7.2명) 등이다. 건설산업 불황으로 건설사 구조조정이 가속화할수록 더 많은 인력들이 일을 쉬게 되고, 이는 지역경제 및 거시경제 성장에 악영향을 미치게 된다.

실제로 건설업은 GDP(국내총생산)의 15%를 차지하는 핵심 산업이다. 거시경제 부양 수단으로 SOC 투자가 자주 활용되는 이유도 이런 탓이다. 이는 또 건설업계 수주물량 확보로 이어지기 때문에 건설사의 잇따른 구조조정을 막을 수도 있다. 건설업계가 내수경기 부양을 통한 거시경제 성장을 위해 SOC 예산을 정부에 확대 요청하는 것도 이런 이유다.

대한건설협회는 2026년 SOC 예산으로 30조원 이상을 정부에 요청했다. 특히 지방도시 소멸을 막기 위한 균형 발전을 위해 도로 부문 등의 예산 확대를 요청했으며, 갈수록 안전 확보를 위한 예산의 필요성도 증가하고 있다. 아울러 매년 폭염과 가뭄, 폭우와 폭설 등 자연재해 영향으로 노후된 SOC 피해가 잇따른다는 사실을 감안해 이를 적극적으로 방어할 수 있는 예산을 마련할 필요성도 강조하고 있다.

대한건설협회는 부동산 경기 진작을 위한 대책을 내줄 것을 이재명 정부에 요구하고 나섰다. 특히 갈수록 문제가 되고 있는 지방 미분양 문제 해결을 촉구하고 있다. 정부는 2025년 8월 14일 '지방중심 건설투자 보강방안'을 통해 지방 미분양 문제 해결을 위해 '세컨드 홈' 지역을 확대했다.

그러나 이는 비수도권 인구감소관심지역에 한정돼 있어 실효성이 부족하다는 지적이 있어왔다. 인구감소관심지역은 인구감소지역은 아니지만 강릉이나 경주, 익산 등 향후 감소가 현실화될 가능성이 높은 지역을 의미한다.

〈그림1. 정부가 지방 미분양 해결을 위해 지정한 세컨드홈 특례지역〉

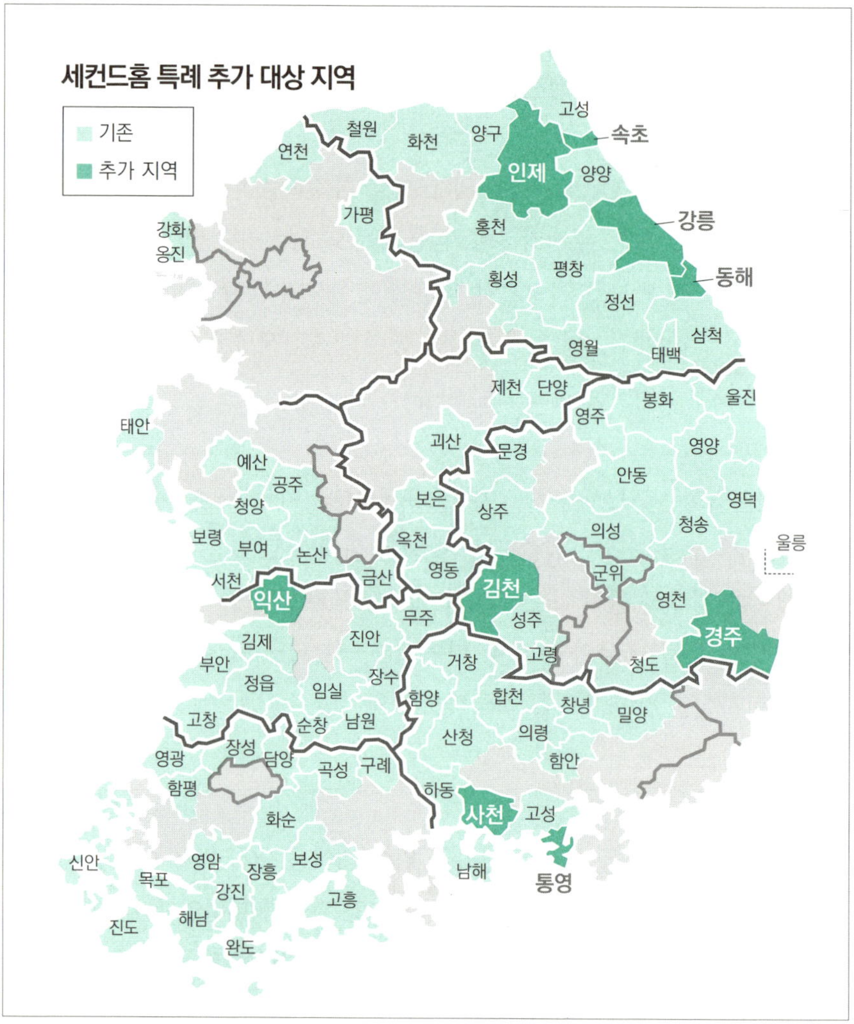

자료 : 기획재정부

    정부의 전방위적 미분양 대책에도 불구하고, 지방 미분양 적체가 쉽게 해소되지 않는 근본적인 이유를, 건설업계는 '다주택자 중과 규제'에 있다고 보고 있다. 2025년 7월 기준 전국 준공 후 미분양 물량 2만7057가구 중 2만2589가구(83%)가 지방 미분양 물량인데, 다주택자 중과로 인한 일명 수도권 중심 '똘똘한 한 채' 선호 현상이 강화되면서 지방 미분양 물량이 계속해서 늘어나고 있다는 것이다.

이에 건설업계는 세컨드 홈 대상지역을 비수도권 전역으로 확대하고, LH(한국토지주택공사)의 지방 미분양 매입사업 외에 추가 개선사항을 마련해 줄 것을 건의하고 있다. 아울러 다주택자 중과 규제 해소방안으로 취득세는 2주택까지 기본세율을 적용하고, 3주택부터 현행 대비 세율 50%를 인하해 줄 것 역시 요청하고 있다. 보유세와 중복 논란이 꾸준히 있어온 종합부동산세의 경우 장기적으로 폐지하거나, 폐지 불가 시 3주택 이상에서 일반세율을 적용해 줄 것을 요구하고 있다.

산재·체불·불법고용… '제값 주기'가 해법

심규범 건설고용컨설팅 대표

노란 봉투법

이재명 정부는 산업재해와 임금 체불, 불법 고용 등에 대한 행정 규제와 경제 제재 등을 강화하고 있다. 건설사업자에 대한 등록 말소와 영업이익의 5% 이내, 하한액 30억 원의 과징금 부과, 공공공사 입찰 참가 제한, 사업주 단위의 외국인 고용 제한, 금융권 대출 제한 등 전방위적이다.

거기에 주 4.5일제 도입과 노란봉투법까지 더해지게 된다. 주 4.5일제는 도급 단계 말단에서, 예를 들자면 '100원짜리 원가가 50원으로 반 토막 난 상황'의 공사비에 맞춰 시공할 수 있는 가장 효과적인 수단인 장시간 노동과 공기 단축을 어렵게 한다. 노란봉투법은 원도급자와 직접 고용 관계가 없는 하도급 단계 아래의 제반 근로 조건과 법령 및 규정 준수 여부에 대해 노조가 원도급자에게 교섭을 요구할 수 있도록 해, 공사비와 공사 기간이 더욱 늘어날 것으로 예상된다.

건설업계는 존립 자체를 위협한다며 저가 수주를 부추기는 입찰 제도와 무리한 공사 기간, 복잡한 다단계 하도급 구조 등을 제도적으로 개선해야 한다고 목소리를 높이고 있다. 하지만 그 제재 수위가 더욱 높아지지 않을까 하는 것이 우려스러운 점이다.

양질전화(量質轉化)는 양적인 변화가 일정 수준에 도달하면 질적인 도약이나 변화가 일어난다는 개념이다. 이제는 인위적으로 낙찰률을 상향하거나 적용 범위를 조정하는 등 기존의 미세 조정 방식으로 대응할 수 있는 정도는 넘어선 상황이다. 이런 현실에서는 근본적이고 구조적인 해법이 필요하다. '제값 받아 제값 주기'가 바로 그것이다.

100원짜리를 50원으로 시공… 누군가 죽고 어딘가 무너져

한때 '저가 낙찰이라도 관리·감독만 잘하면 된다'는 마법을 진실인 양 믿었던 적이 있었다. 하지만 저가 낙찰 아파트 현장에서의 실제 면담을 통해 '잘못 꿴 첫 단추는 바로잡을 수 없다'와 '세상에 공짜는 없다'가 만고의 진리임을 많은 이들이 깨닫게 됐다.

10여 년 전 아파트 신축 공공공사 현장을 방문했다. 현장을 돌아보니 외국인 노동자가 많았고, 어수선했다. 속내를 털어놓을 정도로 친밀해진 감독관에게 그 상황을 물으니 "솔직히 아침마다 불안하다. 오늘 누군가 죽고 어딘가 무너지지 않을지."라 답했다.

그 이유는 이랬다. 해당 공사의 원도급자 낙찰률은 63%였다. 20여 년이 넘는 감독관의 경험으로는 이 정도의 저가로는 정상 시공이 불가능했다. 감독관만이 아닌, 원도급자, 하도급자, 팀·반장까지 모두 해당 상황을 인지하고 있었으며, 모두 그러한 상황을 각오한 채 공사에 들어온 사람들이었다. 결국 단가를 맞출 수 있는 방법은 단가 삭감을 수반하는 불법 재하도급과 시방서의 양생 기준을 무시한 공기 단축, '빨리빨리' 서두르는 것과 노동 강도의 강화, 부당한 요구에 순응하는 저임금·저숙련 불법체류 외국인 고용 등 탈법과 편법이 일어날 수밖에 없었다.

'그래도 감독관인데 시방서 기준과 합법 고용 등 근로 기준에 따라 감독해야 하는 게 아닌가?' 질문하니, '자신의 경험상 더욱 위험해진다'는 답이 돌아왔다. 만일 저가 낙찰 현장에서 시방서 규정과 안전 관련 제반 규칙, 그리고 합법 고용 등을 엄격하게 준수하라 요구하면 더욱 위험한 상황이 벌어질 것이라는 경고도 덧붙였다. 이러한 방식으로는 일을 할수록 손해를 감수할 수밖에 없는 상황이었으므로 말단의 팀·반장부터 업무를 포기했고, 50% 정도로 저가 낙찰받았던 전문건설업체 역시 공사를 중단한다고 통보했다. 그러나 누군가는 시공을 진행해야 하는 상황이어서 새로운 입찰 공고를 내고 전문건설업체를 선정하는 사이 3~4개월이 소요될 것이고, 새로 선정한 업체는 동일하게 저가로 낙찰된 공사비로 줄어든 공기에 맞춰야 하니 더욱 벼랑 끝으로 몰리는 구조일 수밖에 없다. 감독관은 "경험을 하다 보니, 이런 저가 낙찰 현장에서 터득한 최선의 대책은, 당장 무너지고 죽지 않는 한 눈을 감는 거다."라고 말했다.

통상 저가 낙찰 또는 약자에 대한 횡포의 주범으로 '최저가 낙찰제'를 지목하고 있다. 하지만 이것은 건설 선진국에서도 통용되는 가장 일반적인 낙찰자 선정 원리다. 문제는 '선진국에서 적용하는 안전장치 없이, 최저가 낙찰제를 시장에 풀어놓았다'는 점이다.

'100원' 확보할 근본 해법… 최저가 낙찰제에 '재갈' 물려야

건설산업도 생존하고 구성원이 상생하는 것을 지속하려면, 정부가 요구하는 품질·안전·임금 지급·합법 고용 등 사회적 가치를 구현하면서도 구성원 각자의 몫과 이윤을 확보할 수 있어야 한다. 다시 말해, 건설 생산 정상화에 필요한 필요 조건은 '발주자가 엄격한 기준에 따라 산정한 제값인 '100원'의 확보와 집행'이다. 이는 자본주의 시장에서 저절로 이루어지지 않는다. 이것은 반드시 제도적 노력을 함께해야만 가능하다. 최저가 낙찰제가 건설 생산 정상화를 위한 작용을 할 수 있으려면, 효과적인 '재갈'을 물려 제도를 길들여야 한다.

최저가 낙찰제하에서 입찰가를 낮추기 위한 직접 노무비(=임금×노무량) 절감 방법으로부터 그 해법을 찾을 수 있다(<그림 1> 참조).

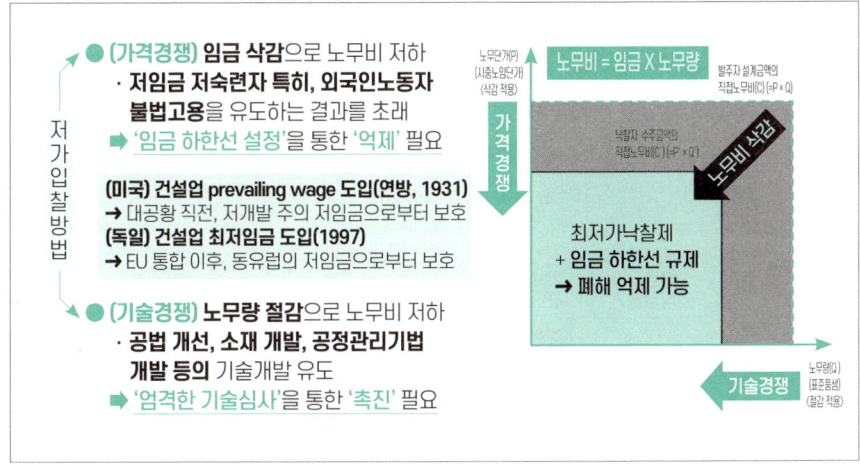

〈그림1. 최저가낙찰제 하에서 저가수주 경쟁을 위한 노무비 삭감 방법〉

먼저 임금 단가를 내려 노무비를 낮추려는 시도는 '가격 경쟁'이라 한다. 이것을 방치한다면 모두가 위험해진다. 통상 건설 원가로 '재료비·노무비·경비'를 꼽는다. 그런데, 가격 경쟁에 가장 취약한 것이 바로 노무비다. 신분상 약점을 지닌 비합법 외국인의 임금을 삭감하면 노무비를 낮출 수 있다. 노동시장이 개방되어 저임금 불법 고용 외국인이 많아진다면 가격 경쟁은 더욱 치열해진다. 이러한 문제가 심각해지자, 건설 선진국에서는 최저가 낙찰제의 폐해를 막기 위해 '임금 하한선 규제'를 실시하고 있다. 임금 하한선을 규제하면 비합법 외국인이 많더라도 임금을 삭감해 입찰가를 낮추려는 가격 경쟁이 불가능해지기 때문이다.

반면, 노무량의 투입을 줄여 노무비를 낮추는 '기술 경쟁'은 장려하고 있다. 이것은 공법·소재·공정 관리 기법 개발 등 객관적으로 입증되는 기술력을 기초로 하는 것으로, 이때 기술 개발로 노무량을 줄일 수 있는 폭이 점차 줄어든다. 이 때문에 결국은 기술력이 우수한 업체가 미세한 차이로 업무를 제값에 수주하게 된다.

따라서 최저가 낙찰제하에서도 '100원'에 가까운 제값을 확보할 수 있는 사회적 명분과 실리를 모두 갖춘 해법은 '임금 하한선 규제'다. 가격 경쟁을 억제해 내국인의 일자리를 지키고, 기술 경쟁을 촉진해 기술 발전과 우수 업체의 성장을 유도할 수 있기 때문이다〈그림 2〉 참조〉.

〈그림2. 최저가낙찰제+임금 하한선 규제로 우수업체의 제값 수주 유도〉

노무단가(P_1)
(시중노임단가)

발주자 설계금액의
직접노무비(C_1) (=$P_1 \times Q_1$)

=

하수급자 수주금액의
직접노무비(C'_1) (=$P'_1 \times Q'_1$)

- 임금 단가 삭감 억제 장치 마련
  ➡ **가격경쟁 억제**
- '같은 임금이라면 숙련인력 우선 고용' 관행 정착
- 일자리 확보
- 구매력 증가 지역경기 활성화
- 임금 중간착취 불법하도급 불가능
  ➡ **재하도급 자제**
- 소득 증가 및 근로조건 개선
  ➡ **청년층 진입 촉진**

'기술력 중심' 기술심사 적정공사비 확보
❖ (현행) 근거 불문, 낮을수록 높은 점수 부여
→ 고정비용 없는 부실업체 유리
(개선) 낮출 수 있는 객관적 기술개발 근거 필요
→ 기술력 없는 부실업체 수주 불가, 우수업체 제값 수주

(일부 직종의 거품 제거 가능)

합리적 노무량 절감

노무량(Q_1)
(표준품셈)

- 기술개발 있어야 노무량 삭감 ➡ **기술경쟁 촉진**
  (공법 개선, 소재 개발, 공정관리 기법)
- 일자리 확보로 지역경기 활성화
- 부실업체 퇴출 ➡ **구조 조정**
- 기술력에 의한 직접시공 가능
- 합리적 작업팀 투입 가능, 노동 강도 완화
- 품질 및 안전 중시 ➡ **시공/안전 정상화**

적정임금제의 효과
'저가경쟁의 함정' 탈출
+ '재하도급의 질곡' 극복
➡ 정상화, 상생, 지속 가능

먼저 가격 경쟁을 억제함으로써 '같은 임금을 지급할 바에는 내국인 숙련 인력을 우선 고용'하는 관행을 정착시킬 수 있다. 그리고 체불과 산재를 야기하는 불법 재하도급을 막을 수 있다. 불법 재하도급이 만연된 이유는, 상위 도급자가 낮은 가격에 받더라도 그가 '자신의 몫'을 떼고 하위 수급자에게 '더 낮은 가격'에 넘길 수 있기 때문이다. 그 예로 '광주 학동 붕괴사고' 시 평당 28만 원이던 것을 단계를 두고 10만 원으로 하위 도급자에게 넘기고, 그 하위 도급자는 자신보다 더 하위인 도급자에게 4만 원에 재하청했기 때문이다. 임금 하한선을 규제하면 '단가 후려치기'는 불가능해진다.

한편, 기술 경쟁을 촉진함으로써 수주가 불가능한 부실 업체는 퇴출되고, 기술력이 우수한 업체가 제값에 100%에 가까운 낙찰률로 업무를 수주하는 것이 가능해진다. 입찰자의 기술력만이 입찰가를 낮출 수 있는 유일한 요소이므로, 수요 독점력(시장 지배력)을 지닌 국가나 지자체 등 공공 발주자라 하더라도 입찰가를 깎을 수는 없다.

이러한 여건이 충족되면, 제값에 수주한 각 공종의 기술력이 우수한 업체가 내국인 고숙련 인력을 고용해 불법 재하도급 없이 직접 시공함으로써, 구성원 각자의 몫을 확보함과 동시에 품질·안전·임금 지급·합법 고용 등의 사회적 가치로 이어지게 된다. 과연 이러한 이상적 상황이 건설 현장에서 구현될 수 있을까?

90년 된 미국식 '적정임금제' 도입 탄력

이재명 정부는 미국의 공공공사에 적용하는 '프리베일링 웨이지'(prevailing wage, 1931, 이하 적정 임금)를 벤치마킹하는 방안을 검토하고 있다. 이는 정부가 공표하는 직종별 임금의 하한선을 규정하는 것으로서, 위반 시 3년간 공공공사 입찰을 제한하는 방식이다. 이 방식은 90년 넘는 시행 경험에서 긍정적 평가를 받고 있다.

한국에도 정부가 공표하는 시중 노임 단가는 이미 존재한다. 하지만 이는 발주자가 설계 금액을 산정하는 데 활용될 뿐, 근로자에게 지급하는 기준은 아니다. 따라서 다단계 하도급 과정에서 이 적정 임금은 삭감된다. 하지만 미국의 적정 임금은 실제로 근로자에게 지급해야 하는 임금의 기준을 정한 것이다. 이 하나의 차이가 동일한 최저가 낙찰제 하에서 엄청나게 다른 결과를 낳는다.

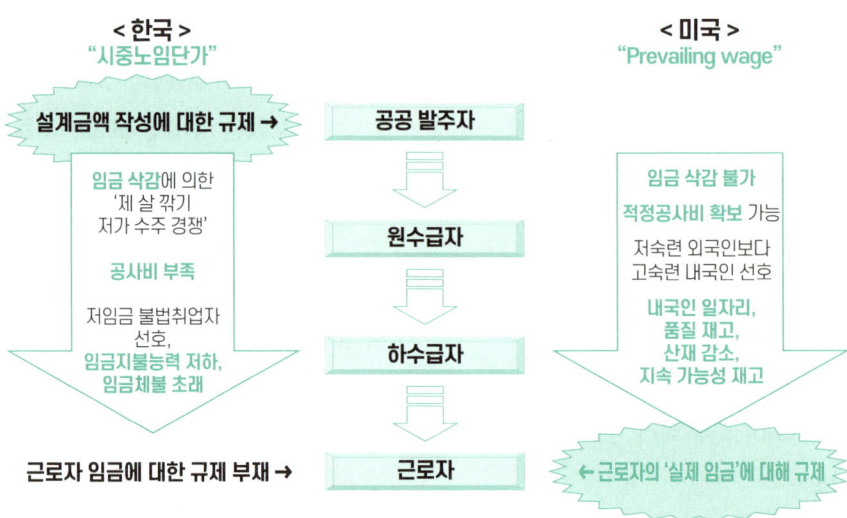

〈그림3. 정부가 공표하는 '직종별 임금'의 용도 차이〉

미국에서도 최저가 낙찰제가 가장 일반적인 입·낙찰 방식이다. 그럼에도 공공공사의 낙찰률이 거의 100%에 가깝고, 많이 낮아져도 90% 이상이라고 한다. 미국의 대규모 건설업체인 터너(Turner)의 이사는 "처음엔 우리도 반대했다. 그러나 공공공사 공사비의 불합리한 삭감을 막아 그 제도 덕분에 건설 구성원 모두가 정당한 대우를 받는다"고 말했다. 통상 저가로 입찰해야 수주할 수 있던 상황에서, 임금의 하한선을 규제해 가격 경쟁이 불가능해지다 보니 기술 경쟁력을 강화하는 결과가 나타났다. 처음의 거품은 금세 사라지고, 종국에는 미세한 차이로 기술력이 우수한 업체가 100%에 가까운 낙찰률로 제값을 확보하는 결과로 이어진 것이다.

힘이 세다고 원도급자가 과도하게 수익을 취하는 것도 불가능해졌다. 도급 단계 말단의 가장 약자인 노동자의 임금 하한선을 규제한 덕에 그 임금은 손을 댈 수 없게 되었고, 그에 비례해 책정된 하수급자의 이윤도 지켜졌다. 따라서 모두 '제값 확보'가 가능했다. 적정 임금제 덕분에 민간 공사에 비해 공공 현장의 일반 재해는 50%, 사망 재해는 15% 감소했다. 매주 적정 임금 지급 여부를 체크하므로 체불 역시 발생할 수 없다고 했다.

미국에는 재하도급을 금지하는 규제가 없음에도 공공공사에서는 재하도급을 자제한다고 한다. 예컨대 평당 28만 원에 수주했는데 하도급을 줄 때 28만 원을 모두 주어야 한다면 '자신의 몫'을 취할 수 없기 때문이다. 건설 단계에서 제대로 시공했기 때문에 장기적 생애주기비용(LCC) 역시 절감된다.

한국도 미국 사례를 벤치마킹한 '적정 임금제'를 적용해, 2018~2019년 일자리위원회에서 20건의 시범사업을 실시했다. 정부가 공표하는 직종별 시중노임단가를 적정 임금으로 보고, 그 이상으로 임금을 지급하도록 규제한 것이다 (준기공은 특별 인부, 조공은 조력공 임금 허용). 또한, 적정 임금을 기본 임금으로 보고 초과근로수당과 주휴 수당이 별도로 지급되도록 했다. 그중 한국토지주택공사(LH)가 발주한 적정 임금제 공사와 일반 공사를 2건씩 비교 분석한 사례에서는, 내국인 투입 비율이 증가했고(88.3%>68.7%), 1억원 당 노동투입량은 감소했으며(3.1명<5.1명), 1인당 노동생산성이 증가하는(3.2천만원>2천만원) 등의 성과를 보였다.

2017년 5월부터는 서울시, 2022년부터는 SH(서울주택도시공사), 그리고 2019

년부터는 경기도의 발주 공사에서도 시행 중이다. 정부가 공표하는 시중 노임 단가 이상의 임금과 별도의 주휴수당 등을 지급한다. 낙찰률은 상승하고(SH 발주공사 중 91.1% 출현), 불법 재하도급은 감소했으며, 고임금·고숙련 내국인 고용 비율은 증가하고, 외국인 합법 고용과 8시간 일급제 정착에 따른 노동 강도는 완화되었다. 만족도 제고, 산재와 체불 감소, 청년층 고용 증가 등도 확인되었다. 작업 속도 저하를 우려하기는 했으나, SH 현장에서는 내·외국인 모두 고숙련 인력을 선별해 고용하고 기능 수준별 작업팀을 구성하며, 충성심 및 책임감 고취를 위한 고용 연속성 유지 등으로 품질과 안전, 작업 속도 증가와 내국인 일자리 등을 모두 확보해 '건설생산 정상화'의 가능성을 보여주고 있다.

저가 함정에 빠진 건설업체와 재하도급의 질곡에 걸린 팀·반장 등 당사자는 앞뒤 가릴 겨를이 없다. 당장 '50원'으로 '100원'짜리 생산물을 만들어야 하기 때문이다. 품질·안전·합법 고용 등이 사치에 가까워지는 이유다. 그 다음에도 수주를 하려면 단가를 더 낮출 방안을 궁리해야 한다. 외국인 비율을 50%에서 80%까지 높인 후 어느 것 하나 제대로 할 수 없게 되었다는 전문 건설업체 현장 소장은 "이건 죽을 줄 알면서 독초를 먹는 셈"이라고 표현했다.

하지만 누군가는 지금 가고 있는 길의 좀 더 먼 곳을 살펴야 한다. 혹시 지금 이 길이 벼랑 끝을 향한 공도동망의 길인지, 또는 지속 가능한 상생의 길인지. 이것이 건설산업 내 협회나 노조 등의 단체, 연구자, 정부 등의 책무다.

적정 임금제는 임금 하한선을 규제함으로써, 모두의 '제값 받기와 제값 주기'를 통해 모든 것을 정상화할 수 있음을 보여주는 '사회적 실험'이기도 하다. 건설산업 구성원 모두의 지속 가능한 상생을 위한 해법 중 하나이지만, 이윤 추구가 목적인 민간 발주자가 자발적으로 나서길 바랄 순 없다. 먼저 공공 공사에서 시작해 성과를 보여 준 후, 민간 공사로 확대시켜야 한다.

  복기왕 더불어민주당 의원이 대표 발의한 '현재 적정 임금제 도입을 명시한 건설산업기본법 개정안'이 국회에 계류 중이다. 또한 서울시, 서울주택도시공사(SH)와 경기도처럼 지자체의 조례를 통한 도입도 병행되고 있다. '100원'짜리를 오롯이 '100원'으로 만드는 것이 답이다.

불법 하도급 근절, 속도·강도 세진다

김순태 법무법인 율촌 전문위원

하도급 상생

 이재명 정부는 불법 하도급을 건설현장 안전사고의 핵심 원인으로 지목하고, 고강도 조사·단속과 더불어 제도 개선책 마련에 박차를 가하고 있다. 불법 하도급이 도급 단계의 증가로 인한 공사비 누수의 원인으로 지목받으면서 부실시공, 안전관리 소홀로 인한 인명사고 등으로 이어질 가능성이 높다고 판단했기 때문이다. 이에 따라 2026년 건설시장에는 불법 하도급 근절을 위해 앞서 쏟아진 안전과 건설노동 분야 못지않은 수준의 고강도 규제가 단행될 것으로 보인다.

안전사고가 있는 곳에 불법 하도급 문제 있다

 실제 건설현장에서 안전사고, 특히 중대재해 사망사고 사례들을 보면 약방의 감초처럼 불법 하도급 문제가 조사 과정에서 드러나 처벌을 받고 있다.

광주 학동 재개발 현장의 철거공사 중 발생한 안전사고를 조사하던 중, 안전사고에 대한 형사 처벌뿐만 아니라 불법 하도급 위반으로 형사 처벌 내지 행정 제재까지 병행한 사례가 대표적이다.

2021년 6월 초 광주 학동 재개발 현장의 철거공사를 진행하던 중 건물이 붕괴되었다. 이 건물은 때마침 이 건물 앞 버스승강장에 정차 중이던 시내버스를 덮쳤고, 버스에 타고 있던 승객 17명 중 9명이 사망하고 8명이 상해를 입었다.

붕괴사고 원인에 대해 조사를 하던 정부 합동 구성 중앙건축물사고조사위원회는 그 원인으로 불법 재하도급 문제를 지목했다. 원청인 H사는 '비계 구조물 해체공사업 면허를 가진 하도급업체 C사에게 철거공사를 하도급한 것 이외에 재하도급을 준 적이 없다'며 관련 의혹을 부인했다.

그런데 실제 하도급업체는 다시 D사에게 철거공사 중 내부 철거 및 구조물 해체공사를 재하도급했고, D사는 C사와의 이면계약을 통해 철거공사를 공동으로 수행하고 공사이익금을 분배하기로 합의한 E사에게 재재하도급한 사실이 드러났다. 심지어 C사는 철거공사에 직접 참여하지 않았고 D사 등에게 다단계 불법 재하도급한 사실도 밝혀졌다.

이에 H사의 면허 등록 지방자치단체(이하 '지자체')는 부실시공을 이유로 영업정지 8개월, 불법 재하도급 위반을 이유로 과징금 약 4억 원을 부과하는 처분을 했다. 현재 원청이 제기한 영업정지처분 취소소송은 1심에서 패소해 항소심을 진행하고 있으며, 과징금 부과처분 취소소송은 1심과 항소심을 승소했지만, 상고심이 진행 중이다. 이렇게 승소한 이유는 C사의 불법 재하도급 위반에 대해 원청이 묵인했다거나, 지시 또는 공모한 사실 등을 입증하지 못했기 때문이다.

이러한 문제는 다른 현장에서도 유사하게 되풀이되고 있는 실정이다. 다만, 불법 하도급 문제는 건설현장에 내재되어 있는 뿌리 깊은 불법 관행에 의한 것이고, 단순히 노무자의 고의나 과실로 안전사고가 발생했을 경우까지 불법 하도급을 안전사고의 원인 중 하나로 지목해 단정할 수는 없다.

불법 재하도급에 대한 원청 처벌 강화는 무리수

건설현장에서는 하도급업체가 재하도급을 하기 전, 원청이 재하도급을 인식하기는 어렵다. 특히 최근 정부가 불법 하도급에 대한 처벌을 강화하고 있는 상황에서 하도급 계약서에도 재하도급 금지와 위반 시 계약 해지를 규정하고 있고, 원청의 귀책이 있으면 형사 내지 행정적 제재를 받을 수 있다. 이 경우 노임 등의 노무 문제나 원청 담당자들의 징계 등이 발생할 수도 있으므로 이러한 불리한 현실에서 원청 담당자들이 재하도급에 대해 묵인하거나, 지시하거나 공모하는 행위를 하기는 어렵다.

또한 원청 모르게 하도급업체가 재하도급을 한 이후라도, 불법 재하도급으로 들통나지 않기 위해 원청에게 제출하는 모든 서류에 재하도급업체 소속 근로자들을 하도급업체 소속으로 기재하고, 실제로 노무자들 역시 시공팀장의 지시를 받아 작업을 수행하는 경우가 많다. 이 경우 노무자들의 운용 형태가 정상적인 하도급업체의 작업 수행인지, 재하도급을 통한 작업 수행인지 구분하기 쉽지 않으므로 불법적인 재하도급을 인지하기가 어렵다.

오히려 원청에 피해가 될 수 있는 불법 재하도급을 예방하기 위해 하도급업체가 거래하는 업체들에 대한 계약서나 원가 내역서 등의 자료를 요구할 경우 하도급법에서 금지하는 '부당 경영 간섭 위반'이 될 수 있어 적극적으로 하도급업체의 불법 재하도급을 막을 수 있는 대책이 없다.

이러한 현실에서 원청 모르게 하도급업체가 불법 재하도급을 했다는 것만 가지고 묵인, 지시, 공모 등의 요건 없이 원청에 대한 처벌을 강화하자는 주장이 있는데, 이러한 주장은 너무 지나치다고 할 수 있다.

불법 하도급 처벌 강화하면 안전사고 줄어들까

불법 하도급이 안전사고의 원인일 수 있다 그러나, 안전사고의 핵심 원인은 노무자의 안전 준수 의지 부족으로 볼 수 있으므로, 안전사고를 줄이기 위해 불법 하도급 처벌을 강화하는 것이 능사는 아니다.

불법적인 다단계 재하도급으로 인해 개별 노무자들에게 제대로 된 노임 지급을 하지 못하게 되면 노무자들의 근로 의욕 및 안전 준수 의지 등이 저하되어 안전사고가 발생할 가능성이 높아질 수 있다.

위와 같은 인식으로 과거에도 십장(속칭, 오야지) 등이 시공참여자로서 시공계약을 체결함으로써 노무자를 고용해 시공하는 시공참여자 제도가 다단계 하도급의 수단이 되고, 임금 체불, 사회보험료 미납 등으로 인해 노무자 처우가 악화되는 원인이 되었으므로 2008년 1월 1일부터는 시공참여자제도를 폐지했다.

그러나 시공참여자제도를 폐지하더라도 건설현장에서는 시공참여자 없이 공사를 수행할 수 없는 상황이다. 때문에 불법으로 시공참여자들을 통해 공사를 수행하는 관행이 계속될 수 밖에 없어 안전사고 감소에는 영향을 미치지 못했다. 이에 최근 일부 전문가들은 다시 시공참여자 제도를 부활해야 한다는 주장을 하고 있는 상황이다.

또한 건설산업기본법을 위반한 불법 다단계 하도급으로 인해 건설 일용노무자에 대한 노임 체불이 많이 발생하고 있다. 이에 2008년 1월 28일부터 노무자의 상위 단계에 있는 건설사업자로 등록된 직상 수급인(시공참여자 제외)에게 노임 지급의 연대책임(근로기준법 제44조의2)과 직상 수급인의 노임 직접 지급 의무(근로기준법 제44조의3) 규정을 신설했다.

그러나 이러한 규정 신설에도 불구하고 건설현장의 공사대금 채권(가)압류 및 정산 분쟁 등으로 인해 아직까지 노임 체불 문제는 해결되기는커녕 오히려 증가하고 있다.

위와 같이 불법적인 다단계 하도급이 노임 체불과 노무자 처우 악화, 더 나아가 안전사고의 원인이 된다는 인식 하에 실무와 괴리된 제도 및 법규 개선을 했으나, 결국 효과를 보지는 못했다.

따라서 불법 하도급을 근절하기 위해서는 실질적으로 노무자들의 안전 준수 의지를 높일 수 있도록 건설현장에 적용할 수 있는 제도 및 법규 개선 방안을 모색하는 것이 필요하다.

무등록사 일괄 하도급 및 재하도급 위반시 처벌 어렵다.

통상 불법 하도급은 무등록 (하)도급, 등록증 등 대여, 직접 시공 의무 위반, 일괄 하도급, 전문공사 하도급, 재하도급, (10억 미만) 소규모 건설공사 하도급, 상호시장 하도급, 건설공사대장 미통보/허위통보, 하도급대금 지급보증서 미발급, 공공발주공사 대금지급시스템 미사용, 건설기술인 미배치, 건설기계대여 대금 지급보증서 미발급, 노임 대리 지급 등 여러 가지 위반이 중첩되어 발생하는 사례가 많다.

이렇게 주로 무등록 (하)도급 위반과 함께 중첩적으로 발생되는 불법 하도급이 있더라도 개별적인 무등록 (하)도급 위반 유형에 있어서는 처벌이 어려울 수 있다. 즉, 일괄 하도급을 받는 하수급인이 무등록 건설업자일 경우 처벌받지 않을 수 있다.

대법원에서는 "건설산업기본법 제29조 제1항은 '건설업자는 도급받은 건설공사의 전부 또는 대통령령으로 정하는 주요 부분의 대부분을 다른 건설업자에게 하도급할 수 없다'라 규정하고, 제96조 제4호는 '제29조 제1항의 규정을 위반해 하도급한 자는 3년 이하의 징역 또는 3천만 원 이하의 벌금에 처한다'라 규정한다. 그런데 건설산업기본법 제2조 제7호는 '건설업자'란 이 법 또는 다른 법률에 따라 등록 등을 하고 건설업을 하는 자를 말한다'라 규정하고 있으므로, 건설산업기본법 제96조 제4호, 제29조 제1항에 의한 벌칙 적용은 등록 등을 한 건설업자가 등록 등을 한 다른 건설업자에게 하도급을 하는 경우에 한정된다."라고 판시한다(대법원 2008. 4. 24. 선고 2007도9972 판결, 대법원 2016. 4. 12. 선고 2015도11634 판결 등 참조).

정보통신공사업법 제31조에서도 "공사업자는 도급받은 공사의 100분의 50을 초과해 다른 공사업자에게 하도급을 해서는 아니 된다.(제1항), 하수급인은 하도급받은 공사를 다른 공사업자에게 다시 하도급을 해서는 아니 된다.(제2항)"라 규정하고 있는데, 그 '다른 공사업자'가 정보통신공사업의 등록을 하지 않은 무등록 정보통신공사업자일 경우 같은 법 제75조 제3호에 따른 형사 처벌을 받지 않을 수 있다.

이처럼 전기공사업법 제14조에서도 하도급 또는 재하도급 금지의 상대방을 '다른 공사업자'로 한정해, 무등록업자에게 하도급 또는 재하도급한 경우 처벌할 수 없는 문제가 있었는데, 2021년 4월 20일 하도급 또는 재하도급 금지의 상대방을 '다른 공사업자'에서 '다른 자'로 개정·시행했다.

반면, 법 제29조 3항에 따른 재하도급 제한 규정은 하수급인이 '다른 건설업자'가 아닌 '다른 사람'에게 재하도급을 할 수 없도록 규정하고 있으므로 무등록 재하수급인에게도 재하도급을 할 수 없는 것이다. 하수급인이 무등록 재하수급인을 포함해 재하도급을 하는 경우 법 제96조 제4호에 따라 3년 이하의 징역 또는 3천만 원 이하의 형사 처벌 등을 받을 수 있다.

즉, 법원에서는 "건설산업기본법 제29조 제3항 본문은 '하수급인은 하도급받은 건설공사를 다른 사람에게 다시 하도급할 수 없다.'고 규정하고 있고, 제

2조 제14호는 '하수급인'이란 수급인으로부터 건설공사를 하도급받은 자를 말한다.'고 규정하고 있다. 이에 따라 위 제29조 제1항과 달리 제29조 제3항은 단지 '하수급인'이 '다른 사람'에게 재하도급을 하는 것을 금지하고 있을 뿐이다. 건설산업기본법 제96조 제4호, 제29조 제3항에 의한 벌칙이 적용되는 '하수급인'이나 그 상대방인 '다른 사람'을 '건설업자'로 축소해서 해석해야 할 아무런 이유가 없다."라는 취지로 판단한다(의정부지방법원 고양지원 2018. 11. 8. 선고 2018고정735 판결, 인천지방법원 2017. 5. 12. 선고 2017고정359 판결, 인천지방법원 2019. 4. 4. 선고 2018노2144 판결 등 참조).

따라서 불법 하도급 관련 법령에서 일괄 하도급 및 재하도급 등 금지의 상대방을 '다른 건설업자'가 아닌 '다른 사람'으로 개정하는 논의를 할 필요가 있다.

물품구매계약도 불법 하도급 처벌

자재의 설치가 수반되는 물품 구매계약의 경우에는 건설공사로 볼 수 있다. 그러므로, 그러한 물품 구매계약을 체결했다면 이는 불법 하도급 위반으로 처벌받을 수 있다.

통상 물품 구매계약 체결은 건설공사의 하도급계약을 체결한 것이 아니므로 불법 하도급 위반에 해당되지 않는 것으로 오해할 수 있다.

그러나 건설공사와 관련해 체결되는 물품의 구매계약은 인도 조건이 현장 설치를 조건으로 자재의 설치까지 포함해 계약되는 것이 대부분이므로 그것은 '건설공사'에 해당한다. 건설산업기본법 시행령 별표 1. 비고 1. 단서에서도 건설공사의 시공 계약과 건설공사용 재료의 납품 계약을 같은 건설사업자가 체결하는 경우, 해당 건설공사용 재료의 납품 업무는 해당 업종의 업무 내용에 포함되는 것으로 본다.

예컨대 창호공사에 대해서도 물품 구매계약을 체결하는 경우가 많다. 창호공사는 건물의 벽에 설치된 창호와 벽 사이의 틈에 시멘트와 우레아폼을 주입해 메우고, 창틀 내·외부의 테두리에 실리콘을 도포하는 것으로 창호를 건축물에 완전히 설치하는 창호 마감공사가 포함되어 있다. 그러므로 전문공사업종인 '도장·습식·방수·석공사업'에 해당한다 볼 수 있다.

즉, 법원에서는 "비록 그 계약 명칭이 물품 구매계약서로 되어 있지만, 총 하도급대금에서 시공 공사비용이 차지하는 비율이 낮지 아니하고, 그 계약 내용에 비추어 마루를 설치하는 시공공사가 포함된 계약으로 볼 것이고(마루판의 설치가 물품 공급자로서 부수적으로 이행한 것이라고 보기 어렵다), 마루를 설치하는 공사는 구 건설산업기본법 제8조 제1항, 제2조 제6호의 전문공사(구 건설산업기본법 시행령 제7조, [별표1] 기재 전문공사를 시공하는 업종 중 제1항 실내건축공사업)로서 건설공사에 해당"하는 것으로 판단했다(인천지방법원 2019. 10. 15. 선고 2019구단50578 판결 참조).

따라서 자재의 설치가 수반되는 물품 구매계약에 대해서 불법 하도급 위반이 발생하지 않도록 전문성이 있는 법무법인으로부터 사전 불법 하도급 점검 컨설팅 등을 받는 준법 컨설팅의 활성화가 필요하다.

불법 하도급 막을 '노임 직접지급시스템' 도입 필요

하도급대금 등에 대한 체불을 근절하고 노무자의 권익을 보호하기 위해, 건설사업자가 노무자에게 임금을 직접 지급하는 등 근로관계 법령을 준수하도록 건설사업자의 책무에 명시하는 취지에서 2021. 7. 27. 건설산업기본법 제7조 제3항을 개정했다. (시행 2022. 1. 28.)

위와 같은 관련 법 개정에도 불구하고, 건설업자가 아닌 불법 시공참여자(십장, 시공팀장, 십장법인 등)가 일정 수수료(임금의 30~50%)를 공제한 후 개별 근로자에게 일당을 선지급하고, 개별 근로자로부터 임금 전액 수령증 및 대리 임금 수령 위임장(수임인: 불법 시공참여자) 등을 징구받아 월 단위로 건설업자로부터 임금을 대리 지급받는 불법 관행으로 인해 불법 시공참여자의 임금 일부 착취나 횡령 등의 문제가 발생하고 있다.

　이러한 시공참여자의 불법 관행을 개선하기 위해서는 새로운 건설현장의 인력 공급 구조가 정착될 필요성이 있다.

　일례로 최근 온라인 건설인력 중개 회사인 웍스메이트(GADA)가 〈표 1〉과 같이 인력 공급 구조를 개선한 사례를 소개한다.

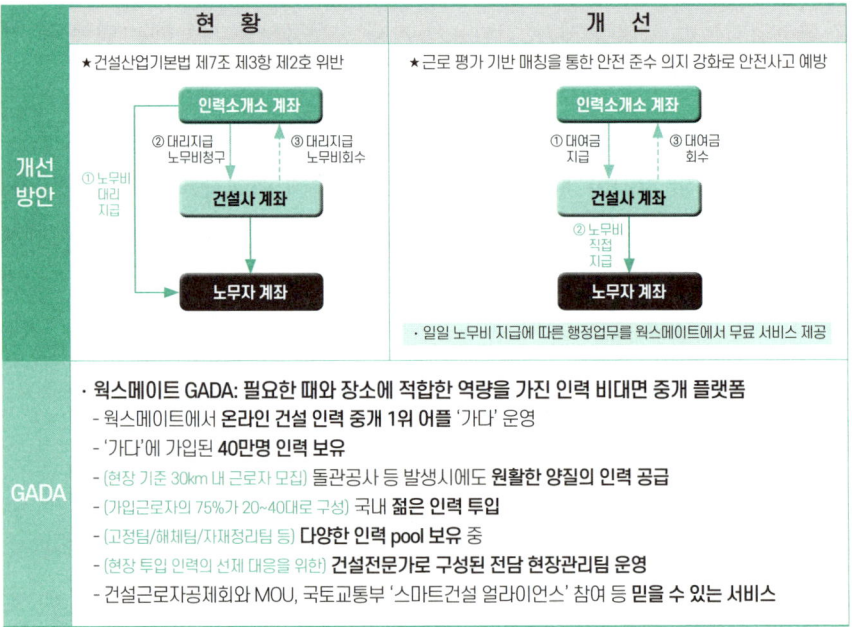

따라서 불법 시공참여자(부금이사, 실행소장, 모작, 십장, 시공팀장 등)의 임금 착취나 횡령 등이 체불 및 불법 하도급의 원인이 될 수 있으므로, 새로운 관점에서의 금융기법을 연계하는 불법 시공참여자를 근절할 수 있는 개선 방안이 필요하다.

생성형 AI 넘어 'Agentic AI'로… 급속 진화

이규은 한국건설산업연구원 부연구위원

AI 대전환

2022년 이후 생성형 인공지능(Generative AI)을 앞세운 인공지능(Artificial Intelligence, 이하 AI) 기술의 성능과 접근성이 비약적으로 향상되면서 산업 전반의 기술 활용도가 크게 확대되었다. 국내 건설산업은 '스마트건설'이라는 정책적 프레임 내에서 AI의 적용 범위와 그 역할이 확장되고 있다. 특히 높은 산업재해 사고사망률과 생산성 정체, 인력 수급의 불균형과 같은 건설산업의 구조적 난제에 대응하기 위해 기업은 AI 도입을 늘리는 추세다.

컴퓨터비전 기반의 안전 모니터링과 대규모 언어모델(Large Language Model, 이하 LLM) 기반의 설계·규정 검토, 예측·최적화에 의한 공정 및 원가 관리는 시범 적용을 넘어 점차 운영 단계로 이행하고 있다. 더불어 전 세계적 AI 투자 확대와 국내의 컴퓨팅 인프라와 AI 반도체·데이터 거버넌스에 대한 정책적 지원은 건설기업의 기술 채택을 가속화할 것으로 보인다. 이에 건설산업 내 AI 적용

양상을 정리하고, 2026년에 주목할 주요 트렌드를 짚어볼 필요가 있다.

건설기업의 AI 기술 수용 현황은

국내 건설기업의 연구개발(R&D) 투자 비중은 약 1% 수준으로 타 산업 대비 매우 낮은 편이다. 여기에 더해 디지털 기술에 대한 현장의 저항과 인식의 격차는 신기술 도입을 지연시켰다. 2018년 국토교통부가 '스마트 건설기술 로드맵'을 제시하면서, 비교적 늦게 건설분야 AI 기술개발에 대한 제도적 기반이 마련되었다. 이후 정책 변화에 민감한 대형 종합건설사를 중심으로 스마트건설에 대한 투자가 확대되었으며, 아울러 솔루션 벤더의 기술개발도 가속화되었다.

AI 기술을 건설 분야에 효과적으로 도입하기 위해서는 정책·거버넌스와 데이터 인프라, 기술스택과 조직 변화, 성과평가체계 마련 등이 필요하지만, 경직된 건설산업의 구조상 대대적인 변화는 미비하다. 국내의 스마트건설 현황을 객관적으로 진단하기 위해 2021년에 개발된 '스마트건설기업지수(SCCI)'는 주요 대형건설사를 중심으로 기술 준비도와 역량을 평가하고 있다. 2025년 SCCI 설문 결과에 따르면, 스마트건설 기술 중 'AI 및 빅데이터' 기술이 현재 가장 많이 투자 중이거나 향후 5년 내 최우선 투자 분야로 지목되는 경향이 두드러졌다<그림 1> 참조). 이 통계로 우리는 'AI 및 빅데이터' 기술의 필요성을 업계에서 명확하게 인식하고 있다 판단할 수 있다.

〈그림1. 주요 건설기업의 스마트건설 세부기술별 투자 우선순위〉

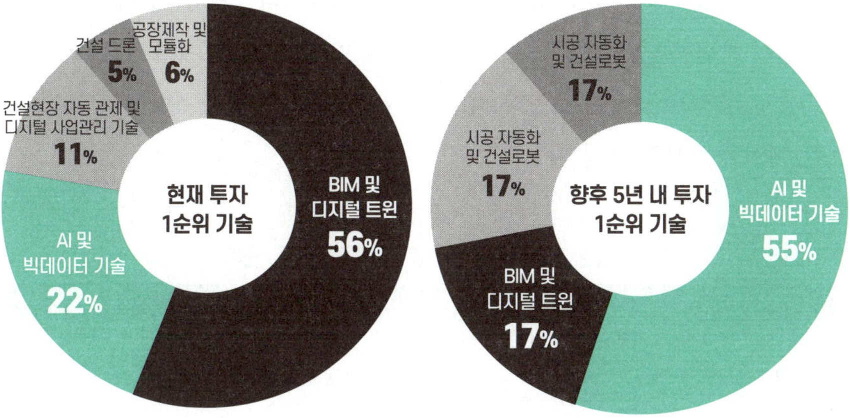

현재 투자 1순위 기술
- BIM 및 디지털 트윈 56%
- AI 및 빅데이터 기술 22%
- 건설현장 자동 관제 및 디지털 사업관리 기술 11%
- 공장제작 및 모듈화 6%
- 건설 드론 5%

향후 5년 내 투자 1순위 기술
- AI 및 빅데이터 기술 55%
- 시공 자동화 및 건설로봇 17%
- 시공 자동화 및 건설로봇 17%
- BIM 및 디지털 트윈 17%

출처: 2025년 SCCI 조사결과 가공

    규제 환경의 변화 역시 AI 기술 수요를 자극하고 있다. 최근 중대재해처벌법 강화와 건설안전특별법 발의로 건설사들은 현장 안전사고 예방을 기업의 당면 과제로 주목하고 있다. SCCI 설문 조사에 응한 18개 기업 중 11개 기업이 '현장 안전사고 예방 및 위험요소 조기감지'를 스마트 건설기술 적용 1, 2 순위 목표로 응답했다. 실제로 다수 현장에 AI CCTV가 도입되어 영상 기반 위험 접근 탐지 및 작업자 경보로 안전 수준을 높이고자 하고 있다. 이 밖에도 〈표 1〉과 같이 머신러닝을 기반으로 비용과 일정, 리스크 예측과 자동 설계, 컴퓨터 비전 기반 위험 객체나 균열을 탐지하고, 자연어 처리 기반 AI 번역, 거대언어모델 기반 챗봇 등의 AI 기술이 건설 업무 전반으로 확산하고 있다.

    AI 기술 수요 및 적용 빈도가 증가함에 따라 기업들은 사내 전담조직을 구축하고 데이터를 수집하고 관리하면서, AI 로드맵을 보유하기 위해 노력하고 있다. 최근에는 스타트업 등 기술 중심 기업에 지분을 투자하거나 외주를 주던 형태에서 기업 내 데이터 전담팀을 운영하는 등 솔루션을 내재화하는 방향으로 무게중심이 이동하고 있다. SCCI 조사 결과에 따르면 전체 직원 대비 스마트건설 관련 전담조직 인력에 관한 비중은 2023년 약 3%에서 2025년 4.8% 수준으로 상승하고 있다고 한다. 계속되는 건설경기의 불황 속에서도 확대 기조는 이어질 것으로 예상한다.

〈표1. 건설기업의 주요 AI 기술 적용 사례〉

AI 기술	업무 적용 범위	실제 사례
머신러닝(ML)	비용·일정·리스크 예측	현장 재해 위험도 예측(현대건설)
	자동 설계	AI 기반 플랜트 철골구조물 자동 설계 시스템(현대엔지니어링)
컴퓨터비전(CV)	AI 위험 객체 감지	AI CCTV기반 안전 위험 자동 탐지 및 경보(현대건설, GS건설 등)
	AI 콘크리트 균열 감지	아파트 외벽 품질점검시스템(GS건설, DL이앤씨 등)
자연어처리(NLP) +음성인식	AI 번역	XI Voice(GS건설)
거대언어모델(LLM)/ 에이전트	LLM기반 챗봇	바로답 AI(대우건설)
	LLM기반 기반 문서 검토	AI 기반 입찰문서 검토 시스템(포스코이앤씨) 플랜트 특화 LLM(현대엔지니어링)

출처: 언론 종합

글로벌 시장은 데이터 구조화·Agentic AI 확대

2025년에 있었던 건설분야 주요 컨퍼런스에서는 생성형 AI와 이를 위한 데이터 관리 방식에 대해 소개하고 강조한 부분이 눈에 띄었다(〈표 2〉 참조).

지난 5월 미국 샌프란시스코에서 열린 'ENR 2025 Future Tech'의 기조 연설에서는, 'AI 기술의 성패가 고품질의 구조화된 데이터에 달려있다'는 점이 강조되었다. 대표 사례로 뉴욕-뉴저지 항만청의 표준 운영 절차(SOP)와 매뉴얼,

문서 등을 학습한 사내용 챗봇이 소개되었으며, 미국의 부동산 개발 회사 길베인(Gilbane) 사는 Trunk Tools의 AI 프로그램을 사용해 베어드 센터 확장 프로젝트의 문서 21,000건을 자동 추적해 매월 10만 달러 이상의 재작업 비용을 절감했다고 보고했다. 길베인은 발표 전반에 걸쳐 데이터의 품질 및 접근성과 데이터 거버넌스 및 표준, 전주기 파이프라인을 강조했다.

〈표2. 주요 건설 컨퍼런스의 AI 관련 키워드〉

컨퍼런스	핵심 AI 키워드	대표 사례 또는 제품
ENR 2025 Future Tech	조직 내 LLM 챗봇·지식관리	Port Authority of NY & NJ (뉴욕 뉴저지 항만청)
	문서·도면 대규모 추적 및 요약	Gilbane, Trunk Tools
Autodesk University 2025	Agentic AI를 활용한 자연어로 도면시트 생성, 정보 조회 등	Autodesk Assistant

출처: ENR, Autodesk University

9월에 열린 'Autodesk University (AU) 2025'의 AI 관련 기조연설에서는 높은 신뢰도의 Autodesk AI 워크플로우와 단절 없는 데이터 공유 및 호환 환경을 소개했다. 특히 MCP(Model Context Protocol) Server 기반 Agent AI 강화, ACC(Autodesk Construction Cloud)와 설계 도구 간 연결형 데이터 파이프라인 확립, Assistant를 통한 프로젝트 문맥 질의응답 및 자동화를 기술 개발 방향으로 제시하기도 했다.

또한 해외 건설 AI 분야 선도기업들은 현장을 시각화하고 진도를 추적하며, 일정을 최적화하는 동시에 문서·규정 에이전트와 로보틱스, 자율화 등의 범주에서 빠르게 상용화하는 성과를 내고 있다. 물리 로봇의 AI 제어, 생성형 AI 기반 문서·설계 보조, 디지털트윈 결합 운영 및 의사결정은 이미 다수의 실무 프로젝트에 접목되고 있으며, 국내 현장에서도 도입이 확대될 것으로 예상된다.

단편적 적용에서 통합적 적용으로

과거 시범사업 중심의 산발적인 AI 기술 도입은 정부와 주요 건설사의 주도하에 점차 현장 운영 단위의 통합 적용으로 전환되고 있다. 현대건설은 로봇개(SPOT)의 현장 테스트를 넘어 실제 공정별 요구에 맞춘 작업 특화 AI 기술을 개발해 기술의 범위를 넓혔다. GS건설은 공통 데이터 환경(Common Data Environment, CDE)인 'ACC Build/Collaborate'를 전사에 도입해 데이터 통합을 시도하고 있다. 이러한 흐름은 개별 기술의 단발 적용을 넘어 데이터 기반 설계가 시공 및 유지관리 단계에서의 공유 및 피드백으로 이어지는 엔드투엔드 체계로 전환을 가능하게 한다.

반면 중견·중소 건설사는 기술 투자 여력 및 인력의 제약으로 기술 우선순위 설정에 어려움을 겪고 있다. 빅데이터·드론·로보틱스 등 다수 기술이 본질적으로 AI와 맞물려 있음에도 분리된 기술 항목으로 분절되어 관리될 경우 기술 적용의 효과는 반감된다. 건설산업 전반의 생산성 제고를 위해서는 단편 기술의 병렬 도입이 아닌, 거버넌스 – 표준 – 플랫폼 – 조직 변화관리가 엮인 통합 적용이 될 수 있도록 인식을 전환해야 한다.

이에 맞춰 정부의 정책 및 제도 개선도 추가적으로 병행되어야 한다. 2025년 SCCI 조사에서 주요 건설사들은 '정부의 인센티브 제도 운영' 및 '기술 적용에 대한 인허가 절차 간소화 및 개선'이 필요하다고 답했다. 기업에서 기술개발에 적극적으로 투자해도 발주처에서 기술을 채택하거나 예산에 반영하지 않는다면 기술이 확산하기 어렵다. 인허가 규정을 정비해 AI 소프트웨어, 로보틱스 등 프로젝트에 필요한 기술 항목을 명시적으로 포함하고, 데이터 결합·원격감시·자율장비 운용에 대한 표준 가이드를 정립해 기술이 지속적으로 개발 및 적용될 수 있도록 지원해야 한다.

2026년은 생성형 AI를 통한 지능화·자동화로

국토교통부가 '스마트건설기술 로드맵'을 통해 2025까지 활용 기반을 갖추고 2030년까지 건설 자동화를 완성한다는 목표를 제시한 가운데, '스마트건설 활성화 방안'과 '제7차 건설기술진흥기본계획(2023~2027)'은 전 공정의 디지털화·자동화를 견인하는 동시에 AI 도입의 지속성을 제도적으로 뒷받침하고 있다. 〈표 3〉에 나타난 2030년까지의 AI 관련 추진 목표는 AI 단독 기술이 아닌 BIM, 로보틱스 등의 기술과의 결합을 전제로 한다.

〈표3. 스마트 건설기술 단계별 발전 목표 중 AI 관련 항목〉

단계	핵심 기술	추진 목표(2030)
설계	지형·지반 모델링 자동화	AI기반 BIM 연계지반 모델링 자동화
	BIM 설계 자동화	AI 기반 BIM 설계 자동화
시공	건설기계 자동화 및 통합 운영 및 관제	건설기계자동화(AI를 활용한 건설기계통합 운영 및 관제)
	BIM 기반 공사관리	AI 기반 공사관리 최적화(조건에 맞는 최적 공법 검토)
유지관리	AI기반 최적 유지관리	디지털트윈 기반 스마트 시설물 유지관리

출처: 국토교통부

건설 AI는 단순한 일부 기능의 성능 개선을 넘어, 데이터 거버넌스와 운영 전환 능력이 기술 적용의 성패를 좌우하는 국면으로 접어들었다. 또한 국내·외 기술개발 사례에서 확인되었듯〈표 1, 2, 4〉 참조 2026년을 전후해 Agentic AI·로보틱스가 결합하며 문서-현장-운영의 경계가 낮아질 것으로 전망된다.

LLM의 범용 언어·지식 능력에 특정 분야의 전문 지식을 구조화할 수 있는 GraphRAG기술을 결합한 것이 Agentic AI(LLM×GraphRAG)이다. Agentic AI 는 규정과 도면, 그 내역과 BIM의 관계를 근거와 함께 추론할 수 있어, 건설 프로젝트에 필요한 여러 문서 업무 작업량을 현저히 단축시킬 수 있다. 또한 생성형 AI 기반으로 개인 비서와 같이 사용자에 맞춰 정보를 제공해 줄 수 있는 에이전트의 개발이 가능해, 숙련되지 않은 작업자에게 필수적인 작업정보를 즉시 제공할 수 있다.

국내에서도 〈표 4〉와 같이 생성형 AI 기술의 내재화와 실증의 사례가 나타나고 있다.

〈표4. 국내 건설기업 생성형 AI 도입 사례〉

적용 분야	생성형 AI 기술 도입 사례
현장 지식 챗봇	사내 문서·매뉴얼 등을 결합한 현장형 질의응답으로 작업자·감리의 정보 접근 시간을 단축 (예: 롯데건설 'AI Member' 등)
업무 특화 생성형 AI	계약 검토·공문 작성·보고서 초안 등 사무·협업 업무의 자동화 (예: 대우건설 '바로답 AI/바로레터 AI', 우미건설 'LynnGPT' 등)
플랜트/설계특화 LLM	구조·배관 등 도메인 지식을 반영한 LLM 기반 설계 보조 및 자동 설계 시도 (예: 현대엔지니어링의 플랜트 특화 LLM 등)
생태계 결합	MS Copilot, 사내 ChatGPT 등 범용 플랫폼을 CDE·BIM·문서 관리체계와 연결해 현장-본사 협업을 촉진 (예. GS건설 ChatGPT Enterprise 도입 등)

출처: 언론 종합

로보틱스 기술은 디지털트윈 환경에서 생성형 AI 또는 Agentic AI가 산출한 계획과 의사결정을 물리 공간에서 실행하고, 센서 피드백을 다시 모델에 반영함으로써 '피지컬 AI(Physical AI)' 기반 자동화를 완성하는 과정이다.

2025년을 기점으로, 스마트건설을 필두로 하는 건설 AI 기술은 일부 현장에서 시범 적용하는 PoC를 넘어 실제 업무에 기술을 적용하는 프로세스 혁신으로 전환할 준비를 마친 상태다. 여러 이해관계자와 업체가 참여하는 건설 프로젝트에서 AI 기술을 통해 생산성을 높이려면 종합건설사뿐 아니라, 프로젝트에 참여하는 업체 모두가 AI 기술을 받아들일 수 있도록 업계의 기술격차를 줄이려는 노력이 필요하다.

또한 경기 둔화로 기업의 AI 예산과 인력 확보가 어렵다는 점을 고려해 정책 인센티브와 인허가 정비가 병행되어야 한다. 최근 정부의 AI 지원 정책이 건설 분야에도 적극적으로 반영될 수 있도록 그 필요성이 강조될 필요가 있다.

중도층 표심 5% 확보에 걸린 승패

신율 명지대 정치외교학과 교수

지방선거

일반적으로 선거에서 승패는, 중도층 표 5% 정도를 누가 더 확보하느냐 여부에 따라 결정된다. 이재명 정권이 출범한 지 100일 정도 지난 시점에서, 중도층에서의 민주당 지지율은 대략 40% 언저리에 머물고 있다. 반면 중도층에서의 국민의힘 지지율은 13%에서 17% 사이를 오가고 있다(한국갤럽 기준).

그런데 양당 지지율 격차가 좁혀지는 추세라는 점을 감안하면, 중도층에서의 양당 지지율 역시 좁혀질 가능성이 있다. 이 격차가 얼마나 좁혀지는가 하는 부분은 민주당과 국민의힘의 정치 행태에 달려있다. 물론 여기에 이재명 대통령의 중도층 지지율도 중요한 역할을 할 것이다.

이재명 대통령은 집권 이후 10월까지 중도층에서 대략 60%의 지지율을 기록하고 있다. 이는 이 대통령에 대한 지지와 민주당에 대한 지지 사이에 이른바 디커플링 현상이 나타나고 있음을 의미한다. 달리 말하면, 이재명 대통령은 중도층에게도 어필할 수 있는 정치적 행보를 '일정 수준' 보여준 반면, 민주당은 중도층보다는 진보 진영에 치중하는 정치 행보를 한다는 것이다.

디커플링 현상이 지방선거까지 지속될 경우, 여당 때문에 대통령의 국정 운영은 상당한 난관에 봉착할 수도 있다. 지방선거는 문자 그대로 지방자치와 관련한 선거지만, 모든 선거가 그렇듯이 이재명 대통령의 국정 운영에 대한 중간 평가적 성격도 동시에 지니고 있기 때문이다. 그러니까 여권은 선거 승리에 모든 것을 걸 수밖에 없다.

승리 기준은 서울·부산시장 선거

그렇다면 승리의 기준은 무엇일까가 궁금해진다. 일단 서울시장을 비롯한 부산시장 등 주요 광역단체장 선거에서 이기는 것을 들 수 있다. 그중 특히 서울시장과 부산시장 선거는 중요하다. 해당 지역 선거에서 승리한다는 것은 상징성이 클 뿐 아니라, 이 지역들은 일종의 '스윙 스테이트'에 해당하는 지역이어서 이 지역의 승리는 유권자들의 '보편적 지지'를 의미할 수 있기 때문이다. 또한 이들 지역에서 승리하면 다른 지역의 승리 가능성도 높아진다.

예를 들어 과거의 사례를 보면, 서울시장 선거에서 승리할 경우, 충남지사 선거에서도 승리할 가능성이 높아진다. 또한 부산시장 선거에서의 승리는 이른바 부·울·경 지역의 광역단체장 선거에서도 승리할 가능성을 높인다. 이렇게 되면, 각 정당의 아성이라고 할 수 있는 호남과 대구·경북 지역까지 합해 지방선거를 승리로 이끌 수 있는 가능성이 아울러 커진다.

그렇다면 해당 지역의 여론을 살펴볼 필요가 있다. 세계일보의 의뢰로 한국갤럽이 실시한 여론조사(2025년 9월 29일~30일, 전국 만 18세 이상 남녀 1010명 대상으로 전화면접 여론조사. 표본오차 95% 신뢰수준에 ±3.1%p. 자세한 사항은 중앙선거여론조사심의위원회 홈페이지 참조)를 보면, 서울의 경우 '야당 후보가 많이 당선돼야 한다'라고 응답한 비율이 43%로 여당 후보가 많이 당선돼야 한다는 응답 42%보다 근소한 차로 앞섰다.

부산과 울산 그리고 경남지역의 경우도 야당 후보가 많이 당선돼야 한다는 응답이 42%로, 여당 후보가 많이 당선돼야 한다고 응답한 비율인 38%를 앞섰다. 하지만 해당 조사에서 나타난 정당 지지율은 민주당 45%, 국민의힘 28%였다. 정당 지지율은 격차가 크지만, 선거를 바라보는 유권자의 인식은 거대 여당에 대한 '견제 심리'가 지배하고 있다고 할 수 있는 것이다.

거대여당 견제심리 극복이 관건

이런 견제 심리는 주로 중도층 사이에서 발생하고 있다고 분석할 수 있는데, 상황이 이러하면, 민주당은 어떻게든 중도층의 지지를 획득하려고 노력해야 한다는 결론에 다다른다. 그런데 현실을 보면 그러한 노력이 크게 눈에 띄지 않는다.

이재명 대통령은 그동안 중도층을 의식한 행보를 보였지만, 동시에 그렇지 않은 언행도 보였던 것이 사실이다. 가장 대표적인 것이 이재명 대통령의 취임 100일 기자회견이었다. 이재명 대통령은 취임 100일 기자회견에서 내란 전담 재판부 설치와 관련해 "위헌 얘기하던데 그게 무슨 위헌인가"라고 말했다. 그러면서 이 대통령은 "대한민국에는 권력의 서열이 분명히 있다. 최고 권력은 국민·국민주권, 그리고 직접 선출 권력, 간접 선출 권력"이라고 언급했다.

이어 "국회는 가장 직접적으로 국민으로부터 주권을 위임받았고, 국가 시스템을 설계하는 건 입법부 권한"이라며 "사법부는 입법부가 설정한 구조 속에서 헌법과 양심에 따라 판단하는 것이고, 사법부 구조는 사법부가 마음대로 정하는 게 아니다"라고도 했다. 이 대통령이 이러한 발언을 한 의도는 아마도 국민주권을 강조하려 했던 것으로 해석할 수도 있다.

그런데 이러한 발언은 중도층을 불안하게 만들기에 충분하다. '안정'은 중도층이 가장 선호하는 핵심 가치라고 할 수 있는데, 이 대통령의 해당 발언은 대통령제의 근간이라고 할 수 있는 삼권분립과 이에 기반한 권력 간의 견제와 균형을 흔드는 것으로 받아들여질 수 있기 때문이다. 만일 직접 선출 권력이 다른 권력보다 우위에 있다면, 권력 간의 견제와 균형은 성립할 수가 없다. 견제라는 것은 세 종류의 권력이 동등한 위치에서 어느 정도 균형을 이루어야만 가능한 것인데, 권력 사이에 우열이 존재한다면 견제 자체가 성립할 수 없기 때문이다.

그런데 이러한 중도층의 불안감은 민주당에 의해 더욱 고조되고 있다. 그 대표적인 사례가 바로 '조희대 대법원장 청문회'였다. 해당 청문회는 출석한 증인 없는 청문회가 됐고 새로운 증거 제시도 없는 무의미한 청문회가 됐지만, 집권여당의 조희대 대법원장 흔들기는 당분간 지속될 것 같다. 민주당이 이러한 태도는, 민주당의 지지율 하락의 원인이라고 할 수 있는데, 이는 중도층의 이탈이 시작됐음을 의미한다. 앞서 언급했듯이, 중도층의 불안감이 가중됐기 때문이다.

국방·안보 불안 유발 '자충수'

중도층이 불안을 느끼는 측면은 또 있다. 중도층이 가장 중시하는 '안정'은 국방 혹은 안보와 관련한 '안정'이라고 할 수 있다. 그런데 이재명 대통령은 갑

자기 '자주국방'을 꺼내들었다. 이재명 대통령은 지난 9월 21일 SNS를 통해 "강력한 국방 개혁으로 완전한 자주국방 태세를 구축해 나가겠다"고 밝히며 "외국 군대 없이는 자주국방이 불가능하다고 여기는 일각의 굴종적 사고"를 비판했다.

특히 이 대통령은 "상비 병력 수로 승부가 결정되는 전쟁은 과거의 일"이라며 "감지·판단·조준·사격이 자유로운 인공지능(AI) 전투로봇, 무장 자율드론, 초정밀 공격·방어 미사일 등 유무인 복합 첨단 무기체계를 갖춘 50명이면 100명은 물론 수천수만의 적도 충분히 대응할 수 있다"고 주장했다. 또한 "국군은 북한에 비해 상비군 숫자는 적지만 군복무를 마치고 현재도 훈련 중이며 즉시 전투에 투입 가능한 예비 병력이 260만 명"이라고 강조했다.

이러한 이재명 대통령의 언급은 중도층의 불안감을 야기하기에 충분하다. 물론 자주국방 자체에 반대하는 국민은 없을 것이다. 하지만 문제는 자주국방이 '지금' 가능한지 의문이라는 데 있다. 먼저 지적할 수 있는 것은, 이재명 대통령의 병력 언급에 대한 부분이다. 이 대통령은 예비 병력이 260만 명이라고 언급했는데, 우리는 예비 병력을 언급하고 북한은 상비군만을 언급한 것이 문제다. 우리와 북한의 병력 수를 비교함에 있어 그 기준이 다르기 때문이다.

2025년 5월 미국 국방정보국(DIA)가 하원에 제출한 보고서에 따르면, 동원 가능한 북한의 병력 수는 약 800만 명을 넘는다고 한다. 우리는 예비 병력까지 포함한 병력이 310만 명 가량인 데 비해, 북한은 예비 병력까지 포함해 계산하면 800만 명이 넘는다는 것이다. 이 부분은 우리가 지금 자주국방을 언급하는 것이 이르다는 것을 보여준다.

미군의 '최소계획비율'이라는 교리에 따르면, 방어전에 필요한 최소 병력 수는 상대 병력 수의 최소 3분의 1이라고 한다. 즉, 북한군의 병력 수가 800만 명을 넘을 경우, 현재 우리의 병력 수가 방어를 위해 충분하다고는 할 수 없는 것이다.

이 대통령은 AI 드론을 비롯한 첨단 무기를 확보하면 수적 열세를 극복할 수 있다고 생각하는 모양인데, 여기에도 문제가 있다. AI 드론까지 등장한 우크라이나-러시아 전쟁을 보더라도, 병력 수는 절대적으로 중요함을 알 수 있다. 첨단 무기로 무장한 러시아가 북한에 파병을 요청했기 때문이다. 또한 첨단 무기의 절대 강자 미군마저도 '최소계획비율'이라는 교리를 통해 전쟁에 필요한 최소 병력 수를 규정하고 있다는 것을 봐도, 첨단 무기의 존재가 곧 병력의 열세를 극복할 수 있는 수단은 아님을 보여준다.

이뿐만이 아니다. 대북 정찰 자산도 현재 미국에 의존할 수밖에 없는 상황이라는 점도 자주국방을 주장하기에는 이른 시기임을 보여준다. 이러니 중도층은 불안할 수밖에 없는 것이다. 그런데 이러한 상황에서 정동영 통일부 장관은 한술 더 뜨고 있다. 정동영 장관은 "북한은 미국 본토를 타격할 수 있는 3대 국가 중 하나가 돼 버렸다"면서 "냉정하게 인정할 건 인정해야 한다"라고 말했다.

문제는 이러한 발언이 북한을 5대 핵보유국에 비견될 수 있다는 식으로 받아들여질 가능성이 있고, 북한을 핵보유국으로 인정하는 것으로 이해될 수 있다는 데 있다. 이는 북한에 잘못된 신호로 작용할 수 있다. 결과적으로 북한이 핵보유국이니 미국은 북한과 핵 군축 협상을 해야 한다는 식으로 읽혀질 수 있다. 정부 당국자가 핵보유국을 사실상 인정하는 듯한 발언을 하는 상황에서 대통령은 자주국방을 말하고 있으니 국민들, 특히 중도층은 더욱 불안해질 수밖에 없다.

검찰청 폐지 등 밀어붙이기 입법도 불안 키워

　이러한 상황에서 민주당의 '입법'을 대하는 태도 또한 불안 요소로 등장하고 있다. 요사이 민주당의 행동을 보면, 일단 법을 통과시키고 보자는 식이다. 검찰청 폐지 법안을 통과시키고 1년 동안 해당 사안을 논의하자는 것을 봐도 그렇고, 국회증언감정법 개정을 봐도 그렇다. 증언감정법 개정안은, 고발 주체가 국회의장이냐 아니면 법사위원장이냐를 두고 오락가락하면서 수정에 재수정을 거듭했다. 그것도 본회의 상정 이후에 수정안을 제출한 것이다.

　이는 민주당이 '국가적 필요에 의한 입법' 행위를 하기보다는, 일단 자신들이 원하는 법안을 조급히 만들어 통과시키기에 급급하다는 것을 보여준다. 이는 과거 이른바 '노란봉투법'을 통과시킬 때와도 유사한 모습이다. 노란봉투법 국회 통과 직후에 대통령실 고위 관계자는 일단 법을 시행하고 문제가 생기면 그때 고치겠다고 말했는데, 이러한 언급은 과거 정권에서 전혀 볼 수 없었던 모습이었다. 그러니까 이러한 '일단 통과시키고 보자'가 이재명 정부의 '트레이드마크'라는 말까지 나오는 것이다. 이런 식이면 중도층은 당연히 고개를 돌릴 수밖에 없다.

여당 히든카드는 '개헌'·'정당해산'

　이러한 사안들을 종합해 보면, 지방선거에서 여당 승리를 장담할 수 없는 상황이라고 할 수 있다. 하지만 여당이기에 다른 카드가 있을 수 있다. 이재명 대통령은 국정과제 1호로 개헌을 꼽았다. 그러면서 지방선거 혹은 총선과 개헌 국민투표를 동시에 실시하겠다는 의지도 밝혔다. 만일 이들 선거와 개헌 국민투표를 동시에 실시하면 여당은 매우 유리한 입장에서 선거를 치르게 된다. 개헌에 찬성하는 국민들이 대다수이기 때문에, 개헌을 주도하는 여권 후보를 선택할 가능성이 높기 때문이다.

더욱이 지방선거에서는 후보들에 대한 정확한 정보 없이 이른바 '줄 투표'하는 현상이 두드러지기 때문에, 지방선거와 개헌 국민투표를 동시에 실시할 경우에는 여당 후보들 선호 현상이 더욱 두드러질 가능성이 크다. 결국 개헌 국민투표가 지방선거와 동시에 치러질 경우에는, 개헌이 가장 중요한 선거 변수로 등장할 것이다.

그런데, 이것 말고 여당이 사용할 카드는 또 있다. 바로 국민의힘에 대한 위헌 정당해산 심판청구가 그것이다. 민주당이 이러한 위헌정당 해산 심판청구를 실행에 옮긴다고 하더라도, 헌법재판소가 이를 받아들일 확률은 크지 않다고 생각한다.

하지만 위헌 정당 해산 심판 청구를 할 경우, 그 자체가 매우 충격적이기 때문에 유권자들의 뇌리에 깊이 새겨질 가능성이 크다. 이렇게 되면 유권자들의 사표 방지 심리를 자극할 가능성이 있다. 즉, 없어질지도 모르는 정당의 후보들에게 표를 줄 필요가 있느냐는 생각을 다수의 유권자들이 할 수 있다는 말이다. 그렇기 때문에 민주당이 헌법재판소에 국민의힘을 제소할 것인지 여부 역시 지방선거의 중요한 변수로 등장할 가능성이 있다.

선거 결과를 예측하는 것은 매우 힘들다. 선거에 임박해서는 어김없이 '돌발 변수'가 등장하기 때문이다. 그런데 이러한 돌발 변수는 미리 예상하기 어렵다. 그래서 선거는 흥미로운 것이다. 이번 지방선거가 이 대통령에게 기회가 될지 아니면 고난의 시작이 될지를 생각해 보는 것도 흥미로운 관전 포인트가 될 것이다.

트럼프發 안보 불확실성… 남북관계 변수

고유환 동국대 명예교수, 전 통일연구원장

트럼프·대북관계

요즘 MZ에게 도널드 트럼프 미국 대통령은 '관세(tariff)'와 동의어라 여겨질 것이다. 이미 기울어져 가는 미국의 '패권 국가' 이미지를 다시 일으켜 세울 수단이 관세를 제외하면 없을 정도로, 미국의 국가경쟁력은 떨어져 가고 있다. 트럼프 2기 행정부는 늘어나는 재정적자와 부채를 감당하기 위한 마지막 수단으로 관세카드를 꺼내들었다. '미국 우선주의'를 내건 트럼프 대통령은 피아 구분 없이 거의 모든 국가들에게 선제적인 고율의 관세폭탄을 퍼부은 후 협상을 진행하고 있다.

일본은 5,500억 달러 규모의 대미 투자를 결정했고, 한국이 3,500억 달러 규모의 대미 투자펀드를 조성하기로 하는 등, 대미 무역 의존도가 높은 나라들은 대규모 투자를 약속하고 관세를 낮췄다. 그러나, 정작 미국의 주공격 대상인 중국과의 관세 협상은 미뤄지고 있다.

트럼프 대통령이 관세 전쟁을 선포한 것은 미국의 패권이 쇠퇴하여 더 이상 기존 자유무역 질서를 유지하기 어렵다는 판단 때문일 것이다. 떠오르는 신흥 패권 국가 중국을 약화시키기 위해 고율의 관세를 부과하려 하지만, 중국은 우위를 점하고 있는 희토류 등 희소자원의 대미 수출 통제를 통해 미국과 맞서는 등 저항은 만만치 않다.

'미국 우선주의'를 내세운 트럼프 2기 행정부가 세계를 향한 관세 전쟁을 수행하면서 세계 질서 재편이 본격화하고 있다. 트럼프 행정부의 피아 구분 없는 관세 폭탄으로 인해, 바이든 행정부가 강조해 온 '규칙 기반 질서(RBO: Rules-Based Order)'와 '가치 연대'는 더 이상 작동하지 않고 있다. 미국의 자국 우선주의에 입각한 무차별적인 관세 폭탄으로 중국의 부상을 견제하기 위한 '가치 연대'와 공동안보를 위한 '규칙 기반 질서' 연대는 허물어지고 있다.

오바마 행정부 시기부터 미국은 중국의 부상을 견제하기 위해 유럽과 중동 중시의 대외정책을 수정한 '아시아 중시(pivot to Asia)'와 '재균형(rebalancing)' 전략을 추진했다. 바이든 행정부는 2022년 2월 인도-태평양 전략을 발표하고 미국의 영향력을 아시아뿐 아니라 인도-태평양 지역으로 확대하려 했다. 비동맹 중립 노선을 지향하던 인도를 자유주의 진영으로 끌어들여 중국을 견제하려는 전략 구상은 인도-태평양 전략의 핵심이라고 할 수 있다.

그런데 트럼프 대통령이 대러시아 제재의 틀을 벗어나 브라질과 러시아, 중국과 남아프리카 공화국 등 연합체인 브릭스(BRICS) 소속 국가들과 반미 연대를 모색하는 인도에 50% 관세를 부과했다. 인도는 러시아 원유를 수입해 유럽 등지로 수출하며 비동맹 중립국가의 이점을 살려 국익을 챙기려다 트럼프 대통령의 미움을 샀다. 인도에 불만을 품은 트럼프 대통령은 오랫동안 인도를 포용하기 위해 공들여 왔던 전임 행정부의 인도-태평양 전략을 부정해 정책의 일관성은 사라지고 '중국 약화시키기' 전략도 차질을 빚을 것으로 보인다.

2025년 10월 3일 베이징 천안문(톈안먼) 광장에서 개최된 중국 전승절 80주년 열병식에서는 세계 질서 변화의 상징적 장면이 연출됐다. 미·중 전략경쟁이 본격화하는 가운데 미국과 관세 협상을 앞둔 중국 시진핑 국가주석은 우크라이나 전쟁을 치르고 있는 블라디미르 푸틴 러시아 대통령, 핵·미사일 개발로 제재를 받고 있는 김정은 국무위원장과 함께 '반미 연대'를 과시하는 열병식을 거행했다. 이로써 한·미·일 대 북·중·러 대결 구도는 표면으로 드러났다.

중국은 상하이협력기구(SCO) 정상회의와 전승절 행사를 통해 브릭스(BRICS)와 글로벌 사우스(Global South)에 속한 나라들과의 연대를 강화하면서 미국의 대중국 봉쇄에 굴하지 않겠다는 의미의 세력 과시를 했다. 트럼프 2기 행정부는 피아 구분 없이 세계 거의 모든 국가에게 '관세 폭탄'을 퍼부으며 중국이 주도해 세운 반미 연대 전선에 기름을 붓고 있다.

'하노이 노딜' 이후 '적대적 두 국가론' 대두

남북관계가 단절된 데는 2019년 2월 하노이 북미 정상회담이 결렬된 것과, 문재인 정부가 중재자·촉진자 역할을 수행하는 것에 한계가 있는 것과 대북전단을 방치한 것, 윤석열 정부의 '자유 북진통일론'에 입각한 대북 강경정책 추진, 그리고 '수령체제' 유지를 위한 김정은 정권의 '적대적 두 국가' 관계론 등에서 원인을 찾을 수 있다.

남북관계 전환의 변곡점은 '하노이 노딜'이라 불리는 2019년 2월 북미정상회담 결렬에서 찾을 수 있다. 북한은 남측의 '중재자', '촉진자' 역할에 기대를 걸고 북미협상에 나섰다. 하지만 결과가 '노딜'이 되면서 북한은 더 이상 비핵화 협상은 없다는 선언과 함께 북미관계를 '제재 대 자력갱생의 정면돌파전', '장기전'으로 규정하고 남북관계 단절을 선언했다.

북한은 2023년 12월 열린 조선로동당 중앙위원회 제8기 제9차 전원회의 결론 부분에서 "현재 조선반도에 가장 적대적인 두 국가가 병존하고 있는 데 대해서는 그 누구도 부정할 수 없다" 하면서 "북남관계는 더 이상 동족관계, 동질관계가 아닌 적대적인 두 국가관계, 전쟁 중에 있는 두 교전국관계로 완전히 고착되었다"고 밝혔다. 북한은 2023년 말부터 '잠정적 특수관계론'(1991년 남북기본합의서 체제)을 부정하고 '적대적 교전국 관계론'을 폄으로써 남북관계의 특수성과 이중성을 부정하고 있다.

북한은 대북전단 문제를 제기하며 2020년 6월 8일 대남관계를 '대적관계'로 전환하고, 2020년 6월 16일 남북공동연락사무소를 폭파하면서 남북관계의 근본적 전환을 모색했다. 북한은 제재를 내세우고 기존합의 이행에 소극적인 가운데 대북전단을 방치한 남측에 대한 불만을 남북공동연락사무소 폭파로 표출하고 남북관계 단절을 위한 대남 비난 수위를 높여갔다. 김여정 부부장은 2022년 8월 "제발 좀 서로 의식하지 말고 살았으면 하는 것이 간절한 소원"이라 주장했다.

북한은 2025년 7월 28일 김여정 부부장 담화를 통해서 이재명 정권의 "한미동맹에 대한 맹신과 우리와(북한과)의 대결 기도는 선임자와 조금도 다를 바 없다"고 밝혔다. 김여정은 한국에 대한 북한의 '대적인식'에 변화가 있을 수 없으며 "조한(남북)관계의 성격을 근본적으로 바꾸어놓은 역사의 시계초침은 되돌릴 수 없다"고 주장했다. 한마디로 "조한(남북)관계는 동족이라는 개념의 시간대를 이미 완전히 되돌릴 수 없게 벗어났다"고 단언했다.

8월 19일 외무성 주요 국장들과의 협의회에서 김여정 부부장은 "한국은 우리 국가의 외교상대가 될 수 없다", "한국에는 우리 국가를 중심으로 전개되는 지역외교무대에서 잡역 역할조차 주어지지 않을 것"이라고 밝혀, 대한민국을 '국가 대 국가의 국제관계' 대상으로도 보지 않겠다는 입장을 밝혔다.

김정은 국무위원장은 2025년 9월 21일 최고인민회의 제14기 제13차 회의 연설에서 "근 80년에 이르는 조선민주주의인민공화국과 대한민국의 치열한 (원문: 치렬한) 대결사와 현실은, 《민주》를 표방하든, 《보수》의 탈을 썼든 우리 제도와 정권을 붕괴시키겠다는 한국의 태생적 야망이 변한 적이 없고 또 절대로 변할 수도 없으며 적은 역시 적이라는 것을 똑똑히 보여주고 있습니다"라 말했다.

북한이 대한민국과 '헤어질 결심'을 한 것은 '독립적인 사회주의 국가'로서 중국, 러시아와 함께 '공포의 균형'을 잡고 미국, 일본 등 서방국가들과의 관계를 정상화하기 사전정비 차원의 움직임으로도 볼 수 있다.

이재명 정부의 '평화공존과 공동성장' 모색과 'END 구상'

이재명 정부가 남북관계 정상화를 희망하지만 돌아선 북한의 마음을 되돌리기는 쉽지 않아 보인다. 이재명 정부가 대북전단 살포 금지, 대북확성기방송 중지, 국가정보원의 대북방송 송출 중단 등 선제적인 신뢰회복 조치를 취했지만, 북한은 2023년 12월 구체화한 '교전중인 적대적 두 국가관계' 틀을 유지하고 있다.

이재명 대통령은 2025년 광복절 경축사를 통해서 광복 80주년을 맞는 "올해 (2025년)가 대립과 적대의 시대를 끝내고, 평화공존과 공동성장의 한반도 새 시대를 함께 열어갈 적기라고 생각한다"며, 북한이 우려하는 정권붕괴와 흡수통일을 추진하지 않고 평화공존과 공동성장을 추진할 테니 북한이 호응하라고 촉구했다.

 이재명 대통령은 2025년 9월 24일 제80차 유엔총회 기조연설에서 "가장 확실한 평화는 싸울 필요가 없는 상태"라며, "교류(Exchange), 관계 정상화(Normalization), 비핵화(Denuclearization), 즉 'END'를 중심으로 한 포괄적인 대화로 한반도에서의 적대와 대결의 시대를 종식(END)하고, '평화공존과 공동성장'의 새 시대를 열어나가야 한다"고 밝혔다.

 'END 구상'의 핵심은 '관계 정상화'이다. 'END 구상'에서 관계 정상화를 비핵화 앞자리에 배치한 것은, 이전의 국제사회가 추진했던 '완전하고 검증가능하며 돌이킬 수 없는 핵폐기(CVID)'라는 선 비핵화 정책을 벗어나, 관계 정상화를 통해 비핵화를 추동하려는 것으로 볼 수 있다.

 이재명 대통령은 "비핵화는 엄중한 과제임에 틀림없다. 그러나 단기간에 해결되기 어렵다는 냉철한 인식의 기초 위에 현실적이고 합리적인 방안을 모색해야 할 시점이 됐다"고 밝히며, 중단 → 축소 → 폐기로 이어지는 단계적 해법을 제시했다. 이러한 해법은 이전 6자 회담이 열린 2·13합의에서 주창한 폐쇄 → 불능화 → 폐기, 동결 → 감축 → 비핵화로 이어지는 단계적 북핵 해법과 유사한 것처럼 보이지만 근본적으로 차이가 있다.

 기존 북핵 해법에서 '동결' 단계는 신고·검증·사찰이 필수였다. 2005년 '9·19 공동선언' 이후 후속합의들이 나왔지만 대부분 '신고'와 검증 단계에서 이견을 보여 더 이상 진척을 보지 못했다.
 이재명 대통령이 3단계 북핵 해법의 첫 단계로 동결 대신에 '중단'이란 표현을 사용한 것은, 북한이 핵활동 중단을 선언하면 신고·검증 없이 곧바로 관계 정상화를 위한 협상을 시작할 수 있다는 신호를 주는 것으로 해석할 수 있다.

기존의 '선 비핵화, 후 관계정상화' 해법에서 북한이 비핵화 의지를 선언적으로 표명하면 북미, 북일 관계정상화를 통해 비핵화를 추동하겠다는 것으로 볼 수 있을 것이다.

2단계 '축소'는 북한의 핵능력을 감축한다는 것으로 볼 수 있다. 하지만, 북한 핵의 실체를 인정하고 북미 사이에 핵군축 또는 군비통제 협상을 염두에 둔 것일 수도 있다.

밝지 않은 남북관계 복원 전망

한마디로 말하자면, 2026년의 남북관계 개선 전망은 밝지 않다. 미국 일방주의에 의한 관세전쟁과 미중 전략경쟁의 격화, 북·중·러 연대강화와 북한의 '적대적 두 국가' 고수 등 한반도를 둘러싼 지정학과 남북관계 현실을 고려할 때, 당분간 남북관계 복원은 쉽지 않을 것이다. 북한이 사상과 영도의 유일성을 강조하는 '수령 중심 유일체제'를 운영하는 만큼, 남북관계 개선에 대한 김정은의 생각은 무엇보다 중요하다. 김정은과 그의 생각을 대변하는 김여정의 주장에 의하면 당분간 남북관계 개선은 어렵다고 보는 것이 현실적이다.

북한 지도부가 소위 '백두혈통'의 수령체제와 유일체제를 유지하려면 남측으로부터 올라오는 영향력을 차단하는 것이 급선무라 생각하는 듯 하다. 통일전선전술 차원에서 본다면, 북한의 역량이 우세할 때는 '남북합작교류 추진'을 주장하는 등 공세적이었지만, 지금은 남쪽에서 북으로 올라오는 '역통일전선전술'을 막아내야 할 수세적 상황이라 판단하고 있는 듯하다.

북한은 반동사상문화배격법(2020), 청년교양보장법(2021), 평양문화어보호법(2023) 등을 채택하고 '한류(K-culture)' 등 남측에서 올라오는 영향력을 차단하기 위한 법적 정비를 해두었다. 따라서 북한의 체제역량이 열세인 동안 그들은 남북관계 복원에 소극적인 자세를 보일 가능성이 높다.

체제 역량에 열세였던 1960년대에 박정희 정권이 '선 건설 후 통일'을 표방하고 대화 없는 체제경쟁시대를 경험한 것처럼, 북한도 당분간 '적대적 두 국가'를 유지하면서 남한과의 관계 개선을 회피할 것이다.

트럼프 대통령에게 피스메이커 기대

트럼프가 집권 이후 '하루면 끝낼 수 있다'던 러시아-우크라이나 전쟁은 3년째 지속되고 있고, 이스라엘-하마스 전쟁 역시 개전 2년 만에 트럼프 대통령의 가자지구 평화구상에 따라 종전을 위한 1단계 휴전안에 합의했다. '평화의 사도'를 자처하는 트럼프 대통령은 7개 지역의 분쟁을 해결하고 평화를 정착시켰다며 노벨 평화상 수상에도 의욕을 보이고 있다.

트럼프 대통령이 가자지구 문제를 해결한다면 우크라이나전쟁의 종식을 위해 나설 것이고, 최종적으로는 끝나지 않은 한국전쟁의 종결을 위해 움직일 것이다. 트럼프 2기 행정부가 북한에 '관여'하는 것이 미중 전략경쟁에 유리하다고 판단한다면, 북한을 '사실상 핵보유국'으로 인정하고 핵능력 감축(핵군축)과 제재해제, 관계정상화를 교환하는 협상을 추진할수도 있다.

트럼프 2기 행정부가 북한과 관계 맺기에 성공하려면 북한의 달라진 국가전략을 인식하고 이전과는 다른 대북접근을 시도해야 할 것이다. 지금의 북한은 핵을 포기할 의사가 없다는 점과 한반도 적대적 두 국가론에 따라 대한민국의 관여를 배제하려 한다는 점, 러시아의 대북 영향력이 커졌다는 점과 미중전략경쟁의 격화 등을 고려한 미국은 새로운 대북접근법을 마련해야 북미관계 맺기가 가능할 것이다.

김대중 정부 당시 북한은 '햇볕정책을 평화적 이행전략의 변종'이라며 강하게 반발했다. 하지만 김대중 정부는 '한반도 냉전구조 해체 구상'을 통한 일관성 있는 대북정책 추진, 대규모 인도적 지원 등을 통해 신뢰를 회복한 전례가 있다.

하지만 북한은 지난 80여년 동안의 남북관계를 '총화'하고 보수정부든, 민주정부든 정권붕괴와 흡수통일을 추진했다고 하면서 '적대적 두 국가론'을 펴고 있어 당분간 남북관계 복원은 어렵다고 보는 것이 현실적이다. 따라서 이재명 정부는 역대 민주정부가 추진했던 정책을 그대로 따라가는 '경로의존'에서 벗어나 창의적인 대북정책과 외교전략을 모색해야 할 것이다.

이재명 대통령이 유엔연설에서 밝힌 'END 구상'은 남북관계 현실을 반영한 것으로, 남북관계 정상화를 미래의 과제로 두고, 북미관계 정상화를 우선 추진해도 좋다는 뜻으로 해석할 수 있다. 이재명 대통령의 'END 이니셔티브'는 트럼프 대통령이 피스메이커가 될 수 있도록 길을 터주는 페이스메이커의 전략 구상이라고 할 수 있을 것이다.

이재명 정부의 혼재된 新에너지정책

정범진 경희대학교 원자력공학과 교수

원전·신에너지

　이재명 정부가 출범 6개월이 가까워졌지만 아직도 에너지 정책의 방향성은 확실하지 않고, 말 바꾸기가 계속되고 있다. 대선 공약은 특성상 상충되는 정책들이 혼재한다. 지지하는 여러 세력의 의견을 청취해 공약에 담다 보면, 상충하는 정책이 있을 수밖에 없기 때문이다. 이런 것들이 당선인 시절 인수위원회 등을 통해 걸러지고 현실화하는 과정을 거쳐야 하는데, 이번 정부는 이 과정도 짧을 수밖에 없었기 때문에 조각과 인선, 그리고 당국자들의 발언을 통해 정책의 방향성을 짐작할 수 밖에 없는 상황이다.

대선 공약

　이재명 대통령은 대통령 공약에서 재생에너지, 특히 풍력발전의 확대를 약속했다. 에너지 고속도로를 만들겠다는 공약도 있었다. AI(인공지능)에 대한 전폭적인 지원 역시 약속했다. 원자력 발전에 대해서는 기회가 있을 때마다 '실용주의'를 강조한 바 있다. 영광 지역 지방선거에서는 한빛원전을 계속 운용하는 것이 실용적 선택임을 강조한 바 있으며, 공약에서는 '원자력과 재생에너지의 조화'를 강조하기도 했다. 그 밖의 산업에 관한 여러 가지 다양한 공약 역시 관심을 받았다.

   문제는 AI를 포함한 다양한 산업에 대한 지원 정책은 전기요금이 상승하면 불가능하다는 점이다. 발전원별 전력 생산 단가를 보면 가격 구조를 파악할 수 있다. 〈그림 1〉에서처럼, 재생에너지 전기는 원자력 전기에 비해 약 5배 정도 비싸다. 또한 야간에는 생산이 불가능한 태양광 발전과 바람의 여건에 따라 생산량이 달라지는 풍력발전 등 재생 에너지 발전은 그 단점을 보강하기 위한 천연가스(LNG) 발전소 등을 준비하거나 전력저장장치(ESS)를 마련하는 등, 이러한 간헐성 문제를 해결하기 위해 전력망을 안정화할 별도의 시설을 도입해야 한다.

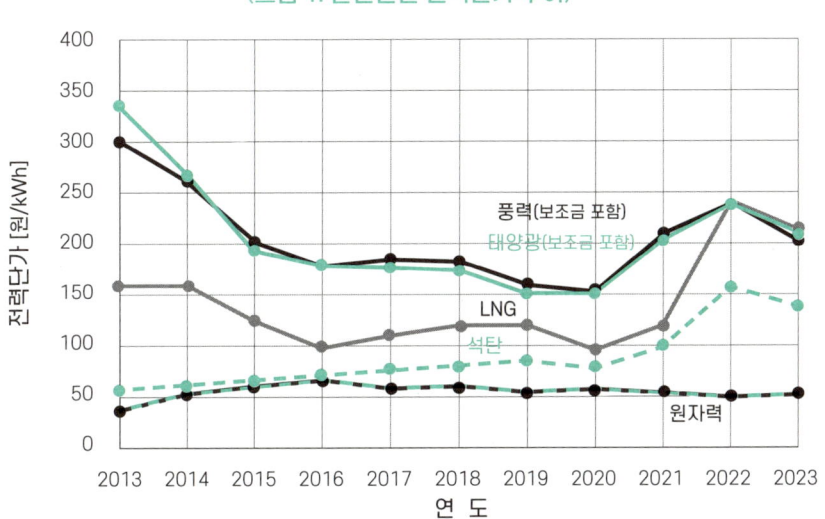

〈그림 1. 발전원별 전력단가 추이〉

자료 : 전력거래소 통계

이들이 모두 가격에 반영된다면 단순히 5배로만 끝나는 것이 아니다. 따라서 발전원별 평준화 발전 단가(LCOE: Levelized Cost of Electricity)가 아니라 시스템 전체의 가격(System LCOE)을 비교해야 한다는 주장도 제기되고 있다.

즉, 재생에너지 비중이 높아지면 전력요금은 인상이 불가피하며, 요금을 인상하지 않는다면 한국전력공사(이하 한전)는 현재 겪고 있는 것처럼 부채가 늘어난다. 2017년 탈원전 정책을 거친 후 한전의 부채는 100조 원에서 200조 원으로 늘었고, 윤석열 정부에서 가정용 전력요금을 50%, 산업용 전력요금을 70% 인상했음에도 불구하고 부채는 더욱 늘었다.

대통령의 공약에서 제시하고 있는 AI의 경우 원재료가 전기이다. 즉, 전기요금이 올라가면 산업적 경쟁력을 갖출 수 없다. 공약이 상충되는 것이다. 이는 인수위원회 활동을 통해 걸러질 것으로, 또 그래야 한다고 하였으나 이는 진행되지 않은 듯하다.

이재명 정부의 행보

더불어민주당에서 탈원전 정책에 앞장섰던 김성환 의원이 환경부 장관으로 임명됐다. 탈원전 정책을 주도한 인사의 내각 기용은 이번 정부가 제시하는 방향성을 보여준다 할 수 있다. 환경부 장관은 청문회 석상에서 '탈원전 정책은 아니다'라 주장했다. 그러나 장관으로 임명이 된 후 제11차 전력수급기본계획에 포함되어 있는 원전 2기와 SMR 건설에 대한 것은 '국민의 의견을 들어 처리해야 한다'는 유보적 입장이다.

말이 바뀐 것도 문제지만, 현행의 유효한 정부 계획에 대해 김성환 환경부 장관이 그것을 부정했다는 점에서 그는 아직까지 행정부의 수장이 아니라 정치인으로서의 입장이 강하다는 점을 보여줬다.

대통령 취임 100일 기자회견에서 이재명 대통령은 "원자력 발전소 짓는 데 15년이 걸리기 때문에 재생에너지를 대대적으로 키워야 한다"며 "추가 원전 착공은 현실성이 없다"고 말했다. 기존 원전 건설에 소요된 기간은 6~7년이다. 두 배 가량인 15년으로 공기가 늘어난 것은 탈원전 정부에서 규제 행정에 소요되는 기간이 늘어났기 때문이었다.

행정부의 수반으로서 공기를 현실화할 필요는 있다. 그러나 '15년'을 못박은 것은 문제가 있다. 또한 그것이 사실이라 하더라도 15년 이후의 대한민국을 위한다면 원전 건설을 추진하는 것이 옳은 정부의 태도이다. 그간 건설된 어떤 원전도 착공한 대통령의 임기 중에 준공된 것은 없다는 것이 정당성을 입증한다.

이후 산업통상자원부(이하 산업부)의 김정관 장관은 다시 제11차 전력수급기본계획에 포함된 원전 2기와 SMR 건설이 필요하다는 주장을 했다. 이것을 정부 내의 서로 다른 목소리로 이해해야 할 것인지, 아니면 여론을 보고 바뀐 입장을 다르게 표현한 것인지는 두고 봐야 할 것이다.

지난 10월 1일 정부조직법 개편을 통해 산업통상자원부가 가지고 있었던 에너지 부문은 모두 환경부로 이관되고, '기후에너지환경부'가 출범했다. 이에 대해서는 대선 공약 단계에서도 많은 논란이 있었다. 하나의 사안에 대해 정부 내에 시각을 달리하는 부처의 마찰을 중재하고 균형점을 찾아가는 것이 민주적인 과정이다. 그런데 마찰이 있는 두 부처가 단일화 되면 어느 한 주장으로 쏠릴 수 있기 때문이다.

또한 이전 정부에서 경험한 바와 같이, 정부조직의 개편은 대통령 임기 이후에도 여전히 '한 지붕 두 가족' 형태로 각각의 차관을 두고 따로 노는 형태가 된다는 점도 문제다. 정부조직 개편은 결과적으로 공무원 길들이기 내지는 힘 빼기, 그리고 행정학과 교수들과 정치인들의 놀잇감이라는 견해도 있다. 특히 최근 정치권에서 나타나는 바와 같이 현 정부를 위한 유리한 한시적 조치를 법제화하거나, 행정부의 몫인 시행령과 시행규칙에서 정할 것을 법으로 정하는 것은 정치의 과잉으로 보기도 한다.

에너지 부서의 환경부 흡수는 산업통상자원부가 목소리를 잃은 결과이다. 환경부는 당연히 환경적 목소리를 내는 것이 옳다. 이산화탄소 배출, 환경오염 등은 환경부가 내야 할 당연한 목소리인데, 이를 산업부가 대신 내고 있었던 것이다. 산업부는 전력의 안정적 공급, 전기요금 인하, 전기 품질 등의 목소리를 냈어야 했다. 그런데 환경부가 낼 소리를 냈기 때문에, 이번 기후에너지환경부로의 조직 이전은 목소리를 잃은 당연한 결과라고 볼 수 있다.

한편, 환경부 또한 자신이 내야 할 목소리를 제대로 냈다고 보기 어렵다. 원자력 발전의 안전성은 원자력안전위원회(이하 원안위)가 소관하는 것이고, 원안위에서 허가받은 원전의 안전성을 문제 삼아 원전을 친환경적이지 못한 에너지로 분류한 것도 잘못이다. 원안위의 인허가 심사 과정에서 환경 영향에 대한 평가가 수행되고, 이에 대해 환경부도 심의를 하기 때문이다.

기후에너지환경부로의 이전은 에너지 부문 전반적으로 안정적 공급이나 가격 인하보다 환경적인 가치를 중시할 가능성이 있다. 또한 현재와 같이 환경부가 기후온난화, 재생에너지 등에 대해 편향된 주장을 받아들이는 상황에서는 기후에너지환경부 역시 편향된 정책을 펼 수밖에 없으며, 이것이 산업이나 국가 발전에는 역풍으로 작용할 가능성이 높다.

재생에너지 정책

 재생에너지는 환경 의존적이기 때문에 자원이 좋은 땅에 설치되어야 제 역할을 할 수 있다. 즉, 햇볕이나 바람이 없는 지역에 재생에너지를 설치해서는 전력을 충분히 생산할 수 없고, 이에 따라 전력 생산 단가도 높아지는 것이다.

 우리나라는 햇볕도 바람도 풍부하지 않다. Global Solar Atlas에서 제공하는 태양광 자원도를 보면 동일한 태양광 패널을 설치하더라도 미국 캘리포니아에 설치된 태양광 발전 시설이 우리나라에서 제일 좋은 곳에 설치한 것보다 효율이 2배 이상 높다.

 Global Wind Atlas의 풍력 자원도에서 확인할 수 있는 풍력도 마찬가지다. 영국의 풍력 자원은 초속 10m가 넘는 반면, 우리나라는 5m 아래 정도이다. 때문에, 영국 풍력발전기는 우리나라에 설치된 것보다 약 8배의 전력을 생산한다. 따라서 우리나라는 대규모로 풍력 발전 시설을 설치하는 것 보다는, 이를 보조적 자원으로 활용하는 것이 적절하다.

〈그림 2. 태양광 자원지도〉

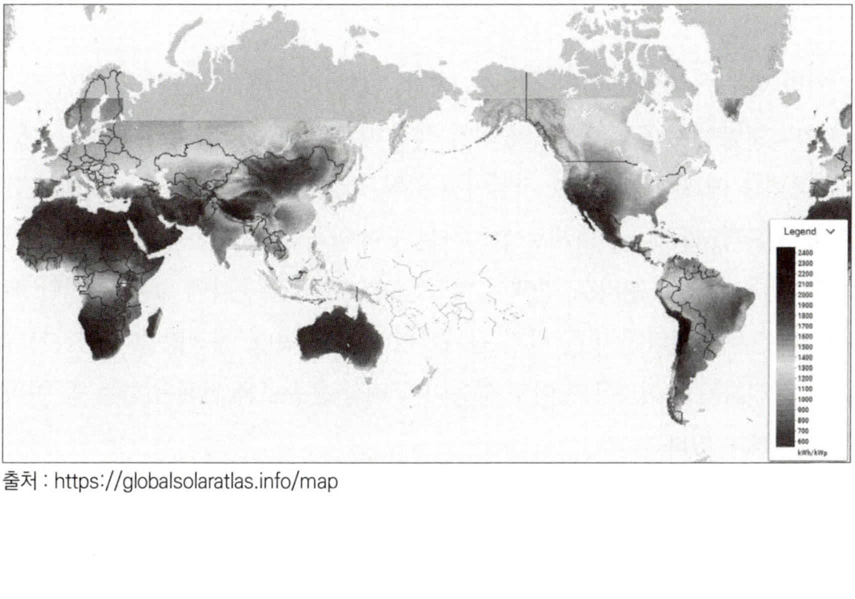

출처 : https://globalsolaratlas.info/map

<그림 3. 풍력 자원지도>

출처 : https://globalwindatlas.info/en/

그럼에도 불구하고 에너지 정책에 정치가 개입해 재생에너지의 확대를 유도하고 있다. 정치화는 근본적으로 '보조금'을 받기 위한 수단으로 작용한다. 보조금이 없으면 성립할 수 없는 산업을 이어가기 위해 이러한 정치화는 멈출 수 없게 된다.

이번 정부는 해상풍력 발전을 강조하고 있다. 태양광은 시설이 늘어나면서 그나마 햇볕이 좋은 지역이 소진되어 감에 따라 적격지를 찾기 힘들어지고 있다. 풍력은 애초부터 적합한 지역이 없었다. 그렇다보니 우리나라는 풍력발전기를 '윈드팜(Wind farm)' 형태로 설치하는 것이 아니라 산맥의 능선을 따라 설치하고 있다. 비슷한 원리로, 풍력은 해상풍력으로 나갈 수밖에 없다. 하지만 해상풍력은 육상풍력에 비해 발전 단가가 2배 정도 높다. 송전망을 연결하거나 유지·관리하기도 어려우며 어로 활동이나 해상 운송로를 피해야 하는 등 여러 가지 난제가 있다.

'RE100 산단'이라는 정책도 발표된 바 있다. 'RE100'은 영국의 비정부기구(NGO)인 더 클라이밋 그룹(The Climate Group)의 구호이다. 이는 공장에서 사용하는 전기의 100%를 재생에너지로 하자는 것이다. 'RE100'이라는 구호는 이산화탄소를 감축하자는 것처럼 인식되고 있지만, 실은 그렇지 않다. 'RE100'은 이름 그대로 재생에너지를 확대하자는 것일 뿐이다. 이산화탄소를 줄이는 데에는 원자력 발전이라는 더 효과적인 수단이 있지만, 이를 인정하지 않았다. 또한 수소에너지 등도 인정하지 않았다. 재생에너지 확대론자들이 일관되게 이를 주장해 왔던 것이 이런 이유다.

그런데 최근 더 클라이밋 그룹(The Climate Group)의 홈페이지를 보면 변화를 느낄 수 있다. 2004년 설립된 더 클라이밋 그룹은 비영리 단체로 지구온난화를 막는 다양한 지표를 보여주고 제안하는 역할을 하고 있다.

〈그림 4. The Climate Group〉

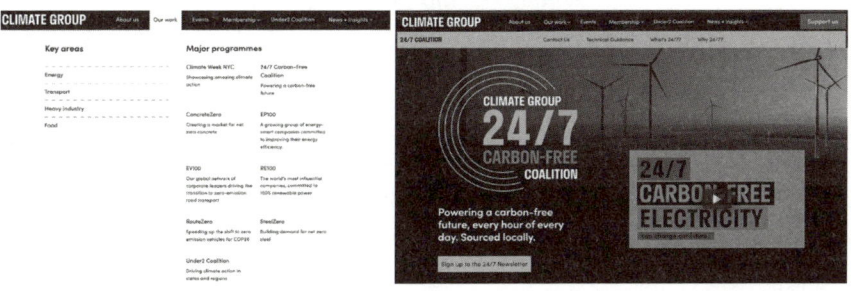

더 클라이밋 그룹 역시 활동 내역에서 이산화탄소를 줄일 수 있는 재생에너지 이외의 방법을 인정하기 시작했다는 점을 알 수 있으며, '24/7 Carbon Free Electricity'를 인정하고 있다. 이는 원자력을 인정하고 있다는 것이다. 즉, 현재 정부에서 주장하고 있는 'RE100'의 개념은 더 클라이밋 그룹(The Climate Group)의 초기 활동이며, 현재의 주장도 아님을 알 수 있다.

에너지 고속도로

　에너지 고속도로는 대규모 전력망을 의미한다. 여기에 HVDC(초고압 직류 송전망) 기술, BESS(배터리 에너지 저장 시스템) 등을 활용해 재생에너지의 장거리 송전을 가능하게 한 것이 에너지 고속도로다. 이는 재생에너지의 한계점을 극복하면서 송전로 부족 문제 및 지역 전력 불균형 문제를 해결할 수 있다. 하지만, 몇 가지 문제가 있다.

　우선 생기는 문제는 비용이다. 송전망을 건설할 때는 민원 문제도 생기고 비용 역시 엄청나다. 그래서 전력 설비는 늘 필요한 만큼만 건설해 오고 있다. 그런데, 당장 시급하지 않은 장기적 필요를 위해 전력망을 건설한다는 것은 상식적이지 않다. 이 많은 비용을 국민이 부담해야 하는 것이다.

　또한 에너지 고속도로를 통해 실어나르는 전기가 값비싼 재생에너지 전기라는 점도 문제다. 발전소 건설에는 수년이 소요되는 만큼, 이에 맞춰 송전망을 건설하면 될 일이다. 그런데 재생에너지의 경우 건설 기간이 짧다는 특징이 있다. 또한 전력수급계획에서 타 발전원의 경우에는 부지와 사업자가 대부분 명시되지만, 재생에너지 발전 설비의 경우에는 '신재생 250MW' 이런 식으로 그 용량만 설정해 두는 경우가 많다.

　결국 부지를 확정하지 않은 상태이기 때문에 송전선 건설을 제때 할 수 없고, 이 때문에 미리 대규모 송전망을 건설해 두겠다는 것이다. 한때 분산에너지여서 송전망이 필요 없는 에너지라고 주장했던 재생에너지 단지가 전라남도에 대규모로 건설되면서 그 잉여 전력을 소비하거나, 송전하지 않는다면 정전이 되는 상황이 되었고, 이에 따라 에너지 고속도로를 제안하게 되었다.
　송전망을 통해 어느 지역에서 생산할 수 있는 것보다 값싼 전기가 공급되는 것은 바람직한 일이다. 그러나 재생에너지라는 비싼 전기를 수송하기 위해, 또다시 대규모 전력망을 건설한다는 것은 이중삼중의 손실이 될 수 있다.

원전 정책

원전 정책은 더불어민주당의 기존 탈원전 정책 주도로 진행될 것인지, 대통령의 실용주의 중심으로 진행될 것인지 아직까지는 확실하지 않다. 앞서 언급한 바와 같이, 제11차 전력수급기본계획에 따른 신규 원전 2기와 SMR 건설에 대해 엇갈리는 정부 관계자의 언급이 있었기 때문이다.

고리원전 2호기를 계속해 운전하는 것에 대해서도 원자력안전위원회는 의사 결정을 유보하고 그 결정을 1개월 미뤘다. 기술적 사안에 대해 한국원자력안전기술원의 심사와 검사 절차가 완료된 후 원자력안전전문위원회의 분과회의와 본회의를 거친 최종 안건은 원자력안전위원회 본회의에 상정되었는데, 이에 대해 재차 기술적 질의를 하거나 근원적 문제 제기를 하는 것은 바람직한 행정행위라 볼 수 없다. 이에 대해 미국 원자력규제위원회(US NRC)는 '효율성'을 중심으로 한 규제를 제시하고 있다. 기술적 검토가 완료된 사안에 대해서는 지체 없이 인허가를 주어야 한다는 것이다. 이 사건이 향후 원전을 계속해 운전하는 것에 대한 정부의 방향성을 좌우할 것으로 판단된다.

선진국에서 60년, 80년 운영하는 동일한 원전에 대해 우리는 40년만 운영한다면, 결국 원전의 발전 단가를 높이는 것이고 자원을 제대로 활용하지 못한다할 수 있다. 특히 계속 운전 대상이 되는 원전이 대부분 선진국에서 계속 운전이 진행되고 있다는 측면에서, 계속 운전은 입증된 기술이며 안전에 대한 우려를 제기하는 것도 상식적이지 않다.

에너지 정책의 3요소

세계에너지협의회(World Energy Council)가 발표하는 에너지 트릴레마 지수(Energy Trilemma Index)는 에너지 안보와 가격, 그리고 환경성을 중요한 인자로 분석한다. 3가지 인자에 대해 가중치를 두어 국가별 순위를 제시하기도 한다. 이에 따르면 우리나라는 33위이다. 안보와 환경성이 낮은 점수이고, 가격의 점수가 높다.

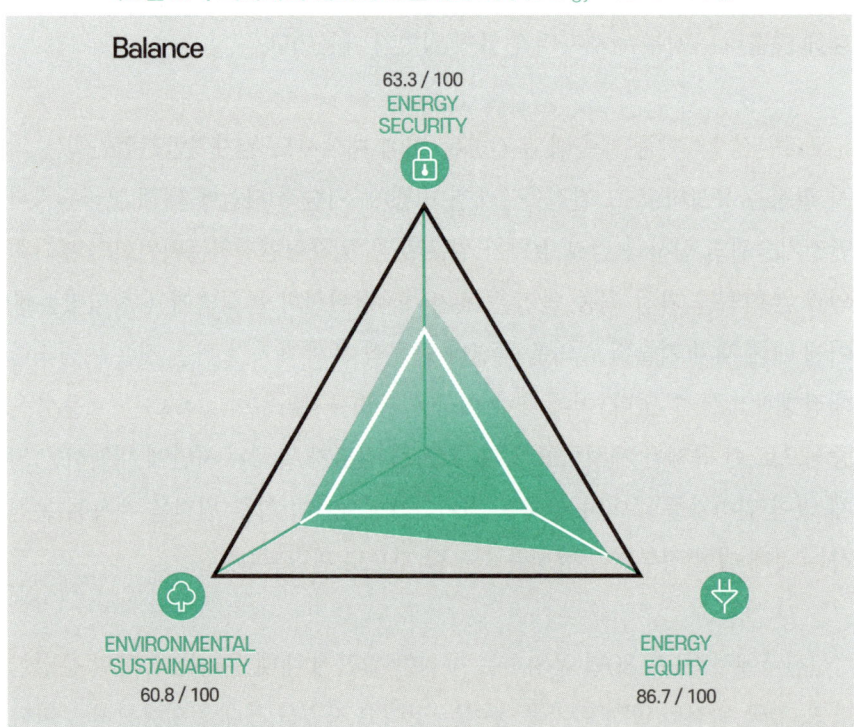

〈그림 5. 우리나라의 에너지 트릴레마 지수(Energy Trillema Index)〉

에너지의 대부분을 수입에 의존해야 한다는 측면에서 안보 점수가 낮고, 화석연료의 비중이 높기 때문에 환경성이 나쁘다. 그러나 가격은 비교적 높은 점수를 유지하고 있다.

그러나 재생에너지 중심의 에너지 정책이 펼쳐지면 그나마 점수가 높은 편이었던 가격마저 낮은 순위로 밀려나게 될 형편이다. 특히 세계적으로 재생에너지 발전 설비 중 태양광 발전은 모두 값싼 전력으로 생산되는 중국의 태양광 패널 의존도가 높은 만큼, 연료가 들어가지 않는다는 것만으로 에너지 안보에 도움이 되는 것인지에 대해서도 의문이 제기되기 시작했다.

이미 도입된 재생에너지 설비의 A/S 문제로 가동이 중단되는 상황도 발생하고 있다. 또한 재생에너지 발전원이 전력 생산을 하지 못하는 동안 보조 발전원인 LNG 발전소의 경우, LNG의 세계적 시장 규모가 작고 가격의 등락이 심하다는 측면에서 LNG 발전소를 늘리는 정책은 그리 바람직하지 않다.

트릴레마를 모두 해결한 원자력 발전을 거부하는 현상은 매우 특이한 상황이다. 특히 유럽 국가가 대부분 '복(復)원전'을 선언하면서, 기존에 탈원전을 선언했던 스위스, 이탈리아, 벨기에 등의 국가가 원전 도입을 선언했고, 프랑스와 체코, 폴란드와 루마니아, 불가리아 등은 원전 확대를 정책으로 삼았다. 특히 트럼프 정부의 미국은 원전을 400GW까지 늘릴 계획을 수립하고 있으며, 소형 모듈형 원자로(SMR) 역시 확대하고 있다. 이에 우리나라만 세계적인 경향을 역행하고 있다 판단된다.

우리나라 에너지 정책은 과도한 정치화의 영향으로 그 합리성을 잃어가고 있다. 재생에너지가 마치 국시(國是)인 양, 그것을 위해 우리 사회의 모든 것을 희생시키고 있다. 재생에너지와 원자력이 동시에 전력을 생산하면 더 비싼 재생에너지를 구입하도록 하고 있으며, 재생에너지가 발전을 하지 못하는 상황에서 잉여 설비를 두어야 하는 비용은 사회 전체의 부담으로 전가된다.

또한 재생에너지의 간헐성으로 발생하는 전력망 안정화 비용도 미국과 달리 사업자가 아니라 망 운영자인 한전이 부담하도록 하고 있다. 재생에너지의 공간을 마련하기 위해 원자력을 줄이려 한다. 명분은 재생에너지가 간헐성을 보일 때 그 뒤치다꺼리를 잘하지 못한다는 이유이다. 불을 낸 사람은 용서되고, 불을 끄지 못한 소방관은 문책받는 상황과 같다.

복원전의 세계적 추세도 우리나라는 역행하고 있는 것으로 보인다. 그러나 탈원전 기간을 거치면서 우리나라 원자력 산업은 국내보다 해외에 더욱 무게중심을 두는 쪽으로 변화하고 있다. 한수원의 원전 수출뿐만 아니라 두산에너빌리티의 원자력 주기기 및 SMR 파운드리, 현대건설과 대우건설, 삼성물산 등 건설회사의 해외 원전 건설 수주 등으로 변화함에 따라 국내 건설과 별개로 산업적 경쟁력을 유지할 것으로 보인다. 다만 국내 원전 건설이 둔화되면서 보조기기를 공급하는 중소기업의 피해는 피하기 어려울 것으로 보인다.

무엇보다 전력 수급 자체에 문제가 발생할 수 있다. 원자력과 석탄 등 장기적 발전원의 감소로 인해 장기적인 전력 수요 예측을 낮게 보았다는 주장이 제기되면서 전력 수급이 취약해질 것으로 보인다.

극한 기상이변… 노후 인프라 시장 뜬다

이영환 인하대 사회인프라공학과 초빙교수

기후변화

최근 수년간 전 세계는 과거와 달리 빈번하게 발생하는 극한 기상이변에 직면하고 있다. 한국 역시 폭염과 대형 태풍, 집중호우 등 재해성 기상이변이 빠르게 일상화되고 있다.

한국기상청 및 국립기상과학원이 발표한 「한국 기후위기 평가보고서 2025」에 따르면, 여름철 폭염과 집중호우의 빈도와 강도는 명확히 증가하고 있으며, 야간 고온 같은 비정상적 기상 현상의 변동성도 더욱 커지고 있다.

특히 여름철 집중호우의 강도 및 빈도가 최근 들어 한층 두드러진다는 보고가 잇따르고 있다. 1991~2000년 전국 17개 시도의 '시간당 50mm 이상' 호우 일수는 연평균 0.4일에 불과했으나, 최근 5년간(2020~2024년) 평균은 0.9~1.2일로 두세 배 증가했다.

'일일 강우량 80mm 이상'의 집중호우 역시 전국 평균 2015년 0.7일에서 2023년 3.8일, 2024년 2.5일로 10년 만에 3~5배가량 폭증했으며, 실제로

2022년 8월 서울에는 시간당 141.5mm라는 관측 사상 최대 강우가 기록되었고, 2023년 7월 충북 청주에는 '400년에 한 번' 수준의 대홍수가 발생하기도 했다.

다수의 국가기관 연합 보고서는 '앞으로의 한반도 폭염과 집중호우 및 이상기상의 위험성은 더욱 높아질 것'이라 전망한다. SSP5-8.5(고탄소 시나리오)하에서는 21세기 전반기에만 100년 재현 빈도 강수량이 29%, 후반에는 53% 증가할 것이며, 이로 인한 재해 변동성 역시 대폭 증가할 전망이다.

극한 호우가 불러온 도시 홍수와 농촌 피해 심각

이러한 극한 호우 때문에 이미 전국적으로 농촌과 도시 전역은 심각한 인명과 재산 피해를 입고 있다.

행정안전부 「재해연보(2023)」에 따르면, 2023년 한 해 동안 자연재해로 인한 사망자와 실종자는 총 140명으로 최근 10년 중 가장 많은 수였다. 이 가운데 호우로 인한 인명피해는 53명에 달했다.

같은 해 연 강수량 역시 평년 대비 약 32% 증가한 1,476mm로 역대 3위를 기록했으며, 특히 12월에는 평년의 4배에 가까운 102.8mm가 내려 역대 최고치를 경신했다.

이로 인해 전국적으로 공공시설은 5,854억 원, 농작물이 2,290억 원, 농경지가 495억 원 등 총 9,582억 원 규모의 피해가 발생했고, 이를 복구하기 위한 비용은 2조 649억 원에 달했다.

2022년 태풍 '힌남노'로 인한 오어지 저수지 범람은 포항 냉천 범람을 일으켜 인근 아파트 지하주차장에서 7명이 숨지는 대형 인명피해로 이어졌으며, 유사한 사고가 매년 반복해 일어나고 있다.

2018~2020년 3년간 전국 저수지의 제방에서는 총 13건의 붕괴 사고와 102

건의 사면 유실과 여수로 인한 파손 피해가 보고되었다. 2023년 기준 도시화율이 91.2%인 대한민국에서 이러한 사고는 도시 홍수 사고로 직결될 수 있어, 저수지 붕괴는 더 이상 농촌만의 문제가 아니다.

노후 저수지의 현황과 안전등급 평가

〈표 1〉에 따르면, 전국 17,066개 농업용 저수지 중 50년 이상 경과한 시설은 14,877개소(87.2%)에 달한다.

지자체 관리 저수지는 90.1%, 농어촌공사 관리 저수지는 75.6%가 50년을 초과한 반면 30년 미만 저수지는 3.7%에 불과해, 대부분이 내구연한(60~70년)을 이미 초과한 상태이다.

〈표1. 저수지 경과 연수 현황〉

구분	총계	30년 미만	30-50년 미만	50년 이상
전체	17,066	630(3.7%)	1,559(9.1%)	14,877(87.2%)
한국농어촌공사 관리	3,429	413(12.0%)	42(12.4%)	2,592(75.6%)
지자체(시·군) 관리	13,637	217(1.6%)	1,135(8.3%)	12,285(90.1%)

출처 : 농림축산식품부 2024

2023~2024년에 시행한 인프라 총조사 결과, A·B 등급(우수·양호)은 22.8%에 불과했다. 반면, 보수·보강이 필요한 C 등급(보통)과 긴급 보수가 요구되는 D 등급(미흡), 사용 중지·개축이 필요한 E 등급(불량)과 안전 등급 자료가 없는 8,100개소를 포함하면 전체의 약 80%가 문제성 저수지로 분류되는 것이다. C·D·E 등급 및 등급 미상의 문제성 저수지 중 98% 이상은 준공 후 30년이 지난 시설이라는 점이 확인된다. 특히 8,100개 '미실시(자료 없음)' 저수지는 안전 점검을 받은 적이 없거나 결과가 체계적으로 기록되지 않아 '등급 미상'으로 분류되며,

관리의 사각지대에 놓여 있다.

용량에 따른 설계홍수량(강우량)의 한계

저수지 규모별 설계 빈도는 설계홍수량(강우량)으로 정의된다. 총저수용량 500만 m³ 이상의 대규모 저수지는 최대 홍수량을 적용해, 이론적으로 가능한 최대 규모의 홍수에 대비하도록 설계한다. 일반 저수지는 총저수용량에 따라 50년, 100년, 200년 빈도의 확률 강우량을 적용한다. 소규모 저수지는 20~50년 빈도의 강우량을 적용하지만, 최근 기후 변화로 인해 기준이 강화되어 50년 빈도치를 적용하는 추세이다.

최근 보도에 따르면 전체 저수지의 약 70%가 '100년 빈도 이하' 강우량 기준으로 설계되었다. 그러나 기상청장은 "최근 100년 빈도의 폭우가 30년 빈도로 나타나 과거 기록을 토대로 한 빈도 산출이 무의미해졌다"고 언급했으며, 이에 따라 극한 호우로 인한 저수지 붕괴 위험이 더욱 높아지고 있다.

극한 폭우로 인한 저수지 붕괴 사고 내재

1973~1997년에는 시간당 50mm 이상 비가 내리는 극한 폭우 일수는 평균 9일이었다. 그러나, 1998~2022년에는 연 16.8일로 86% 증가했다. 기상청 분석에 따르면, 시간당 30mm 이상 집중호우 발생 일수는 최근 25년간 34.4% 증가했다.

〈표 2〉에 따르면, 극한 폭우는 전국 모든 지역에서 발생하고 있으며, 설계 빈도는 25~1,000년에 해당한다. 즉, 전국 모든 지역의 저수지는 극한 폭우를 감당할 복원력이 크게 부족한 상태이다.

〈표2. 최근 10년 지역별 기록적 강우량(24시간 기준) 빈도표〉

구분	관측소	강우 발생일	일 강우량(mm)	빈도
경기	파주(문산)	'24.07.18.	490.3	150년 이상
강원	속초	'22.09.01.	407.0	80년 이상
충북	청주	'23.07.15.	303.7	80년 이상
충남	정산(청양)	'23.07.14.	400.0	400년 이상
전북	남원	'24.09.21.	359.8	500년 이상
전남	광주	'24.06.30.	408.1	300년 이상
경북	울진	'19.10.03.	516.1	1,000년 이상
경남	창원(마산)	'24.09.21.	473.1	400년 이상
제주	성산	'24.11.02.	329.4	25년 이상

출처 : 단비뉴스(저수지 88%가 50년 넘는 흙둑, 극한호우에 위태, 2025.07.17.)

극한 폭우로 인한 저수지 붕괴 사고 사례

 2020년 8월 전남 장성 외마저수지는 하루 349mm의 폭우로 제방 60m가 붕괴되었다. 이로 인해 1만 ㎥의 물이 방류되며 6,200㎡의 농경지와 650m의 논두렁이 매몰되는 큰 피해가 발생했다. 사고 전 '보통' 수준인 C등급 판정을 받은 해당 저수지를 복구하는 데는 평가액의 세 배인 18억 원이 소요되었다.

 같은 해 8월 2일, 경기도 이천 산양저수지는 193mm 집중호우로 수위가 급격히 상승해 방수로 처리 능력을 초과했고, 월류로 인해 제방 30m가 붕괴되면서 주택과 농경지가 유실되고 침수되었다. 이 저수지는 1966년 준공된 후 1970년대에도 붕괴를 겪었으며, 2020년 초 안전점검에서 C등급(보통) 판정을 받았지만 '월류 위험 있음' 경고에도 보강이 미흡해 결국 붕괴되었다.

 1945년 축조된 전남 보성군 모원저수지는 2018년 7월 200mm 이상 폭우로 제방 50m가 붕괴되면서 농경지와 주택이 침수되었다. 해당 저수지는 같은 해 4월과 6월 조사에서 B등급 판정을 받았지만 붕괴되었다. 2014년에도 경북 영천 괴연저수지가 B등급 상태에서 붕괴된 사례도 있다.

이처럼 C·B 등급 저수지에서도 붕괴가 빈발한 점을 고려하면, 등급 미상이나 D·E등급 저수지는 훨씬 더 큰 위험을 내포한다고 생각해야 한다. 특히 전국 저수지의 95% 이상이 흙둑(필댐)이며, 지자체 관리 저수지의 90% 이상이 50년을 초과한 노후 시설이라 누수와 침투에 취약한 이들 저수지는 극한 호우가 내릴 경우 붕괴 위험성이 높다.

지자체 중심 저수지 관리의 구조적 문제

국내 저수지의 80% 이상, 약 13,600여 개 저수지는 시·군·구 등 기초 지자체가 관리하며, 나머지 약 3,400여 개는 농어촌공사 등 중앙 공기업에서 관리를 담당한다. 그러나 지자체 관리 저수지는 그 숫자가 압도적으로 많지만 예산과 인력, 장비 등 관리 역량이 매우 취약한 편이다. 이로 인해 국토부 인프라 총조사에서는 전국적으로 8,100여 개 저수지가 안전 등급 미실시(자료 없음) 상태로 남아 있는 관리 사각지대가 확인되었다.

많은 수의 지자체는 농업기반시설 전담 부서가 별도로 설치되어 있지 않다. 보통 농업기반팀 또는 지역개발과 소속 직원 한 두명이 수백 개의 저수지를 동시에 관리하는 실정이다. 실제로 전남과 경북 일부 군 단위 지자체에서는 담당자 2명이 200~250개 저수지를 관리하고 있는 사례가 있으며, 이는 국회 국정감사와 감사원 보고서에서도 반복적으로 지적된 상황이었다. 전문가들은 이러한 상황에서는 저수지 1개당 연 1회 정기 점검을 시행하는 것 조차 사실상 불가능하다고 지적한다.

담당 공무원 다수가 토목이나 수자원 전공자가 아니다 보니, 균열과 침하, 누수 등 구조적 위험을 전문적으로 판별하기가 어렵고, 이로 인한 기술적 한계에 직면해 있다. 이 때문에 저수지의 진단은 대부분 단순 육안 조사에만 의존하며, 지반 침하와 내부 균열 등은 실시간으로 감지하거나 분석할 수 없어 사고가 일어난 후에야 원인 규명과 그에 대한 대처를 하는 실정이다.

2024년 기준 지자체 재정자립도는 43% 이하로 역대 최저 수준이며, 군 단위 기초지자체는 17%로 특히 더 취약하다. 이러한 재정적 한계로 인해 지자체, 특히 군 단위 기초지자체는 농업용 저수지를 보수하고 보강하는데 예산을 우선으로 배정하기가 어렵다. 따라서 대규모 보강 사업은 중앙정부의 지원 없이는 불가능하다.

감사원은 일부 지자체가 정밀 안전진단에서 D등급 판정을 받은 저수지를 내부 검토 과정에서 C등급으로 상향 조정한 사례를 적발했다. 이것은 "D등급 판정 시 즉각적인 보수·보강과 예산 확보, 사고 발생 시 행정 책임 부담" 때문이었다.

기능 상실 저수지의 용도 변경 검토 필요

한국농어촌공사 농어촌연구원 보고서에 따르면, 상당수 저수지가 본래 목적이던 농업용수 공급 기능을 유지하지 못하거나 효율이 현저히 낮은 것으로 나타났다. 기능 상실 원인은 〈표 3〉과 같이 세 가지로 정리된다.

〈표 3. 농업용 저수지의 기능 상실의 주요 원인 분석〉

핵심문제	상세 내용	관련 현상
① 용수 수요 상실 (용도 변경 필요성 증가)	농업용수 공급 기능(관개 기능)의 필요성 자체가 사라짐.	- 관개 면적 감소 (도시화, 산업화, 택지 개발로 인한 농경지 용도 변경), - 수리불능 구역 증가 (지형 변화, 시설 노후화로 인한 부분적 용수 공급 불가능)
② 수원 고갈 및 유효 기능 상실	저수지 본연의 기능(저수 능력)을 수행할 수 있는 자원이 부족해짐.	- 수원 부족 (상류 환경 변화, 지하수 사용 증가, 기후 변화/가뭄), - 퇴적 및 용량 감소 (장기간 준설 미실시로 인한 토사 퇴적 및 유효 저수용량 감소)
③ 안전 및 구조적 문제	시설물의 노후화로 인한 구조적 불안정성 증대.	- 안전 등급 저하 (노후 제방의 재해 위험 증가), - 개보수 지연 (경제성 문제로 인한 기능 유지의 걸림돌)

출처 : 기능상실 및 저활용저수지의 효율적 관리에 대한 연구(전상옥, 2017, 한국농어촌공사 농어촌연구원)

한국농어촌공사 농어촌연구원의 보고서(전상옥, 2017)에 따르면, 농업용수 공급 기능이 완전히 상실되었거나 지리적 위치상 재해 위험이 매우 높아 경제성 대비 안전성 확보 비용이 과도한 저수지에 대해서는, 농업용수 시설로서의 지정을 해제하고 용도를 변경하거나 폐지하는 방안을 검토해야 한다고 주장한다.

다목적 활용을 모색한다는 관점에서, 기능을 완전히 상실하지는 않았지만 농업용수 공급 수요가 감소한 저수지는 치수(홍수 조절)와 이수(생활용수 등), 친수(공원, 생태 습지) 기능 등을 추가해 지역 사회에 다목적으로 기여하도록 전환할 필요성을 강조하고 있다. 또한, 전수조사를 통해 기능을 상실한 저수지를 명확히 구분하고, 실제 위험성이 높은 저수지에 국가적 재해 예방 예산을 집중해 효율적인 안전 관리 체계를 구축하는 것이 중요하다는 견해도 제시했다.

용도 변경 추진 현황 및 제도적 고려사항

현재 중앙정부와 지자체는 "수혜 면적 50% 이상 감소"했거나 "농업용수 관리 필요성 저하" 또는 "시설 노후화/수질 오염이 심화된" 저수지에 대해 기능 상실 판정을 내리고, 그렇게 판정받은 저수지는 용도를 폐기하고 매립하거나 공공용지로 전환하고 생활체육공간을 조성하거나 공원화를 실시하는 사업을 시범적으로 진행하고 있다. 대표적 사례로는 공공 개발을 진행하고 생태 공원화시킨 경산 마위지와, 친수 공간을 조성하고 근린공원화한 광주 물빛근린공원, 폐저수지 부지를 생활 편의 시설로 조성한 부산 기장군이 있다.

농업용 저수지 정책과 관련해 국회, 전문가, 학계, 감사원, 국토안전관리원 등 여러 기관이 다양한 권고안을 제시하고 있다. "저수지 정책은 단순 정비사업이 아니라 국가 식량안보 및 기후재난 대응 전략의 차원에서 새롭게 설계되어야 한다", "전국 노후 저수지의 전수조사 및 용도 변화, 폐기 등 선제적 정책 전환이 필요하다", "노후 저수지 정밀 진단·시범 정비사업, 중·장기 용도 변경 계획, 농지법 개정을 통한 절차 간소화" 등이 입법 과제와 법률 개정안(특히 농지법)으로 국회에서 논의되고 있다.

저수지의 용도를 변경하기 위해서는 명확한 법적 근거를 마련하는 것이 필수적이다. 특히 「농어촌정비법」에 따른 농업생산기반시설 용도 폐지 절차를 거쳐야 하며, 이를 통해 농업 관련 법적 지위를 해제하고 시설의 폐지 및 용도를 변경하는 것을 제도적으로 뒷받침할 수 있다. 또한 저수지 부지는 국가 소유의 공유재산이므로, 「공유재산 및 물품 관리법」에 따라 행정재산을 일반재산으로 전환하고 처분하는 절차를 준수해야 한다. 이와 함께 수혜 주민의 의견을 수렴하고 동의 절차를 거치는 것과 동시에 환경 및 안전에 관한 제도적 검토도 병행되어야 한다.

저수지 용도 변경 전수조사 국고 지원 및 시범사업 시행

　노후 저수지의 안전을 확보하고 용도를 변경하는 것은 더 이상 지자체의 역량만으로는 감당하기 어려운 국가적 과제가 되고 있다. 특히 전수조사와 기능 재평가를 위한 재정적 뒷받침이 없이는 관리 사각지대를 해소할 수 없으며, 이에 따라 중앙정부가 직접적으로 예산을 지원해주고 단계적으로 시범사업을 추진하는 것이 시급하다.

　2025년 강릉시에서 식수원이 고갈되어 제한 급수가 시행된 사례는, 노후 저수지 용도를 변경할 때 비상 취수원이나 저류시설 기능을 추가 검토하는 것이 필요하다는 것을 보여준다. 극한 폭우가 잦은 지역은 퇴적토 발생으로 저수지 용량이 줄어들기 때문에, 갈수기 대책의 핵심인 저수 용량 복원도 함께 고려해야 한다.

　기초지자체 재정자립도(시 약 31.5%, 군 약 17.2%, 자치구 약 28.1%)를 고려하면, 지자체가 저수지 용도 변경 조사용역 비용을 배정하기 어렵다는 점에 대부분 동의한다. 또한 2024년 국토부 인프라 총조사에서는 8,100여 개 저수지의 안전 등급 데이터가 없다는 사실이 확인되었다. 따라서 중앙정부는 지자체 관리 저수지의 용도 변경 및 안전 등급 전수조사에 필요한 예산을 지원해야 한다. 예산 확보가 어렵다면 시범사업을 통해 순차적으로 확대하는 방식으로 추진할 수 있다.

나가면서

　지자체 관리 저수지가 지자체 고유사무(固有事務)라는 이유로 중앙정부가 용도 변경 조사용역 지원을 거부하는 논리는 더 이상 설득력을 갖기 어렵다. 기상이변 심화와 극한 호우로 인한 노후 저수지의 붕괴는 매년 막대한 사회적 손실을 초래하고 있으며, 그 후유증 또한 감당하기 어려울 만큼 크기 때문이다.

그런 면에서 저수지 관리와 용도 변경은 지자체 차원을 넘어 국가적 차원에서 대응해야 할 중대한 과제이다. 노후 저수지는 기상이변에 대비해 정비해야 할 노후 인프라의 단면일 뿐이다. 범국가적 차원에서 기후변화에 선제적으로 대비하기 위한 인프라 조사 및 정비를 서둘러야 할 시점이다.

먹고, 바르고… 세계로 뻗어가는 'K-물결'

오진주 기자

K-컬처 신드롬

2025년, 모든 것에 'K'가 붙었다. 불닭볶음면은 지구를 한 바퀴 돌아 80억 인구가 한 번씩 한국의 매운맛을 봤다. 영화 『케이팝 데몬 헌터스』에서 등장한 농심 신라면은 미국의 마트 선반에도 올라갔다. 할리우드 스타들의 파우치에는 한국 화장품이 자리 잡았다. 이제 한국인들도 'K' 열풍이 신기할 정도다.

20년 전 한류라는 말이 생겨나던 시기에는 한국인 역시 '한류'를 그리 높게 평가하지는 않았다. 한류는 일부 K-Pop 스타나 배우 정도에 한정된 유행이거나, 외국의 소수 마니아에게만 통하는 문화라 생각했다.
하지만 이제 'K'는 바르는 것부터 먹는 것까지, 전 세계인의 식탁과 거울, 미디어 소비 등 일상의 풍경을 바꿨다. 20년 뒤인 지금 이런 풍경이 가능해진 것은 그동안 우리가 쌓아온 제조력에 더해 혁신적인 마케팅이 바탕이 됐기 때문이다.

이제 과제는 '바이럴(입소문)'에서 시작된 'K' 열풍을 어떻게 이어갈 것인가다. 변화하는 글로벌 규제에 기민하게 대응하고, 'K' 접두어를 활용하는 범위를 넓혀 현지인의 생활에 깊숙이 침투하는 K-기업만이 글로벌 시장의 주인공이 될 수 있다.

K-뷰티, 화면 넘어 매대에 안착

2025년 한국 화장품은 'K-뷰티'라는 이름으로 무섭게 그 영향을 확장했다. 채널과 지역 모두 그 범위가 넓어지며 전 세계 어디에서나 K-뷰티 제품을 만날 수 있게 됐다.

우선 한국 화장품은 이제 온라인 화면을 넘어 오프라인 매장까지 진출했다. 온라인 플랫폼 '아마존'에서 판매 순위 상위권을 차지했던 K-뷰티 제품은 글로벌 오프라인 유통사의 러브콜을 받기도 했다.

'미국의 올리브영'이라고 불리는 '얼타뷰티(Ulta Beauty)' 매장에는 현재 30여 개의 한국 브랜드가 입점해 있다. '마녀공장'과 '메디힐', '티르티르'와 '스킨1004' 등 익숙한 K-뷰티 브랜드를 이제는 미국에서도 흔히 만날 수 있다.

저렴한 제품 뿐만 아니라, 중급 이상 브랜드 역시 인기다. 프리미엄 제품을 다루는 '세포라(Sephora)' 역시 한국의 화장품을 취급하고 있다. 아모레퍼시픽의 브랜드 '라네즈'는 2024년 세포라에서 스킨케어 부문 상위 3위에 오르기도 했다.

미국 뉴욕 맨해튼 얼타뷰티 매장 모습

랜딩인터내셔널 행사 모습

일상용품을 파는 '타깃(Target)'과 '코스트코(Costco)'의 매대 역시 한국 화장품이 차지했다. '아누아(Anua)'와 '마녀공장(ma:nyo)'은 타깃에서, '조선미녀(Beauty of Joseon)'와 '코스알엑스(COSRX)'는 코스트코에서 만날 수 있다.

K-뷰티를 원하는 지역도 넓어졌다. 일본과 미국 등 일부 국가에서만 볼 수 있던 한국 화장품은 이제 전 세계 워너비 브랜드가 되었다. 이제 유럽은 물론 중동과 아프리카에서도 한국 화장품을 볼 수 있다.

미국 '타깃' 매장에 입점한 마녀공장

'마다가스카르 센텔라'로 해외에서 더 인기인 '스킨1004'는 유럽과 인도에 이어 남아프리카공화국까지 진출했다. 외국인에게 더 익숙한 코스알엑스는 멕시코 등 라틴아메리카에서도 볼 수 있다. '조선미녀'와 '토리든(Torriden)' 등도 유럽에 진출하기 시작했다.

이런 현상은 급기야 외국인이 직접 K-뷰티 제품을 기획하는 단계로 넘어갔다. 독일 K-뷰티 브랜드 '예쁘다(Yepoda)'의 창업자는 외국인인 '샌더 준영 변 반 블라델'과 '베로니카 스트로트만'이다. 이들은 한국에서 만든, 한국어로 된 화장품을 유럽에서 판매한다. 신라시대 '화랑'과 '품(品)'을 조합해 만든 '화랑품(Hwarang)'의 창업자도 핀란드인 '엘리사 아혼파킴'이다.

얼타뷰티 멕시코 1호점에 입점한 토니모리

이 같은 확장세는 수치로도 증명된다. 2025년 1~3분기 화장품 수출액은 85억 달러로, 지난해 같은 기간보다 14.9% 증가해 역대 최대치를 기록했다. 2023년 한 해 동안 달성했던 수출액을 2025년에는 9개월 만에 넘어섰다. 수출액은 2024년에 102억 달러로, 이미 한국 화장품 수출은 100억 달러를 돌파했다.

〈표1. 매년 1~3분기 누적 화장품 수출액〉

2021년	2022년	2023년	2024년	2025년(잠정)
68억	60억	62억	74억	85억

단위:달러 / 자료:식품의약품안전처

〈표2. 연도별 화장품 수출액〉

2012년	2013년	2014년	2015년	2016년
10억7000만	12억8000만	18억	25억9000만	41억8000만
2017년	2018년	2019년	2020년	2021년
49억4000만	62억6000만	65억2000만	75억7000만	91억8000만
2022년	2023년	2024년		
79억5000만	84억6000만	102억		

단위:달러
자료:식품의약품안전처

독일 K뷰티 브랜드 '예쁘다' 핀란드 K뷰티 브랜드 '화랑품'

특히 2024년, 미국 시장에서 K-뷰티 제품은 처음으로 프랑스 제품을 제치고 화장품 수입국 1위를 차지했다. 실제 2025년 1~3분기, 한국 화장품이 가장 많이 수출된 국가는 16억 7000만 달러를 기록한 미국으로 15억 8000만 달러를 기록한 중국을 넘어섰다.

〈표3. 국가별 화장품 수출액 순위 변화〉

___2024년 1~3분기___				___2025년 1~3분기(잠정)___			
순위	국가	수출액	점유율	순위	국가	수출액	점유율
1위	중국	17억8300만달러	24.2%	1위	미국	16억7000만달러	19.7%
2위	미국	14억1400만달러	19.2%	2위	중국	15억7700만달러	18.6%
3위	일본	7억4200만달러	10.1%	3위	일본	8억1900만달러	9.6%
4위	홍콩	3억9100만달러	5.3%	4위	홍콩	4억400만달러	4.7%
5위	베트남	3억8400만달러	5.2%	5위	베트남	3억4000만달러	4.0%
6위	러시아	2억9200만달러	4.0%	6위	러시아	3억3000만달러	3.9%
7위	대만	2억600만달러	2.8%	7위	대만	2억4400만달러	2.9%
8위	태국	1억6700만달러	2.3%	8위	폴란드	2억400만달러	2.4%
9위	아랍에미리트	1억1900만달러	1.6%	9위	아랍에미리트	1억9000만달러	2.2%
10위	싱가포르	1억1600만달러	1.6%	10위	태국	1억100만달러	1.2%

자료:식품의약품안전처

K-뷰티, '정점'이 아닌 '정착'

　무서울 정도로 높아지고 있는 K-뷰티 인기 때문에, 정점을 찍은 후 하락하는 '피크아웃'이 오는게 아니냐는 우려도 있다. 하지만 시장에서는 아직 피크아웃은 이르다고 판단하고 있다. 아직 K-뷰티를 체험하지 못한 수요도 많을 뿐만 아니라, 기초 화장품을 넘어 색조 화장품과 생활용품으로 카테고리가 늘어날 수 있어 그 확장성도 뛰어나기 때문이다.

　이런 인기는 단순히 바이럴을 일으킨 소셜미디어(SNS) 'Tik-Tok' 때문만은 아니다. 지난 20년 동안 생활·소비재 산업을 분석해 온 뷰티업계 대표 애널리스트 박종대 메리츠증권 연구위원은 지금의 현상을 '순회공연 중'이라 표현한다. 이미 10~20년 전 한국에서 '히트'를 친 제품이 중국과 일본을 거쳐 미국 등 서구권에서 주목받고 있다는 의미다.

　20여 년 전 경제 위기를 겪으며 '가성비' 경쟁을 한 뷰티업계는 스스로 뷰티 생태계를 구축하게 됐다. '한국콜마'와 '코스맥스' 같은 제조사개발생산(ODM) 기업들은 연구·개발을 통해 글로벌 기업으로 거듭났고, 제품 브랜드 업체는 톡톡 튀는 아이디어로 상품을 기획하는 경쟁력을 갖추게 됐다. 분석하자면, 이 선순환 구조가 지금의 한류와 만나 폭발적인 시너지를 내고 있다는 판단이 선다.

　뷰티업계에서는 '2026년, K-뷰티가 전 세계 매장의 메인 매대를 노려야 한다'고 말한다. Estée Lauder를 상징하는 '갈색병'처럼, 누구나 떠올리는 세계적인 인지도를 갖춘 K-뷰티 브랜드가 탄생해야 하다는 것이다. K-뷰티는 일시적 인기를 누리는 것이 아니라, 그동안 쌓아온 기술과 혁신적인 마케팅 역량의 결과물로 리빌딩된 영속적인 브랜드임을 입증해야 할 때가 됐다.

전 세계 인구가 맛본 '불닭볶음면'

　2025년 식품업계는 바다를 건넜는지 안 건넜는지에 따라 명암이 엇갈렸다. 호기심에 한 번 맛보는 것으로 끝날 것 같았던 '불닭볶음면'은 2012년 출시 이후 2025년 상반기까지 80억 개 이상 판매됐다. 전 세계인이 한 번씩은 먹어본 셈이다.

불닭볶음면

까르보불닭 소녀팬

농심은 동영상 플랫폼(OTT) 넷플릭스 인기 애니메이션 영화『케이팝 데몬 헌터스(케데헌)』의 등에 올라탔다. '케데헌 한정판 신라면'은 판매를 시작한 지 100초 만에 완판되기도 했다.

케데헌 신라면

라면에서 그칠 것 같던 K-푸드 열풍은 김밥과 떡볶이 등 우리가 늘 먹는 평범한 메뉴로 퍼졌다. Tik-Tok에서 한국계 미국인이 냉동김밥을 먹는 모습은 조회수가 폭발하며, 미국 일부 매장에서는 냉동김밥 구매 개수를 제한하는 촌극이 벌어지기도 했다. 항아리 모양의 '바나나맛 우유'는 한국을 찾는 외국인이라면 꼭 맛봐야 하는 먹거리가 됐다.

이 또한 숫자로 증명된다. 한국농수산식품유통공사(aT)에 따르면, 2025년 농수산식품 수출액은 9월 29일 기준 100억 달러를 넘겼다. 수출액이 9월 중 100

억 달러를 넘긴 것은 처음이다. 2024년 100억 달러 달성 시점인 10월 17일보다도 이르다.

〈표4. 농수산식품 수출액 100억달러 달성 시점〉

2024년	10월 17일
2025년	9월 29일

자료:한국농수산식품유통공사(aT)

K-푸드에서도 미국 시장은 두드러졌다. 수출된 100억 달러 중 미국 수출액은 17억 2400만 달러로, 2024년 같은 기간 대비 15.3% 늘어나 1위를 차지했다. 품목은 역시 미국과 유럽 등에서 인기 있는 라면이 11억 1600만 달러로 가장 많았고, 8억 7700만 달러를 판매한 김과 1억 2500만 달러를 판매한 김치 역시 수출액이 늘었다.

〈표5. 2025년 1~3분기 지역별 농수산식품 수출액〉

순위	지역	수출액	2024년 1~3분기 대비 증가율
1위	미국	17억2400만달러	15.3%
2위	유럽	7억7200만달러	15.8%
3위	CIS(러시아 및 구소련 국가들)	4억6100만달러	5.6%
4위	GCC(중동지역)	2억9600만달러	9.6%

자료:한국농수산식품유통공사(aT)

〈표6. 2025년 1~3분기 식품 품목별 수출액〉

순위	품목	수출액	2024년 1~3분기 대비 증가율
1위	라면	11억1600만달러	24.7%
2위	김	8억7700만달러	14.1%
3위	소스류	3억1500만달러	9.2%
4위	김치	1억2500만달러	3.2%

자료:한국농수산식품유통공사(aT)

반면 내수에 집중하는 식품사들은 고전을 면치 못했다. 2025년 상반기 매출 1조 원이 넘는 식품사 중, 매출과 영업이익이 모두 증가한 곳은 수출을 활발하게 하는 삼양식품과 오리온, 대상 등 3곳에 불과하다. 나머지는 둘 다 하락했거나, 매출이 올라도 영업이익이 떨어지며 실속을 챙기지 못했다.

〈표7. 2025년 상반기 주요 식품사 실적〉

	매출	영업이익
CJ제일제당 (CJ대한통운 제외)	8조6849억 (-1.03%)	4814억 (-9.51%)
대상	2조2064억 (5.13%)	980억 (6.52%)
롯데웰푸드	2조394억 (2.22%)	507억 (-49.60%)
롯데칠성음료	1조9976억 (-1.89%)	873억 (-10.00%)
오뚜기	1조8227억 (4.59%)	1025억 (-23.96%)
농심	1조7607억 (1.59%)	962억 (-8.38%)
SPC삼립	1조6383억 (-2.48%)	248억 (-44.02%)
풀무원	1조6326억 (4.50%)	308억 (-5.23%)
오리온	1조5789억 (7.58%)	2528억 (2.43%)
삼양식품	1조820억 (33.56%)	2540억 (49.85%)

단위:원 / 자료:각 사   *괄호 안은 전년 동기 대비 증감률

가장 큰 영향을 미친 것은 원재료 가격이다. 재료의 대부분을 수입에 의존하는 국내 식품사들은 소비 침체 직격탄을 맞았다. 여기에 인건비 상승과 안전사고까지 겹치면서, 국내에서 활동하는 식품사들에게는 악조건만 남았다.

K-푸드, '특별식' 아닌 '메뉴'가 되다

2026년, 이제 K-푸드는 특별한 경험을 해보고 싶을 때 먹는 '특별식'이 아니라, 언제든 세계인의 식탁 위에 오르는 '메뉴' 단계로 올라서야 할 때다. 중국 음식이 어느 지역에 정착하느냐에 따라 '아메리칸 차이니즈'가 되기도 하고, '인디

언 차이니즈'가 되기도 하는 것처럼, K-푸드도 세계 음식의 기준이 되어야 한다.

이를 현실화하기 위해 식품사들은 바쁘게 움직이고 있다. 특히 일부 기업은 현지인이 각자 입맛에 맞게 한식을 즐길 수 있도록 소스를 개발해 침투하려는 노력을 하고 있다. 현지 요리사나 가정에서 한식 소스를 이용해 요리를 만드는 '메뉴화'가 돼야 K-푸드가 하나의 문화 카테고리가 될 수 있다 판단했기 때문이다. 삼양식품은 불닭볶음면 소스를 전 세계에 알리는 캠페인을 진행했고, 대상은 빵에 잼처럼 발라 먹을 수 있는 '김치 스프레드'를 선보였다.

불닭소스 광고 / 김치스프레드

해외 현지에 공장을 만들기도 한다. 현지 식재료로 가장 현지화한 한식을 선보일 수 있기 때문이다. CJ제일제당은 8000억 원을 들여 미국 사우스다코타와 유럽 헝가리에 새 공장을 짓기로 했다. 대상은 유럽 거점으로 폴란드를 낙점하고 공장을 짓고 있다. SPC그룹도 미국 텍사스에 2027년 완공을 목표로 공장 착공에 들어갔다.

CJ제일제당 유럽 헝가리 공장 / SPC 파리바게뜨 미국 공장

3부

건설·부동산 기상도

3부 건설·부동산 기상도

[건설산업 중기 수주 트렌드]
실버·모듈러·데이터센터… 10대 미래 동력 잡아라!

[건설경기]
금리·정책·경기 변수… 제한적 반등 가능성

[부동산시장]
지역·가격대별 양극화… '선별적 강세장' 재편

[도시정비]
한강벨트 호재… 서울, 정비사업 물량 쏟아진다

[공공건설]
안전·공사비·미분양… 62조 역대급 예산의 그늘

[해외건설]
수주 500억달러 달성, 전력 플랜트가 빛줄기

[민자·엔지니어링]
침체일로 민자시장, 활성화 기로

[건축설계·CM]
규제 강화-기회 확대… 명암 교차

[건자재]
불황 장기화… 구조적 대전환의 시간

[건설기술]
설계부터 유지관리까지… AI로 진화

실버·모듈러·데이터센터…
10대 미래 건설 동력 잡아라

박철한 한국건설산업연구원 연구위원

건설산업 중기 수주 트렌드

 국가 경제와 사회 발전의 기반이 되는 핵심 인프라를 구축하는 것이 건설산업의 본질이다. 그러나 최근 구조적 문제로 그 성장 잠재력은 약화되었다. 생산성의 정체와 기술 혁신 부진, 안전사고와 품질의 문제, 비효율적인 산업 구조와 인력 수급 불균형 등은 건설산업의 지속 가능한 발전을 저해하는 요인으로 지적된다.
 이에 따라 여기서는 2025년부터 2040년까지의 건설시장 규모를 공종별·시기별로 전망하려 한다. 급격한 사회·경제·기술적 변화 속에서 건설산업이 직면할 도전과 기회를 살피며, 향후 정책 및 산업 전략 수립에 기초 자료를 제공하는 것을 목표로 했다.

건설 산업의 미래 성장 동력

10대 미래 건설 성장 동력은 사회 및 인구 구조의 변화, 기술 발전, 가치 전환이라는 건설산업뿐 아니라 사회 및 국가 전반의 세 가지 핵심 구조 변화 축을 중심으로 도출한 것이다. 이를 통해 세부 공종별로, 그것이 각 분야에 미치는 영향을 반영했다.

급속한 저출산과 고령화에 따른 인구의 구조 변화는 노동 인구 감소로 인해 생산성이 저하되고, 경제 성장 역시 둔화되며, 세대 간 부양 부담의 증가 등을 초래한다는 예상이다.

〈표1. 3대 구조 변화의 주요 양상〉

1. 사회·인구 변화	2. 기술 발전	3. 가치 전환
• 초고령사회 진입 • 저출산·인구 감소 • 1인 가구 증가 • 도시 집중화 및 인구 편중 • 노동력 부족 및 외국인 노동자 의존도 확대 • 세대 간 격차 심화 • 지역 소멸과 지방 인구 감소 • 인구 이동성 강화(이주 및 이동 빈도 증가) • 사회 안전망 강화 필요성 • 인구 구조 다변화 (다문화 사회 확산)	• 인공지능(AI) 고도화 • 6G 통신망 보편화 • 자동화 및 로봇 공학 발전 • 스마트 건설 및 디지털 트윈 • 친환경·탄소 저감 기술 • 자율주행 및 모빌리티 혁신 • 블록체인과 디지털 분산 기술 • 증강현실(AR)·가상현실(VR) 융합 • 에너지 저장 및 재생에너지 기술 혁신	• 지속가능성 및 ESG 경영 강화 • 삶의 질과 웰빙 중시 • 공유 경제와 협력적 소비 확산 • 개인 맞춤형 서비스 및 경험 가치 • 디지털 윤리와 프라이버시 강화 • 사회적 책임과 공정성 중시 • 환경 보호와 기후 행동 강화 • 공동체 의식 및 포용성 증대

기술의 발전은 건설산업의 모든 영역에서 혁신을 끌어냈다. 기술의 발전은 낮은 생산성을 비약적으로 높일 수 있을 뿐만 아니라 자원의 낭비를 줄이고 프로젝트의 비용을 절감하며, 친환경 건설에도 중요한 역할을 할 수밖에 없다. 디지털 데이터를 사용하는 것이 가속화되면서 스마트 건설은 새로운 비즈니스 기회를 창출하는 데 일조하고 있다.

가치 전환은 전 세계적으로 지속가능성과 ESG(환경, 사회, 지배구조)에 대한 논의가 활발해지고 사회적 관심이 늘어남에 따라 산업 전반 가치 체계가 재편되고 있으며, 지속가능한 건설을 위한 패러다임 전환이 가속화될 것이다.

이러한 기반에서, 3대 구조 변화와 관련해 건설산업과 연관된 복합적인 변화 트렌드로 '10대 미래 건설 성장 동력'을 선정했다. 이는 미래 수요에 영향을 미칠 요인으로 볼 수 있다.

각각의 미래 건설 성장 동력이 사회·인구 변화, 기술 발전, 가치 전환 중 어떤 구조 변화 트렌드의 영향을 받았는지, 그리고 주거·비주거·토목 중 어느 공종과 연관되어 있는지 〈표 2〉에 정리했다.

〈표 2. 10대 미래 건설 성장 동력과 3대 구조변화 간 관계 도식〉

번호	10대 미래 건설 성장 동력	3대 구조 변화			공종		
		사회 인구 변화	기술 발전	가치 전환	주거	비주거	토목
1	고령 친화적 건축 수요 증가	○			○	○	
2	지역 사회 기반의 커뮤니티 중심 건축 수요 증가	○		○	○	○	
3	대도심 맞춤형 개발 수요 증가	○			○	○	
4	도시 연계 시설 강화	○				○	○
5	스마트 홈, 스마트 빌딩, 스마트 인프라 확산		○		○	○	○
6	친환경·에너지 절감형 건축 수요 증가		○	○	○	○	○
7	모듈러 등 탈현장 공법 활용 증가		○	○	○	○	○
8	데이터센터, 물류센터, 발전소 수요 증가		○			○	
9	기후 변화·재난 대응을 위한 인프라 수요 증가		○	○			○
10	장수명주택 수요 증가	○	○	○	○		

2025년 초고령사회 진입으로 인해 고연령 인구에게 보다 친화적인 주거의 수요가 증가할 것으로 보여 첫 번째로 '고령 친화적 건축 수요 증가'를 꼽았다. 이로 인해 안전설비가 강화된 주택과 의료, 편의시설 접근성 등 여러 가지로

영향을 미칠 전망이다. 1~2인 가구의 증가로 소형·고효율 주택 수요도 늘고 있으며 해외처럼 의료와 돌봄, 커뮤니티를 결합한 은퇴자 복합단지(CCRC)와 대학 연계형 주거 모델 역시 국내에도 확산될 전망이다. 또한 의료와 요양, 재활시설과 복지, 헬스케어 복합단지 수요가 증가하며 도시의 인프라 개선에 영향을 미칠 것으로 보인다.

두 번째로 꼽은 것은 '지역사회 기반의 커뮤니티 중심 건축 수요 증가'이다. 이는 미래 주거와 비주거용 건축 시장에 영향을 미친다. 이는 주민 삶의 질이 올라가는 동시에 지역 경제와 환경에 긍정적인 영향을 끼치며 상업과 문화, 교육 기능을 결합한 복합 비주거 건축 역시 지역 활성화에 기여할 것으로 예상된다. 이는 서울 홍대 복합문화센터, 여수 엑스포 아일랜드, 부산진역 개발 등 사례처럼 지역 경제와 일자리 창출에 효과적이며, 향후 거점 도시화와 기술 발전, 정책 지원 등으로 수요가 늘 전망이다.

세번째는 '대도심 맞춤형 개발 수요 증가'이다. 이는 주거용과 비주거용 건축 시장에도 영향을 미칠 것으로 예상된다. 대도심은 공간이 한정된 만큼 신규 택지보다 재건축과 재개발 중심 고밀도 개발이 확대될 전망이다. 1~2인 가구 증가와, 첫번째로 언급한 '고령 친화적 건축 수요 증가' 추이가 함께 해 소규모 맞춤형 주택과 공유주거, 주거·상업·업무·숙박이 융합된 복합 건축 수요 역시 늘어나리라 예상된다. 노후 아파트 재건축과 구도심 복합개발, 소규모 재생사업이 활발해지며 유연한 설계와 커뮤니티형 셰어하우스, 고급 주거 등 다양한 맞춤형 주택이 공급될 것으로 보인다.

비주거용 건축 시장과 토목 건설 시장에 영향을 미치는 네 번째 요소로 '도시의 연계 시설 강화'를 꼽았다. 미래에는 인구 구조가 변화하면서 대도시 - 외

곽 간 이동 수요가 증가하며, 광역 교통망을 확충하는 것은 필수가 될 것이다. GTX 사업과 경부고속도로 지하화, 지하 복합 환승센터 등 대규모 인프라가 추진되며, 지하 물류 터미널과 주차장 개발 등으로 교통 혼잡이 완화되는 동시에 물류 효율 역시 올라갈 것이다. ICT 기반 교통·물류 통합 시스템 도입 역시 가속화되면서 도시 공간을 활용하고 교통 효율성 역시 강화될 전망이다.

다섯 번째로 '스마트 홈, 스마트 빌딩, 스마트 인프라 확산'도 가속화 될 것이다. 이는 건축과 토목 등 모든 건설 시장에 영향을 미칠 것이다. 4차 산업혁명과 기술 혁신으로 스마트 인프라 확산이 가속화되는 가운데, AI·IoT 기반 건축물은 편의성과 안전성, 에너지 효율을 동시에 제공하는 동시에 유지보수가 예측 가능해지며, 스마트 에너지 관리와 생체인식 시스템, 보안·재난 대응 시스템 역시 확대될 것이다. 디지털 트윈과 빅데이터 분석을 통해 운영을 최적화 할 수도 있고 스마트 도로·물류·상하수도 등 인프라 수요 역시 증가하리라 본다. 이러한 변화 흐름에 맞춰 정부는 2024년부터 2028년까지 '스마트도시 종합계획'을 통해 지속가능 모델, AI·데이터 기반 인프라, 민간 생태계 조성, 해외 진출을 추진할 전망이다.

여섯 번째 '친환경·에너지 절감형 건축 수요 증가'는 건축과 토목 건설 시장에 영향을 미칠 것으로 전망된다. 기술 발전과 기후 변화 대응, ESG 강화와 환경 규제 확대 등으로 인해 친환경·에너지 절감형 건설 수요가 급증하고 있다. 고성능 단열재와 태양광 활용 등 패시브하우스 기술이 확산되고, 탄소중립 건축물과 재생에너지 자립 시스템 도입이 늘어나며 저탄소·재활용 자재 개발이 활발해질 것으로 예측하고 있다. 기업은 친환경 플랜트 투자로 에너지를 절감하며 규제 대응을 추진할 것이다. 창호·단열 개선·태양광 설치 등 그린 리모델링 수요가 확대되는 가운데 국제·국내 표준 정립과 함께 정부의 체계적인 지원이 수반될 것으로 예상된다.

일곱번째, 모듈러 등 탈현장 공법(OSC) 활용 역시 증가할 것이다. 이는 공장에서 건축 부재를 제작한 후 현장에서 조립하는 방식으로, 공사 기간을 단축하는 동시에 품질을 올리고 안전성을 강화하며 폐기물을 절감하는 등 장점이 있다. 이러한 건설 방법은 건설 생산에 긍정적인 변화를 이끌어낼 것이다. 국내 시장은 2023년 8,000억 원 규모로, 2030년 최대 4.4조 원까지 성장할 전망이며, BIM·3D 프린팅·로봇 시공·디지털 트윈 등 기술 발전이 맞춤형·정밀 시공을 가능하게 할 것으로 보인다.

여덟번째로 데이터센터와 물류센터, 발전소 수요 역시 증가할 것이다. 이는 최근 IT 기술 발전의 결과로, 향후 미래 건설 시장에서 관련 상품으로 인한 변화가 더욱 확대될 전망이다. 데이터센터와 물류센터, 발전소의 수요 역시 기술 발전과 디지털화로 급증하고 있다. 국내 데이터센터 시장은 2018년 2.42조 원에서 2023년 4.29조 원으로 성장했으며, 5G·AI·IoT가 확산하면서 지속해 확대될 전망이다. 도심형·스마트 물류센터는 'e커머스 성장'과 '즉시 배송 수요'로 고밀도·자동화 설비 중심으로 늘어나고 있다. 전기차·AI 확산으로 전력 수요가 증가해 2038년까지 10.6GW의 신규 설비가 필요할 것으로 예상되며, 태양광·풍력·수소 등 친환경 발전소 건설도 확대될 것이다.

아홉번째로, 기후 변화와 재난 대응을 위한 인프라 수요 역시 증가하리라 예상된다. 이는 인프라 성능 개선과 함께 필요한 기술적 발전과 병행될 것이며, 기후 변화로 폭염·홍수·태풍 등 재난이 빈발해지는 가운데 내구성·재난 대응 건축 수요는 증가할 것이다. 내진·내풍 설계, 물 관리 기술 강화와 함께 스마트 센서·빅데이터 기반 방재 시스템을 도입하려는 노력이 확산 중이다. 서울시는 스마트 방재, 빗물 저류조·펌프장 설치 등 치수 대책에 3조 원을 투입했으며, 환경부는 6.4조 원 규모를 투자해 기후 대응 댐 14곳을 추진할 계획이다. 노후 SOC의 25% 이상이 30년을 경과한 만큼, 유지보수와 성능 개선 사업 역시 확대될 전망이다.

마지막, 열 번째로, '장수명 주택 수요 증가' 역시 예측 가능하다. 이는 미래 주택뿐만 아니라 비주거용 건축 시장에도 변화를 가져올 것으로 보인다. 장수명 주택은 구조 내구성과 유지·보수가 용이하도록 해 오래 사용할 수 있도록 설계된 주택으로 환경 부담이 줄며 주거비를 절감하는 효과 역시 크다. 인구 고령화가 심화되면서 고령자에게 안전하고 편리한 주거 환경을 제공하는 것이 필수가 될 것이며, 일본 등 선진국 역시 이에 적극 대응 중이다. 장수명 주택은 접근성과 안전성, 친환경성과 유연한 공간 활용을 핵심으로 하며, 스마트홈 기술과 에너지 절감 기술을 접목해 지속가능한 주거 모델로 발전하고 있다. 단기 철거를 줄이고 자원 낭비와 탄소 배출을 최소화해 경제적·환경적 이점 역시 크며, 고령자의 자립 생활 지원으로 사회적·경제적 부담 완화 역시 기대된다.

2040 건설 수주 아웃룩(OUTLOOK)

경제성장률과 인구 구조 변화, 사회적 변수 등을 종합적으로 고려해 2025년부터 2040년까지 중장기 건설 수주를 전망한 결과, 연평균 성장률은 2025~2030년 2.4%, 2030~2035년 3.7%, 그리고 2035~2040년 3.1%로 예상할 수 있다. 2040년에는 건설 수주 규모가 304.7조 원에 이를 것으로 전망된다.

2025~2030년 건설 수주 연평균 성장률은 부동산 PF 리스크, 급등한 공사비 등의 영향으로 과거에 비해 낮은 수준을 보일 것이다. 2030년에는 명목 기준으로 2022년 수주 규모를 회복할 것으로 보이나, 물가 상승을 반영한 실질 기준으로는 2020년 수준의 약 90%에 그칠 것으로 전망된다.

2030~2035년에는 부동산 PF 문제가 해소되고, 가덕도 신공항과 용산 국제업무지구 등 대형 사업들이 본격적으로 진행되면서 건설 수주 성장률이 높아질 것으로 예상된다. 2035~2040년에는 SOC 투자 감소 등으로 건설 수주의 증가세가 다시 다소 둔화될 가능성이 있다.

〈그림 1. 전체 건설 수주 중장기 전망〉

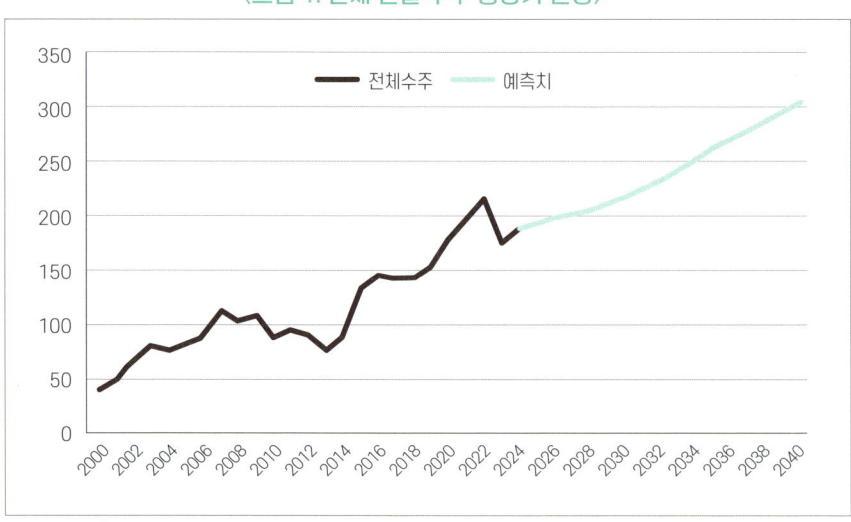

단위 : 조원 / 자료 : 통계청 건설경기동향조사

2025~2030년 동안 주택 수주는 연평균 2.7% 성장해 2030년 98조 원에 이를 것으로 전망되며, 2030~2035년에는 부동산 경기 회복으로 연평균 4.0% 성장해 2035년 119.2조 원을 기록, 2035~2040년에는 연평균 3.6% 성장해

2040년 142.1조 원에 도달할 것으로 전망된다. 주택은 인구 구조 변화에 크게 영향을 받으며, 인구 감소와 가구 수 증가 둔화로 중장기적으로 수주 증가율이 둔화될 전망으로, 총인구와 가구 수 감소가 신규 주택 수요 약화 요인으로 작용할 것으로 예상된다.

2022년 역대 최대였던 국내 주택 수주는 2023년 부동산 침체와 금리 상승으로 66.3조 원으로 감소했다가 2024년 82.3조 원으로 일부 회복했다. 높은 공사비와 지방 미분양 누적, 부동산 PF 부실 사업장 정리 등으로 단기적 수주가 증가하는 것은 어려우며, 경기가 회복될 때 수주 역시 성장할 전망이다.

중장기 전망 결과, 2025~2030년 주택 수주는 연평균 2.7% 성장해 2030년 98조 원에 이를 것으로 예상된다. 3기 신도시 등 주택 공급 확대가 성장에 기여하나, 물가 상승을 고려한 불변가격 기준 성장률은 0.8%로 경제성장률을 밑돌 전망이다. 2030~2035년에는 부동산 경기 회복으로 연평균 4.0% 성장해 2035년 119.2조 원을 기록하며, 불변가격 기준 성장률은 1.9%로 경제성장률과 유사한 성장률을 기록할 전망이다.

2035~2040년에는 연평균 3.6% 성장해 2040년 142.1조 원에 도달할 것으로 추측한다. 다만, 가구 수 증가율 둔화로 성장세는 다소 완화되고, 불변가격 기준 성장률은 1.2%로 경제성장률보다 낮아질 전망이다.

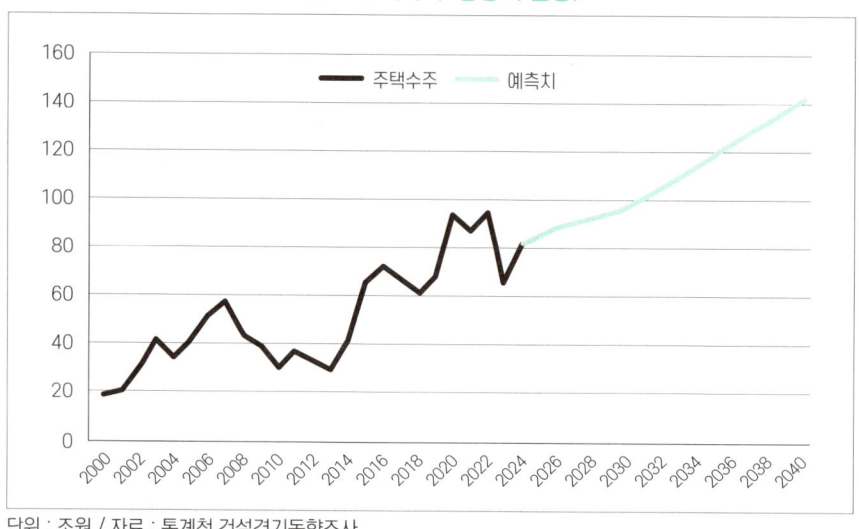

〈그림 2. 주택 수주 중장기 전망〉

단위 : 조원 / 자료 : 통계청 건설경기동향조사

비주거용 건축 수주의 경우, 2025년 47.9조 원에서 연평균 2.2% 성장해 2030년에는 53.4조 원에 이를 것으로 예상된다. 2030~2035년 연평균 4.2% 성장해 2035년 65.4조 원에 도달할 것으로 예상하며, 2035~2040년에는 연평균 3.6% 성장해 2040년 78.1조 원을 기록할 것으로 전망된다.

국내 비주거용 건축 수주는 2022년 72.4조 원으로 최대치를 기록했으나, 2023년 부동산 경기 침체로 50.5조 원, 2024년 48.3조 원으로 2년 연속 감소했다. 중장기 전망에 따르면 국내 비주거용 건축은 2025년 47.9조 원에서 연평균 2.2% 성장해 2030년 53.4조 원에 이를 것으로 예상되나, 물가 반영 불변 가격 기준 성장률은 0.3%로 낮은 수준을 기록할 것으로 보인다. 이는 PF 부실 해소와 신규 투자 재개가 늦어지고, 미국 보호무역 강화로 제조업 공장의 수요 둔화가 영향을 미치기 때문이다.

2030년 이후에는 3기 신도시와 가덕도 신공항 배후단지, 용산 국제업무지구 등 대형 프로젝트가 본격화되며 2030~2035년에는 연평균 4.2% 성장해 2035

년 65.4조 원에 도달할 것으로 전망하고 있다. 불변가격 기준 성장률은 2.1%로 경제성장률을 소폭 상회할 것으로 추측되며 2035~2040년에는 연평균 2.8% 성장해 2040년 78.1조 원에 이르나, 불변가격 기준 성장률은 1.2%로 완만한 증가세를 보일 것으로 예상된다.

<그림 3. 비주거용 건축 수주 중장기 전망>

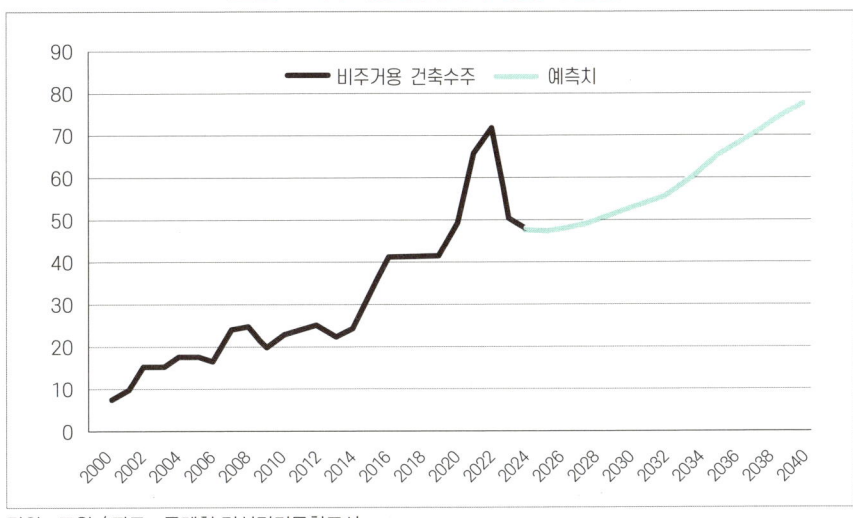

단위 : 조원 / 자료 : 통계청 건설경기동향조사

토목 수주의 경우, 2025~2030년 연평균 2.1%, 2030~2035년 3.0%, 2035~2040년 2.0% 성장하며 2040년에는 84.5조 원에 이를 것으로 예상된다. 2025년 국내 토목 수주는 59.6조 원으로 예상되며, 연평균 2.1% 성장해 2030년 토목 수주는 66.0조 원에 도달할 것으로 전망된다. 다만, 물가 반영 불변가격 기준 성장률은 0.2%로 낮은데, 이는 공공주택 중심 재정 투입, 민간 투자 지연의 영향 때문이다. GTX-A·B 노선과 철도 지하화 시범 프로젝트가 관련 수주 증가를 견인할 것으로 보이며, 2030년 이후 연평균 3.0% 성장해 2035년 76.4조 원에 도달할 것으로 예상된다.

가덕도 신공항 배후 도로·철도, GTX-C, 원전 및 신재생에너지 발전 수주의 확대로 불변가격 기준 성장률은 2.1%를 기록할 것으로 전망된다. 2035년부터 2040년까지는 연평균 2.0% 성장해 84.5조 원에 달할 것으로 예상하는데, 이 시기에는 도로·철도 SOC 조정과 함께 기후 변화 대응 댐·치수 사업, 방파제 등 항만 시설, 노후 시설물 교체 및 리뉴얼 수요가 증가할 것으로 전망된다.

〈그림 4. 토목 수주 중장기 전망〉

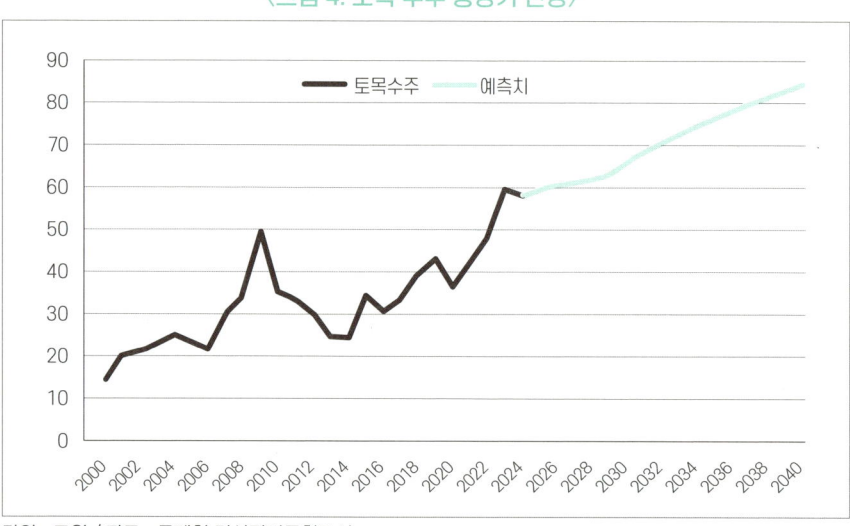

단위 : 조원 / 자료 : 통계청 건설경기동향조사

2040 건설수주 세부공종별 OUTLOOK

세부공종 기준은 통계청 『건설경기동향조사』의 17개 분류를 12개(주택, 사무실 및 점포, 공장 및 창고, 병원·학교·관공서 및 기타, 도로 및 교량, 철도 및 궤도, 항만 및 공항, 기계 설치, 발전 및 송전, 상하수도, 토지 조성 및 조경공사, 댐·치산치수·농림 및 기타)로 통합해 미래 수주 변화 요인을 긍정·중립·부정으로 나누어 제시했다.

⟨표 3. 세부 공종별 미래 수주 변화 요인(2025-2040년)⟩

공종	세부 공종	주요 변화 요인		
		긍정	중립	부정
	주택	· 정부의 주택공급 정책과 3기 신도시 건설	· 수도권 재건축 및 재개발 수요 증가, 지방 중소도시 신규 주택 수요 감소	· 인구 감소 추이 및 가구 수 증가 둔화 · 높은 공사비, 미분양 누적, 부동산 PF 부실 문제, 대출 규제
비주거용 건축	공장 및 창고	· 조선업 중장기적 빅사이클 진입에 따른 관련 수요 증가 · 2차전지 등 차세대 배터리 시장 성장에 따른 설비 수요 증가		· 트럼프 관세정책 등으로 국내 투자 둔화
	사무실 및 점포	· 금리 인하 및 부동산 시장 회복, 1~2인 가구 증가로 오피스텔 수요 회복 · 용산 국제업무지구, 가덕도신공항 배후단지 등 대형 상업지구 개발		· 향후 1~2년 PF 재구조화 문제로 인한 사업 지연
	관공서 및 기타	· 국토균형 발전 위한 공공과 산업 기능의 지속적 지방 분산 · 노후 건축물 리뉴얼 수요	· 인구 감소에 따른 신규 건설보다는 복합청사 공사 및 리모델링 공사 수요	· 정부의 한정적인 재원
토목	도로 및 교량	· 도로 화물 수송 수요 증가 전망 · 노후도로 비중 확대에 따른 유지보수 수요 증가	· 국가간선도로망 체계 개편을 통한 이동성 강화 및 광역수요 반영 목표	· 2025년 이후 승용차 수송 수요 감소 전망 · SOC 스톡 고속국도 연장 증가율 둔화 및 일반국도 연장 감소 전망
	철도 및 궤도	· 주요 도시 2시간대 이동 가능한 고속철도·광역급행철도 구축 목표 · 수출입 증가, 비대면 전환 등으로 철도 화물 수송 수요 지속 증가 전망 · 탄소중립 추진, 대량 수송 가능한 철도 분야 투자 우선 정책	· 일반철도 및 지하철 수송 수요 소폭 증가, 고속철도 수송 수요 감소 전망	

1) 통계청의 국가승인통계인 『건설경기동향조사』는 전체 기성액의 약 54%를 차지하는 약 990개 건설업체(2024년 기준)를 대상으로, 공사 종류별 수주액을 조사하여 발표하는 통계로서, 세부 공종별 데이터 활용이 가능하다는 점에서 정부를 비롯한 각종 법정계획 수립 시 주요한 기초자료로 활용된다.

공종	세부 공종	주요 변화 요인		
		긍정	중립	부정
토목	공항 및 항만	· 국제 항공 및 해운 화물 수송 수요 지속 증가 전망 · UAM(도심항공교통) 등 첨단 교통수단의 개발 및 보급 · 노후 공항 및 항만 유지보수 수요 증가	· 경제 성장을 위한 균형 있는 공항 인프라 확충 목표 · 경쟁력 강화를 위한 항만 인프라 확충 계획	
	기계 설치	· 탄소중립 기본계획 관련 설비(탄소 저감 장치 수소 인프라 등) 수요 증가 · 친환경 플랜트(폐수, 소각로, 위험 폐기물 등)의 증가		· 국내 제조업 공장 설비투자 둔화
	발전 및 송전	· 11차 전력 수급 계획상 증가하는 발전 용량 · 용인 반도체 클러스터 및 AI 확산에 따른 설비 수요 · 기온 상승 영향으로 최대전력 사용량 증가		· 탈탄소 적용을 위한 신재생 설비 신기술 도입 속도
	상하 수도	· 2035년까지 정부 및 지자체 투자 예산 증가 · 국가산업단지 조성 계획에 따른 산단 용수 공급 개발사업 계획 · 상수도관 및 하수관로 노후화로 인한 전국적 교체 수요 증가 · 기후 변화 및 홍수 대응 인프라 수요 증가	· 수도권 신도시 중심 수요 증가, 지방 유지보수 위주 사업 진행	
	토지 조성 및 조경 공사	· 3기 및 1기 신도시 재건축 등 신도시 사업 · 지역 수요 맞춤형 산단, 노후 산단 교체 수요 등 신규 산단 공급 수요		· 인구 감소 및 가구 수 둔화로 대규모 택지개발 사업 필요성 감소
	댐, 치산치수, 농림 및 기타	· 기후 변화 가속화에 따른 극한 홍수 및 가뭄 대응 필요 · 1인 가구 비율 증가에 따라 생활용수 사용량 증가 전망 · 댐 시설물 노후화에 따른 유지보수 수요 증가	· 신규 산단 영향으로 공업용수 수요 증가, 농업용수 수요 감소 전망 · 탄소중립 및 친환경 에너지 확대, 사회적 요구 반영 댐 효용가치 제고	

세부 공종별 미래 수주 변화 전망치 금액(명목 금액 기준)과 연평균 증감률은 〈표 4〉와 같다. 2025~2030년 전체 수주는 2.4% 성장할 것으로 전망하는데, 주택과 사무실 및 점포, 철도 및 궤도, 공항 및 항만, 발전 및 송전, 댐, 치산치수, 농림 및 기타 수주는 평균 성장 전망치가 전체 수주 성장 속도보다는 양호할 것으로 전망된다.

2030~2035년 전체 건설 수주 성장률이 3.7%로 예상중인데, 이는 주택과 비주거용 건축 수주가 양호할 것으로 전망되기 때문이다.

2035~2040년 전체 건설 수주는 3.1% 증가할 것으로 전망하며, 주택과 비주택 건축이 각각 3.6% 증가하는 반면 토목은 2.0%로 성장률이 떨어질 것으로 예상한다. 중장기적으로 교통 인프라 공사 수주의 성장률이 둔화되기 때문이다.

〈표 4. 세부 공종별 미래 수주 변화 요약(명목금액 기준)〉

구분		금액(조원)				증감률(%)		
		2025년	2030년	2035년	2040년	2025~2030년	2030~2035년	2035~2040년
전체 건설수주		193.3	217.4	261.0	304.7	2.4%	3.7%	3.1%
주택		85.7	98.0	119.2	142.1	2.7%	4.0%	3.6%
비주거용 건축		47.9	53.4	65.4	78.1	2.2%	4.2%	3.6%
	공장 및 창고	24.7	25.6	29.8	34.8	0.7%	3.1%	3.2%
	사무실 및 점포	13.3	16.6	23.6	29.7	4.6%	7.2%	4.7%
	관공서 및 기타	10.0	11.2	12.1	13.6	2.2%	1.7%	2.3%
토목		59.6	66.0	76.4	84.5	2.1%	3.0%	2.0%
	도로 및 교량	8.0	8.3	8.3	7.9	0.5%	0.0%	-1.0%
	철도 및 궤도	10.1	12.0	14.0	15.5	3.6%	3.1%	2.1%
	공항 및 항만	2.6	3.2	3.8	3.9	4.8%	3.3%	0.4%
	기계설치	17.2	18.2	21.6	23.8	1.2%	3.4%	2.0%
	발전 및 송전	8.6	10.4	13.5	16.5	3.8%	5.2%	4.1%
	상하수도	2.4	2.7	3.4	4.0	2.1%	4.9%	2.9%
	토지조성 및 조경공사	7.8	7.8	8.3	8.8	0.2%	1.0%	1.2%
	댐, 치산치수, 농림 및 기타	2.9	3.3	3.7	4.1	2.6%	2.0%	2.2%

결론

　분석 결과, 2025~2030년 사이 건설 수주의 성장 비율은 다른 기간에 비해 낮을 것으로 예상된다. 이는 산업이 구조적 전환기에 진입했음을 시사하고 있으며, 이에 대한 적극적인 대응 역시 필요한 시점이다. 주택 수주의 경우 향후 5년간은 연평균 2.7%의 성장을 예상하고 있는데, 이는 과거에 비해 현저히 낮은 수준이다. 그렇지만 2.2%인 비주거용 건축과 2.1%인 토목에 비해 상대적으로 높은 성장률을 보일 것으로 전망되어 여전히 무시할 수 없는 시장이 될 것이다.

　건설 수주에 있어 낮은 성장이 예상되는 주요 요인으로는 지방의 미분양 문제 해소에 시간이 소요되는 점을 들 수 있다. 반면, 수도권은 공급 필요성과 수요 여건이 긍정적이라 수도권 주택 수주가 전체 주택 수주 성장을 견인할 것으로 예측하는 동시에 정비사업 수주 물량 역시 함께 확대될 전망이다.

　세부 공종별로 보면, 향후 5년간 성장성이 높은 분야는 △공항 및 항만(+4.8%) △사무실 및 점포(+4.6%) △발전 및 송전(+3.8%) 수주 등이다. 공항 및 항만 부문은 가덕도 신공항 공사를 기준으로 했고, 최근 공사 기간 연장 논란으로 착공이 지연되었으나, 향후 공사가 재개될 때 수주 회복에 핵심적인 역할을 할 것으로 보인다.

　사무실 및 점포 부문은 2020~2025년 PF(프로젝트 파이낸싱) 문제로 위축되었다. 하지만 이에 대한 반작용으로 다른 공종에 비해 회복 속도가 빠를 것으로 전망된다. 물론 지방 시장 침체와 상업 건물 미분양 등의 구조적 문제가 단기간에 해소되기는 어렵다. 하지만, 2026년 이후 금리 인하 기조와 경기 회복 등 긍정적 환경 변화에 따라 점진적으로 상황이 회복될 것으로 예상된다.

발전 및 송전 부문은 AI 수요 확대와 발전 용량 증설, 그리고 관련 설비 투자 필요성으로 인해 수주 증가가 불가피한 상황이다. 여기에 탄소 감축을 위한 친환경 발전 설비로의 전환이 본격화되면서 이 문제가 향후 5년간 수주 확대에 결정적 영향을 미칠 것으로 보인다.

중장기적인 관점에서, 건설산업의 미래 환경 변화에 대응하기 위해 정부는 전략적 접근을 해야 하며, 민간 건설업계는 중장기적 관점에서 산업 체질을 개선하고 미래 대비 전략을 적극 추진할 필요가 있다. 정부는 수요 다변화, 기술 진보, 기후 위기, 인구 구조 변화 등 복합적 변화 속에서 건설산업의 구조 전환을 유도하고 지속가능한 성장 기반 마련에 힘써야 할 것이다.

또한 수요자 중심으로 인프라 기획 체계를 전환하는 한편, 스마트·디지털 건설 환경을 조성하고 노후 인프라에 대한 관리를 체계화해야 한다. 그리고 투자를 확대하며, 건설 부문의 탄소중립 실현을 위해 정책적으로 지원하고 건설산업 인력 구조를 질적으로 전환해야 한다.

건설산업은 기술집약적 제조업이자 서비스업의 성격을 동시에 지닌 복합 산업으로, 지속적인 혁신 없이는 경쟁력을 유지하기 어려운 구조이다. 건설업계는 중장기적 관점에서 스마트·디지털 기술 기반의 생산성 혁신, 산업 구조 고도화와 중소기업 역량 강화, 지속가능 경영과 외부 리스크 대응력 강화 등에 적극적인 노력을 기울여야 한다.

궁극적으로 건설산업은 변화하는 수요를 적극적으로 반영하고, 국민의 기대에 부응하는 방향으로 발전해야 한다. 정부는 정책 방향과 재정 지원 체계의 일관성 확보를 통해 민간 부문의 기술 전환과 경쟁력 강화를 뒷받침해야 하며,

민간은 이를 기반으로 생산성 혁신, ESG 경영, 미래 수요 대응 등 지속가능한 산업 구조로의 전환을 적극 추진해야 한다.

민관 협력을 통해 국가 인프라 고도화와 국민 삶의 질 향상에 기여하는 건설 산업의 본질적 역할을 더욱 강화하도록 패러다임을 전환해야 한다.

〈표 5. 정부와 산업 측면에서의 시사점〉

구분		핵심 과제	세부 내용
정부 측면	1. 인프라 기획 전환	수요자 중심의 인프라 기획 체계 전환	- 공공 데이터 기반 수요예측 - 빅데이터·AI 분석 활용 - 지역 맞춤형 인프라 설계
	2. 스마트 건설 환경	디지털 기술 기반 생산성 및 품질 향상	- BIM, AI 기술 확대 적용 - 디지털 설계·시공 표준화 - 기술 실증 및 제도화
	3. 노후 인프라 관리	체계적 유지관리 및 투자 확대	- 위험 기반 점검체계 도입 - 장기 재투자 계획 수립 - 예산 확보 및 운영
	4. 탄소중립 정책	건설 부문의 탄소저감 지원	- 녹색건축 확대 - 제로에너지 건축물, 저탄소 자재 사용 인센티브 확대
	5. 인력 구조 전환	인력 고도화 및 청년 유입 확대	- 직무 기반 교육훈련 강화 - 디지털 기술 인력 양성
산업 측면	1. 생산성 혁신	스마트·디지털 기술 도입 확대	- BIM, AI, 자동화 장비 현장 적용 - 디지털 플랫폼 통한 자재·인력 관리 - 지속적인 기술 R&D
	2. 산업구조 고도화	중소기업 경쟁력 강화	- 기술 중심 상생 협력체계 - 공동 R&D 및 품질 연계 보상 제도
	3. 지속가능 경영	리스크 대응 및 경영 유연성 확보	- 계약 구조 유연화 - 원가·리스크 관리 체계 구축 - 기후 변화 대응 전략 강화
	4. 장기 전략 수립	미래 수요 대응 및 산업 체질 개선	- 글로벌 시장 변화 대응 - 저탄소·고령화 대비 전략 수립

금리·정책·경기 변수… 제한적 반등 가능성

이지혜 한국건설산업연구원 연구위원

건설경기

들어가며

2025년 한국 건설경기는 수주와 착공, 투자 등 주요 지표 전반에서 뚜렷한 부진을 기록하며 산업 전반에 심각한 침체 신호를 드러냈다. 세계 경기가 둔화되고 국내상황이 고금리 기조로 향하며, 정부가 긴축 재정에 들어간데다, 상반기 국정에 공백이 생기고 높은 공사비와 각종 규제 등이 동시에 작용하면서 건설산업은 경기 순환적 요인과 구조적 요인이 중첩된, 복합적인 위기에 직면했다.

주택 부문은 수요 위축과 미분양 증가로 공급 기반이 흔들렸으며, 비주택 부문은 상업용 부동산 시장 침체와 기업 투자 위축으로 신규 프로젝트가 정체중에 있다. 토목·SOC 부문은 정부가 재정 건전성을 기조로 삼아 투자 여력이 제한되면서 대규모 사업의 집행이 지연되고 있는 상황이다.

2026년 전망은 이러한 극심한 침체 국면의 연장선 위에서 논의해야 한다. 통계적으로는 2025년의 저점 효과가 반영되어 일부 지표에서 반등이 나타날 수는 있다. 그러나, 이를 본격적인 회복으로 해석하기는 어렵다. 즉, 2026년은 '저점 이후 제한적 반등'이라는 성격이 강할 것이며 건설경기의 회복 여부는 금리와 금융시장 안정, 정부의 정책적 대응, 세계 경기 흐름 등에 좌우될 것이다. 여기서는 2025년 건설경기 상황을 평가해본 후 2026년의 전망을 부문별로 살펴보고, 구조적 제약 요인을 검토한 후 마지막으로 정책적 시사점을 도출하고자 한다.

2025년 건설경기 평가

2025년 건설경기는 선행지표와 동행지표 모두 부진한 모습을 보였다. 선행지표인 건설 수주는 2024년 상반기에서 하반기로 갈수록 점차 개선되는 추이가 관찰되었으나, 2025년 상반기 정치적 불확실성과 그에 따라 투자심리가 위축되면서 다시 감소세로 돌아섰다. 건축 착공 면적 또한 2022년과 2023년 2년에 걸친 급격한 하락 이후 2024년에는 상승세로 전환될 조짐이 보이는 듯했다. 그러나 2025년에는 다시 큰 폭으로 떨어졌다.

동행지표인 건설기성은 선행지표, 즉 건설 수주가 2022년 이후 감소한 것과 건축 착공이 2021년 이후 감소한 것에 대한 영향을 받아 2024년부터 내림세로 전환했다. 그리고 2025년에는 하락 폭이 커지게 되었다. 건설투자 역시 큰 폭으로 하락했다. 2025년 1분기 건설투자는 전년 동기 대비 13.1%나 감소했는데, 분기별 건설투자가 이렇게 큰 폭으로 하락한 것은 IMF 위기가 있었던 1998년 4분기 이후 27년 만에 처음이었다. 2025년 2분기 건설투자 역시 전년 동기 대비 11.7% 감소했다.

건설경기 침체는 주택과 비주택 건축, 토목까지 모든 부문에서 나타났다.

첫째, 주택 부문은 분양 시장과 착공 실적이 동시에 위축되었다. 고금리와 가계부채에 부담이 되었으며 대출 규제와 같은 정부 규제로 인해 주택 수요는 억제되었다. 특히 지방을 중심으로 미분양 물량이 증가하면서 신규 분양은 더욱 위축되는 악순환이 전개되었다. 주택시장을 안정화를 위해 정부는 공급 확대 정책을 추진했으나 단기간에 실제 착공으로 이어지는 효과는 제한적이었다.

둘째, 비주택 건축 부문이 민간 영역에서 전년 대비 수주가 늘었어도, 기업 투자가 위축되고 상업용 부동산 침체가 지속되면서 전반적 부진 흐름을 보이고 있다. 수도권은 비교적 낮은 공실률과 함께 수주 증가세가 관찰된다. 하지만, 지방의 오피스와 중대형 상업시설은 여전히 높은 공실률로 침체 분위기가 뚜렷하다. 특히 대형 쇼핑몰과 상업시설은 소비 위축과 온라인 유통 확산으로 수익성이 크게 악화되었고, 물류센터·데이터센터 등 일부 분야에서 신규 수요가 발생하기는 했지만 자금 조달이 어려워 실제 프로젝트 착공은 제한적이었다.

셋째, 토목·SOC 부문은 정부가 재정 건전성을 강화하는 방향으로 잡으면서 예산이 축소되거나 집행이 지연되었다. SOC 신규 사업 예산이 감소한 상황에서 2025년 상반기에는 국정 공백까지 발생하며 2025년 토목 수주는 큰 폭으로 감소했다. GTX 사업은 일부 노선에서 착공이 진행되었으나 토지 보상과 환경영향평가 문제로 속도가 더뎠고, 신공항·광역도로 사업은 예비타당성 조사 및 재원 배분 문제로 기대만큼의 물량을 창출하지는 못했다.

2026년 건설경기 전망

2026년 건설경기는 2025년의 부진에 따른 기저효과로 인해 일부 지표에서 개선이 나타나리라는 예측이 지배적이다. 실제 2026년 건설수주액은 전년보다 4.0% 늘어난 231조 2천억 원으로, 건설투자액은 270조 원으로 2025년보다 2.0% 늘어날 전망이다. 그러나 이러한 개선은 통계적 반등의 성격이 강하며, 본격적인 회복세를 이끌 구조적 동력으로 이어지기에는 부족한 것으로 판단하고 있다.

첫째, 주택시장 전망은, 제한적 개선이 가능하다. 2025년 억눌렸던 일부 수요는 금리 안정 기대와 맞물려 시장에 반영될 수 있다. 특히 정부가 추진하는 3기 신도시 및 공공주택 착공 일정이 본격화되면 착공 통계는 개선될 여지가 있다. 그러나 지방 미분양은 여전히 문제가 해소되지 않았고, 준공 후 미분양 비중이 여전히 증가하고 있다는 점을 고려하면, 인구 감소와 가구 수의 정체라는 구조적 제약하에 신규 주택 수요 역시 제한될 수 있다. 서울은 재건축·재개발 활성화가, 지방은 미분양 해소 여부가 주요 쟁점으로 오를 것이며, PF 시장 안정화 또한 향후 주택경기의 핵심 변수로 작용할 것이다.

둘째, 비주택 건축 전망은 불확실성이 크다. 기업의 설비 투자와 상업용 건물 수요는 경기 전반의 흐름에 크게 좌우된다. 다만, 물류창고와 데이터센터, 친환경 건축물 등 일부 특수 수요는 성장 가능성을 계속 유지할 것으로 전망된다. 리츠 및 기관투자자의 참여 확대 여부도 비주택 건축의 회복 속도를 결정짓는 요인으로 작용할 것이다.

셋째, 토목·SOC 전망은 2026년 정부 예산과 국가 계획 집행에 따라 제한적 개선이 가능하다. 가덕도 신공항과 GTX, 광역 교통망과 노후 인프라 개보수 사업 등은 일정 부분 물량을 창출할 것으로 보인다. 2025년 부진에 대한 기저효과 역시 작용할 것으로 보이나 정부의 재정 건전성 기조와 SOC 예산 축소 추세를 감안하면 대규모 반등은 기대하기 어렵다.

구조적 제약 요인

2026년 건설경기에 대한 전망은 여러 가지 구조적 제한 요인이 있다. 첫째는 높은 공사비다. 2021년과 2022년 가파르게 올랐던 건설공사비의 상승세는 둔화되어 2025년 2월부터는 전년 동월 대비 상승률이 1% 미만으로 내려왔다. 그러나 높은 공사비는 여전히 건설경기 개선에 부정적 영향을 미치는 가장 중요한 요인이었으며, 높은 공사비는 건설사들의 수익성을 악화시키고 발주자 측 투자 의욕을 저하시키는 요인으로 작용해 사업의 시작과 진행을 어렵게 한다.

둘째, 금융 리스크이다. 2024년 4분기부터 한국은행이 기준금리 인하에 나섰다. 하지만, 건설산업은 여전히 고금리 부담에서 벗어나지 못하고 있다. 한국은행 기업경영분석에 따르면 건설업 차입금 평균 이자율은 2021년 3.04%, 2022년 3.55%, 2023년 4.79%, 2024년 5.07%로 해마다 상승해 왔다. 설령 향후금리가 추가 인하되어 금리 기조가 완화된다 하더라도, 프로젝트 파이낸싱(PF) 부실 문제는 여전히 잠재적 위험으로 남는다. 특히 중소 건설사의 자금 조달 여건은 이미 크게 악화된 상태이며, 금융권 역시 보수적 태도를 유지할 가능성이 높아 전반적인 유동성 압박은 쉽게 해소되기 어려울 전망이다.

셋째, 정책·재정 제약이다. 정부는 재정 건전성 강화를 최우선 과제로 삼고 있어 SOC 투자 확대에 대한 여력은 제한적이며, 사회적 요구는 높아지고 있으나 투자 여건은 오히려 축소되는 불일치가 발생하고 있다. 여기에 더해, 노란봉투법(노동조합 및 노동관계조정법 개정안)에 관한 논의는 노사 분쟁 과정에서 건설업계의 추가적 법적·재정적 부담 요인으로 작용할 가능성이 있다.

또한, 최근 고강도 안전 규제도 건설경기에 부정적으로 작용하고 있다. 2025년 9월 정부는 '노동안전 종합대책'을 발표하는 등 규제 강화를 추진하고 있는데, 특히 경제적 제재에 방점을 두어 「산업안전보건법」, 「건설안전특별법」, 「중대재해처벌법」 등 여러 법령에서 중복적으로 과징금을 부과하는 방안이 도입되고 있다. 물론 안전한 건설 현장을 조성하는 것은 그 어떤 가치보다도 중요한 과제. 그러나 규제 강화는 근본적인 해법으로 작용하기는 어렵다. 규제와 감독 강화로 인해 공기가 지연되면 공사비가 올라가게 되고, 이는 건설 사업 전반의 활력 저하로 이어질 수 있다.

넷째, 인구와 수요의 구조적 변화다. 우리 사회는 저출생과 고령화로 인해 전국적인 인구 감소 국면으로 진입하고 있으며, 특히 지방의 소멸 위기는 빠르게 다가오고 있다. 이는 지방 건설 수요를 근본적으로 위축시키는 요인으로 작용한다. 반면 서울과 수도권은 인구와 경제활동이 여전히 집중되고 있으나, 대규모 신규 택지를 개발하는 것은 이미 한계에 이르렀다. 개발을 위한 토지가 부족해 신규 주택 공급은 제약되고, 대신 재건축·재개발 등 기존 도심지 정비 사업 역시 핵심적인 수요로 부상하고 있다. 이러한 구조적 제약은 단기간 내 해소되기 어려우며, 건설경기의 장기적 성장 잠재력을 제약한다.

주요 변수

2026년 건설경기의 향방은 몇 가지 주요 변수에 의해 좌우되리라 예상한다. 건설산업은 내수와 대외 여건, 금융시장과 정책 환경 등 복합적인 요인의 영향을 받다 보니 특정한 단일 요인보다 여러 요소가 어떻게 상호작용하는지가 경기 흐름을 결정한다.

첫째는 금리 수준이다. 한국은행의 기준금리 인하 여부와 그 속도는 주택시장 회복과 프로젝트 파이낸싱(PF) 시장의 안정성에 직접적으로 작용한다. 금리 인하가 이루어지면 주택담보대출에 대한 부담이 완화되어 주택 수요에 영향을 미치고, PF 차입 비용도 줄어들어 미분양도 해소되고 신규 사업을 추진하는데 긍정적 영향을 미칠 수 있다. 반면 금리 인하가 지연되거나 속도가 더딜 경우, 금융비용에 대한 부담은 장기화되고 건설사의 유동성 위기가 지속되는 기간도 늘어날 수 있다. 따라서 2026년 건설경기의 흐름은 단순히 금리 수준 뿐만 아니라, 금융시장 심리와 연계된 시장 반응까지 종합적으로 반영될 것이다.

둘째, 정부의 정책이다. 주택 공급 확대와 SOC 투자 확대, 민간 투자 활성화 등 정부가 추진하는 정책이 실제로 집행 단계에서 어느 정도 효과를 발휘할지는 중요한 변수다. 예컨대 주택 공급 정책은 단순한 계획 발표에 그칠 경우 시장의 신뢰를 얻기 어렵다. 하지만, 인허가 절차가 간소화되고 기반시설을 지원하며, 금융지원을 확대하는 등 구체적 실행 장치가 마련될 때 비로소 이것은 경기 개선으로 이어질 수 있다.

또한 SOC 예산을 확대해 집행하는 것은 지역 균형 발전과 고용 창출에 기여하면서 경기 하방을 완화할 수 있다. 또한 민간 투자를 촉진하는 정책은 인프라와 도시재생, 친환경 프로젝트 등 다양한 분야에서 투자 파급효과를 발생시킬 수 있다. 그러나 정책이 정치적·재정적 제약에 가로막힐 경우, 건설산업의 회복세는 제한적일 수밖에 없다.

셋째, 세계 경기이다. 글로벌 경제가 회복될지에 대한 여부와 원자재의 가격이 안정되는 것은 국내 건설시장에 직·간접적으로 영향을 준다. 세계 경기가 회복 국면에 들어서면 수출과 제조업이 회복되는 것이 내수에도 긍정적으로 작용해 건설 수요를 떠받칠 수 있다. 또한 글로벌 유동성 완화는 해외 건설을 수주하는 데도 기회를 넓혀준다. 반면 세계 경기가 둔화될 경우, 원자재 가격 변동성과 글로벌 금리 불확실성이 국내 건설 원가와 금융 비용을 동시에 압박할 수도 있다.

특히 철강, 시멘트, 석유화학 제품 등 주요 건설 원자재 가격이 불안정하다면 건설사의 원가 관리 부담은 가중되며, 이는 수익성 악화로 이어진다. 따라서 세계 경기와 국제 금융·원자재 시장의 흐름은 2026년 국내 건설경기 향방을 가늠하는 또 하나의 중요한 변수가 될 것이다.

결론 및 제언

2026년 건설경기는 '저점 이후의 제한적 반등 국면'으로 표현할 수 있다. 이는 본격적 회복의 신호탄이 아닌, 기저효과에 의한 부분적 개선에 불과하다. 따라서 건설산업은 단기적 지표 개선에 안주하지 말고, 중장기적 구조 전환 (Rebirth) 전략을 모색해야 한다. 이를 위해서는 다음과 같은 노력이 필요하다.

첫째, 시장의 자생력 회복을 위한 '정책적 지원'이 필요하다. 규제 완화, 금융·세제 인센티브 제공, SOC 및 도시재생 투자 확대 등은 건설기업이 자체 경쟁력을 발휘할 수 있는 토대를 마련한다. 정부는 단기적 경기 부양을 넘어, 건설산업이 스스로 활력을 되찾고 장기적 성장 동력을 확보할 수 있도록 정책 환경을 정비해야 한다.

둘째, 건설산업 내부의 '체질 개선'이 이루어져야 한다. 고비용·저효율 구조를 극복하기 위해 디지털 전환과 스마트 건설 기술 도입, 모듈러·프리패브 공법 활용 등을 확대하고 생산성 향상을 도모해야 한다. 이는 단순히 비용 절감 차원을 넘어, 안전 관리 강화와 품질 제고로 이어져 산업 전반의 신뢰도를 높이는 길이기도 하다.

셋째, 위기를 기회로 바꾸는 '미래 먹거리' 발굴이 절실하다. 국내 주택 및 SOC 수요가 한계에 부딪히는 상황에서 신성장 동력으로서 친환경·에너지 전환형 건설, 스마트시티, 탄소중립 인프라와 같은 새로운 분야에 적극적으로 대응할 필요가 있다. 동시에 해외 수주 확대를 통해 세계 시장에서 성장 기회를 확보하는 전략적 전환이 요구된다.

결국 건설산업은 단순한 경기 조절 수단이 아니라, 국민 삶의 질을 떠받치고 국가 경쟁력을 형성하는 핵심 기반 산업이다. 주택과 인프라는 국민 생활의 기본이자 산업 발전의 전제이며, 건설산업의 성장은 곧 국가 경제의 지속가능한 성장을 의미한다. 2026년의 도전을 계기로 건설산업이 위기를 넘어 새로운 기회를 창출할 수 있도록, 정부와 업계, 그리고 사회 전체의 지혜와 노력이 절실히 요구된다.

지역·가격대별 양극화… '선별적 강세장' 재편

김성환 한국건설산업연구원 연구위원

부동산시장

불확실성 속 세 가지 압력

　2026년 대한민국 부동산시장은 복잡하고 상충하는 변수들이 얽히면서 예측이 어렵다. 대표적인 이유는 거시경제 성장 경로의 불확실성이다. 한편 주택시장 내부에서는 고질적인 공급 경색과 강력한 소비자 금융 규제, 그리고 자산 양극화라는 세 가지 주요 축이 격렬하게 충돌하는 상황이다.

　이러한 역학 관계는 단순한 일방적 하락이나 상승장을 넘어 시장이 지역별, 가격대별로 극명하게 분화하는 '선별적 강세장'으로 재편될 가능성이 크다는 점을 시사한다. 강력한 수요 억제책이 의도치 않게 어떤 특정 시장 부문을 자극하고 있는지, 그리고 구조적인 공급 문제와 건설비용 상승이 어떻게 주택가격의 하방 경직성을 강화하고 있는지 살펴본다.

공급 경색 우려 및 소비자 금융 규제에 따른 주택 수요의 재편
LH의 도급형 민간참여사업 전면 시행에 따른 공급 불확실성 증가

입주 물량 부족에 관한 우려는 2026년 시장의 불안을 키우는 구조적 요인 중 가장 큰 비중이다. 2026년 입주 물량이 부족한 이유는 2022~2023년 착공 부족에 기인한다. 부동산 관련 분야 공공부문 연구기관 중 하나인 LH토지주택연구원(LHRI)은 2025년 초에 발간한 보고서에서 부실 PF(프로젝트 파이낸싱) 사업 정리 장기화와 건설 시차를 고려할 때 주택 공급 부족 현상이 당분간 지속될 것으로 진단했다.[1]

정부가 주택 공급 확대를 지속해 천명해 왔어도 시장이 공급 확대 가능성에 대해 다소 미온적인 태도를 보이는 가장 큰 이유는 지난 9월 발표된 '주택공급 확대방안'(이하, 9·7 대책)의 핵심 내용 때문이다. 특히 이 대책에 포함된 LH를 중심으로 한 공공택지 공급 시스템의 구조적 재편 움직임은 시장에 확신을 주지 못하고 있는 상황이다.

정부는 9·7 대책을 통해 LH가 공공택지를 개발한 후, 민간에 매각하던 기존 방식에서 택지를 판매하지 않고 직접 주택 건설사업을 시행하는, 이른바 '도급형 민간참여사업(도급형 민참사업)'으로 전량 전환한다고 밝혔다. 현재까지 발표된 공공택지 물량을 전량 분양과 임대가 가능한 공공주택으로 전환한다는 계획을 발표한 것이다. 이러한 택지 공급체계의 급진적 변화는 공공택지라는 유효한 정책 수단을 통해 주택 공급[2]을 계획적으로 진행할 수 있는 기반을 마련했다.

반면, LH의 관련 설명회 개최에도 불구하고 현재까지 도급형 민참사업의 자금 조달 지원과 리스크 분담 방안, 관급자재 사용 여부 등 핵심적인 부분은 '검

---

1) LH토지주택연구원(2025), 「2025년 경기 전망과 주택시장 안정을 위한 공공의 역할」
2) 이번 정부에서는 주택 공급의 기준을 기존 인·허가에서 '착공'으로 변경하였으며, 본 고에서도 특별한 언급이 없는 한 '주택 공급'을 착공 기준으로 본다.

토 중'인 상태로 남아 있다. 이 상황은 2025년 연말쯤 발표할 것으로 예상되는 LH 개혁위원회의 입을 쳐다볼 수밖에 없는 상태다.

이에 시장 참여자들은 정부가 발표하는 '계획상 착공치'가 실제 '입주 가능한 시점의 민간 주택 수'와 큰 괴리를 보일 것이라고 판단하는 경향이 짙어졌다. 이는 향후 2~3년 뒤의 입주 물량 감소로 직결되어 장기적인 가격 상방 압력을 형성하는 변수로 작용한다.

건설비용의 증가

공급 물량 감소의 우려와 함께, 주택 건설 원가의 증가 우려 역시 2026년 주택가격에 강력한 하방 경직성을 부여하고 상방 압력을 주는 동인이다. 주요 비용 상승 요인을 구조적으로 분석하면 다음과 같다.

먼저 원자재 및 환율 불안정은 주요 비용을 상승하는 요인이 되고 있다. 원·달러 환율 상승은 수입 원자재값을 끌어올려 건설비용을 직접적으로 증가시킬 수 있다. 이에 관해 한국건설산업연구원 박철한 연구위원은 환율 상승이 건설 수입품 가격을 상승시킬 것으로 예상하였으며, 건설 외 타 산업의 비용 상승으로 인한 2차 영향이 더 클 것으로 우려했다.[3] 박선구(2025) 역시 건설 자재는 수입 비중이 높지 않아 환율이 건설비용에 미치는 영향도 적지만, 건설자재 원재료는 수입 비중이 적지 않아 직·간접적으로 비용 상승에 영향을 미칠 것으로 분석했다.[4]

다음으로 정부가 추진하는 건설 안전 및 노동 관련 정책을 따르는 데 대한 관련 비용도 발생한다. 물론 노동자의 안전은 그 무엇과 바꿀 수 없을 정도로 중요하고, 노동자의 쉴 권리 역시 건설 안전과 직결된다는 점에서 무척 중요하다.

---

3) 박철한(2025.1.17.), "원·달러 환율 상승, 국내 건설산업 부정적 영향 우려", 건설동향브리핑, 한국건설산업연구원.
4) 박선구(2025.4.2.), "환율급등에 따른 건설공사비 영향 점검", RICON 건설브리프, 대한건설정책연구원.

다만 그 과정에서 발생하는 비용 역시 사회적으로 받아들여야 한다는 명제도 간과해서는 안된다. 실제로 주 52시간제를 넘어 주 4.5일제 도입이 논의되는 것은 인건비 상승 및 공정이 지연되는 것을 유발하는 직접적인 요인이다. 또한 「중대재해처벌법」등 건설 안전에 대한 규제를 강화하는 것은 안전 인력 확충 및 시설 보강 비용을 필수적으로 증가시키는 요인이다. 2025년 개정된 「노동조합 및 노동관계조정법」(노란봉투법)은 노동쟁의를 보장하는 방향으로 긍정적이다. 하지만 이로 인한 공정 지연 등 다양한 문제가 발생했을 때 비용이 건설사에 귀착되는 문제는 여전히 해결되지 않은 채 남아 있다.

이뿐만 아니라 날씨 변수와 인허가 지연, 지역 민원과 부실 PF 사업 정리 장기화 우려 등 비물적 리스크도 공사 기간을 연장시키고 리스크 프리미엄 전가를 통해 간접비용을 상승시키는 복합적인 요인으로 작용한다.

이러한 복합적인 요인들로 인해 공사비가 급등하면서 도시정비사업을 필두로 여러 주택 건설 프로젝트들이 어려움을 겪는 사례가 늘고 있다. 건설업계는 신규 분양을 꺼리거나 분양가를 높일 수밖에 없는 상황에 놓여 있으며, 이는 궁극적으로 분양가 상승을 통해 최종 주택가격에 반영되어 가격 하방 경직성을 더욱 강화하는 결과를 낳는다.

강력한 소비자 금융 규제의 효과와 한계

정부는 주택시장의 과열을 막기 위해 강력한 수요 억제책을 연이어 발표했다. 6·27 대책을 통해 주택담보대출(주담대) 상한을 6억 원으로 제한했고, 9·7 대책에서는 주택담보대출비율(LTV)을 축소하고 임대사업자 및 매매사업자에 대한 주택 관련 대출을 전면 금지했다. 이는 시장의 레버리지 동원 가능성을 대폭 축소해 투기 수요를 차단하려는 의도다. 하지만 이러한 강력한 금융 규제는 시장의 전반적인 매수 심리를 근본적으로 꺾지 못했다고 분석한다.

한국은행의 평가[5]에 따르면, 6·27 대책 발표 후 10주가 지난 시점에도 서울 아파트 주간 매매가격 상승률[6]은 약 0.1% 수준을 유지했다. 이는 과거 2017년부터 2024년 사이에 발표된 주요 대책 시행 직후 같은 시점의 평균 상승률(0.03% 수준)이 급격히 떨어졌던 것과 비교해 여전히 높은 수준이다. 이러한 현상은 금융 규제가 빚을 이용한 고가 주택 매수를 효과적으로 막았지만, 이미 현금을 동원할 수 있는 실수요나 투자 수요까지 완전히 차단하지는 못했음을 보여준다.

〈그림1. 서울 주간 아파트 매매가격 변동률 추이(과거 주요 대책 대비 6·27 대책 비교)〉

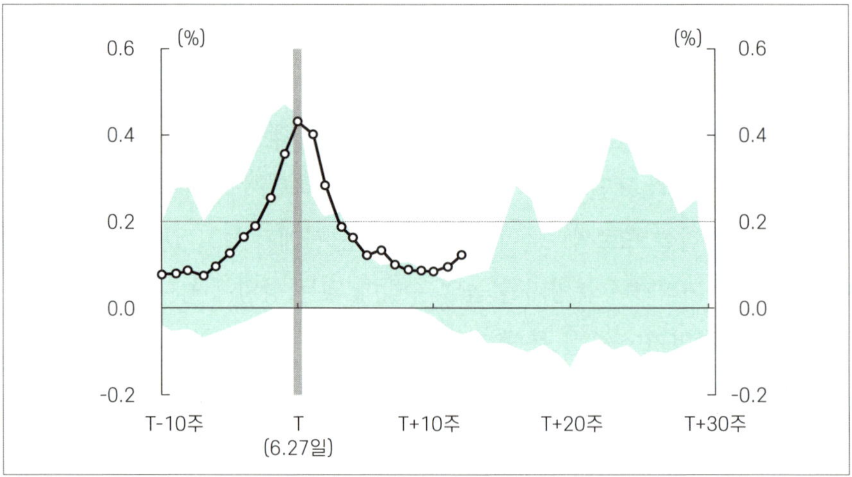

주 : 음영은 과거 주요 대책 발표 전후의 서울 주간 아파트 매매가격 변동률 분포
자료 : 한국은행(2025), 「금융안정 상황(2025년 9월)」, p.25.

---

5) 한국은행(2025), 「금융안정 상황(2025년 9월)」.
6) 주간아파트가격동향은 월간 통계에 비해 시의성이 높은 반면, 정확성에 대한 의구심이 학계를 중심으로 제기되고 있는 실정이다(국회의원 이연희·염태영 의원실, 2025.9.30. '주택가격 통계 개선 방안 토론회' 中). 다만 본 고에서는 정책 발표 이후 즉각적인 시장의 흐름을 확인하는 용도로 주간아파트가격동향 통계를 활용하였다.

오히려 레버리지 규제는 시장의 수요를 특정 가격대, 즉 중저가 주택시장으로 재편하는 결과를 초래했다. 9·7 대책 이후 서울 자치구별 아파트 가격 변동 추이는, 전통적인 고가 지역인 강남 3구(0.15%에서 0.16%로 확대)뿐만 아니라, 상대적으로 중저가 지역인 노원·도봉·강북(노도강) 지역도 0.00%에서 0.04%로 상승했고, 금천·관악·구로 지역 역시 0.03%에서 0.06%로 오름세가 두드러졌다.[7]

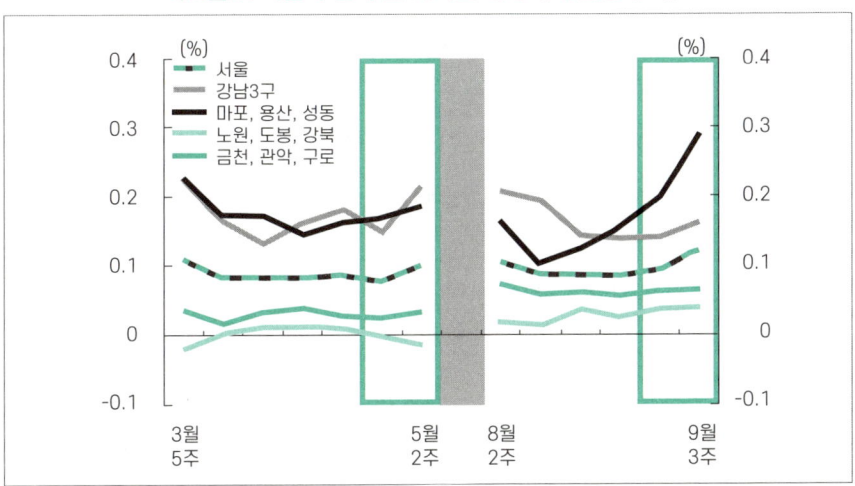

〈그림2. 서울 구별 주간 아파트 매매가격 변동 추이〉

주 : 음영은 과거 주요 대책 발표 전후의 서울 주간 아파트 매매가격 변동률 분포
자료 : 한국은행(2025), 「금융안정 상황(2025년 9월)」, p.25.

이는 대출 규제를 피해 상대적으로 적은 금액으로 진입 가능한 중저가 주택에 수요가 집중되는 현상과, 기존 중저가 주택 소유자들이 규제 폭이 작은 범위 내에서 상위 가격대의 주택으로 갈아타기 수요를 시도하면서 시장 전반의

---

[7] 9월 3주의 각 구별 주택가격 상승률을 5월 2주와 비교한 것이다. 5월 2주를 선택한 것은 6.27대책 시행 전 가격 상승기간 중 서울의 평균 상승률이 최근과 비슷한 수준이었기 때문이다(한국은행, 2025).

상승 연쇄 반응을 일으킨 결과로 해석된다. 규제가 시장 전체를 진정시키기보다는 규제를 회피할 수 있는 경로를 찾아 키 맞추기를 가속화하는 비대칭적 효과를 초래했다고 판단된다.

임대차 시장 : 월세화의 가속
전세 시장 유동성의 축소 경로 진단

2026년 임대차 시장은 전세(목돈 보증금)에서 월세(월납입)로의 구조적 전환이 더욱 가속화 되리라 본다. 특히 전세 시장 유입 유동성은 정책적으로 축소되는 경로라는 기반으로 볼 때 전세 대체 시장인 월세 시장으로의 전이가 이어질 전망이다. 전세 시장 유동성 위축은 다음과 같은 요인에 의해 발생한다.

첫째, 전세 시장에 대한 규제 강화다. 이미 지난 9월 7일 발표된 '주택공급 확대방안'에 함께 포함된 대책으로 1주택자의 전세자금대출 한도를 줄이는 조치를 발동했다. 게다가 총부채원리금상환비율(DSR) 규제를 전세자금대출에 적용하는 방안을 논의하는 등 규제 강화의 가능성은 상존한다. 이는 고액 전세 수요자들이 대출을 통해 잔금을 마련하는 것을 어렵게 만들어 전세 시장 진입 장벽을 높이는 결과를 낳는다.

둘째, 전세제도 자체에 대한 불신이다. 사금융의 영역이었던 전세제도가 지금까지 유지되어 올 수 있었던 이유는 「주택임대차보호법」의 보호로 거액의 전세보증금을 돌려받지 못하는 경우가 거의 없었기 때문이다. 반면 최근 들어 전세와 월세의 비중이 비슷하거나 월세가 더 많아진 이유는 전세 사기 사건의 빈번한 발생과, 그로 인한 세입자들의 전세 기피 심리 구조화가 자리 잡고 있다.

셋째, 입주 물량 부족이다. 전세 시장의 주요 공급원인 입주 물량이 단기간에 빠르게 늘어나지 못하는 상황은 전세 물건의 희소성을 키우고 가격의 하방 경직성을 높이는 주요 요인이 되고 있다. 전세 시장 유동성이 위축되고 전세 물건은 부족해지면서, 세입자들은 보증금 리스크가 적은 월세로 눈을 돌리게 된다.

월세 시장 집중 현상과 가격 급등 시나리오
앞서 밝혔듯, 전세 시장에 대한 불안감과 대출 규제 회피 심리가 맞물리면서 월세 시장으로의 구조적 전환과 가격 급등 압력은 동시에 작용하고 있다. 특히 세입자들은 높은 보증금 회수 위험을 피하고 월세를 안전한 임대 옵션으로 크게 선호하는 경향을 보인다.

월세에 대한 수요 집중은 이미 가격 데이터로 확인된다. 2025년 9월 기준 'KB부동산 월간 주택가격' 동향에 따르면 서울 아파트 월세가격 지수는 129.7을 기록하여 통계 작성 이래 최고치이다. 게다가 월세가격 지수의 추이를 볼 때, 한 번 상승한 월세는 하방 경직성이 매우 강하다는 점도 문제로 작용한다.

특히 과거 월세 가격이 급등했던 시기에는 주로 금융 규제나 공급 부족 이슈 중 하나만 존재했다. 그러나, 현재는 강력한 금융 규제, 구조적 공급 부족(아파트 및 비아파트)과 전세 기피 심리가 복합적으로 결합하고 있다. 특히 비아파트(빌라, 다세대)의 입주량 및 인허가 감소로 공급 부족이 심화된 상황에서, 월세 수요는 더욱 늘어날 수밖에 없다.
이러한 구조적 상방 압력 하에 2026년 월세 가격은 전세 가격 대비 훨씬 가파른 상승세를 보이며 가계 주거 비용 부담을 가중시킬 가능성이 크다.

지역별 양극화와 정치적 변수가 초래하는 풍선효과
산업 활성도와 공급량에 따른 지역 격차 심화

2025년 부동산시장의 가장 두드러진 특징을 하나만 꼽으라면, 지역별 격차의 극심한 심화를 들 수 있을 것이다. 지역 간 주택 가격의 흐름은 각 지역의 산업 활성도와 연동되는 양상을 보이고 있다.

8월까지 집계된 한국부동산원의 전국주택가격동향조사 월간 주택종합 매매가격 통계 연간 누적치에 따르면, 서울은 3.58%의 높은 상승률을 기록하며 견고한 회복세를 이어가고 있으며, 경기(0.05%) 역시 보합세를 유지하며 수도권의 가격 상승세를 견인하고 있다. 수도권의 주택 매매가격은 상승세를 지속하는 반면, 다수의 비수도권 지역, 특히 지방 5개 광역시를 중심으로 침체가 심화되고 있다. 대구(-2.48%), 광주(-1.49%), 대전(-1.30%) 등은 하락세를 경험했다.

이를 2025년 2분기 각 지역별 GRDP의 YoY 성장률과 비교해보면 다음 그림과 같다. 서울의 특수성(분기 GRDP 성장률 다소 저조, 주택가격 상승률 강세)를 제외하면 대체로 양(+)의 상관관계를 보인다는 사실을 확인할 수 있다.

〈그림3. 각 지역별 연 누적 월간 주택종합 매매가격 변화율(%, X축)과 GRDP 전년 동기 대비 성장률('25.2Q, %, Y축) 간 관계〉

자료 : 통계청(2025.9.26.), "2025년 2/4분기 실질 지역내총생산(잠정)", 한국부동산원(2025.9.15.), "전국주택가격동향조사(월간) 시계열 통계표"를 기반으로 저자 작성

그 외에도 익히 잘 알려진 생산연령인구 유출 문제(이철희·정종우, 2025)[8]와 청약 경쟁률 저조 현상(부동산114 REPS, 2025) 등을 함께 고려한다면, 궁극적으로 지방의 공급 위축을 야기할 가능성이 높다. 이는 수도권과 비수도권 간의 주택시장 양극화를 더욱 심화시키는 결과를 낳을 것이다. 지역 경제 활성화를 위한 맞춤형 산업 발전 전략과 일자리 창출 없이는 비수도권의 주거 불안 요소는 해소되기 어렵다고 판단된다.

반면, '5극 3특'을 위시한 현 정부의 지방 개발 정책은 긍정적인 방향으로 평가할 수 있다. 다만, 이러한 지방 개발 정책이 단기간 내, 적어도 2026년에 시장에 유의미한 영향을 미치는 데에는 한계가 있을 것으로 판단된다. 지방에 대한 인프라 투자 기대감이 소폭 반영되는 수준을 보일 것으로 전망된다.

토지거래허가구역의 영향과 서울 집중 심화

정부는 시장의 과열을 막기 위한 강력한 수요 억제 수단으로 토지거래허가구역(토허구역) 지정을 중심으로 한 10·15부동산대책을 내놓았다. 토허구역은 일정 면적 이상의 주택 거래 시 지자체의 허가를 받도록 하여 외부인의 주택시장 진입을 실질적으로 차단, 단기적인 거래량을 위축시키는 효과를 유발한다.

그러나 과거 규제지역 확대지정 사례를 볼 때 토허구역의 지정은 시장에 역설적인 영향을 미칠 가능성이 있다. 과거 규제지역으로 지정됐던 지역은 '이 지역이 정부가 공인하는 핵심 지역'이라는 신호를 시장에 보내는 것과 같아 장기적인 희소성 인식을 강화했다(양완진·김현정, 2020)[9]. 또한, 규제가 임박했을 때 매

---

[8] 이철희·정종우(2025), "인구변화가 지역별 노동시장에 미치는 영향 분석", 「BOK 경제연구」, 제2025-16호, 한국은행.
[9] 양완진·김현정(2020), "투기과열지구 및 조정대상지역 지정의 정책적 효과에 관한 연구", 「부동산학연구」 26(1), pp.95-107, 한국부동산분석학회.

수세가 가속화되거나 규제 영향권 밖의 인접 지역으로 수요가 이동하는 풍선 효과를 발생시킬 위험이 있다.

실제로 최근 토허구역 지정 전후의 시장 움직임을 보면, 규제 지역 지정 직전에 매수세가 폭발적으로 몰려 거래를 서두르는 경향이 나타났다. 특히 10·15 대책 이전까지 토허구역으로 지정되지 않은 마포, 성동, 광진구 등 한강벨트 지역에서는 기존 매물이 빠르게 소진되고 호가가 상승하는 현상이 관찰되었다는 언론 보도가 다수이다[10]. 적어도 본 고 작성 시점인 2025년 10월 현재까지의 상황을 볼 때 토허구역은 수요를 분산시키기보다는, 규제 직전의 선취매를 유발하거나 규제 영향권 밖의 지역으로 유동성을 밀어내는 서울 집중 현상 가속화의 변수가 될 가능성이 크다.

정책적 풍선효과와 지방선거 변수

지방선거는 2026년 부동산 정책의 방향과 강도를 결정할 중요한 정치적 이벤트다. 집값 문제는 지난 2021년 재·보궐 선거에서 집권 여당이 패배하는 주요 원인이 되었을 만큼 심각한 사안이었다. 당시 문 대통령은 기자회견을 통해 "죽비를 맞고 정신이 번쩍 들 만한 심판을 받았다"며 정책 실패를 직접 인정했다. 당시와 같이 민주당이 집권하고 있는 현재로서도 지방선거를 앞두고 주택가격을 안정화해야 한다는 정치적 조급함이 정책 결정에 크게 반영될 수 있다.

최근으로 다시 시계를 돌려 분석해보면, 실제로 이재명 정부의 첫 부동산 정

---

10) 중앙일보, 2025.10.2.자, "한강벨트 불장, 서울 전역으로 번진다…규제지역 확대 초읽기?"; 한국경제, 2025.10.9.자, "아파트 불장 내년 하반기까지 갈수도…강남 3구·한강벨트가 주도"; 연합뉴스, 2025.10.8.자, "한강벨트 과열에 서울 아파트 15억 초과 고가 거래 다시 늘었다"; JTBC, 2025.10.9.자, ""규제 전에 사자" 한강벨트 집값 들썩…정부 후속 대책 고심" 등 다수

책은 수요자 대출 규제였다. 이 대통령이 "공급 확대책, 수요 억제책이 아직도 엄청나게 많이 남아있다"고 언급[11]하였고 김용범 대통령실 정책실장, 김윤덕 국토교통부 장관, 이창용 한국은행 총재 등 정부 및 관계기관 인사들이 수요 규제책에 대한 언급을 내놓고 있는 만큼, 향후에도 정부는 주택 가격 흐름을 주시하며 추가 대출 규제나 규제 지역 확대, 보유세 확대 등 강력한 수요 억제책을 계속 내놓을 가능성이 높다.

그러나 전례를 볼 때, 이러한 강력한 수요 억제책은 시장에 충격을 주는 동시에 규제를 피해갈 수 있는 경로(비규제 지역, 중저가 주택, 전세 회피 후 월세 시장 등)로 유동성을 집중시켜 상승세가 확대되는 경향을 보여 왔기에 금번에도 동일한 효과를 낼지 정책 발표 시기와 그 결과에 귀추가 주목된다.

결국 정책 당국은 2026년 지방선거 직전까지 가격 상승폭 완화, 즉 수요 억제라는 목표를 위해 강력한 카드를 사용할 것으로 예상된다. 다만 과거 사례를 볼 때 그 결과는 오히려 시장 불안정을 키우고 예측 불가능한 풍선효과를 확대시키는 딜레마에 직면하게 될 가능성이 짙다.

사이클 진단 및 거시경제 변수의 위험성

벌집 순환 모형을 통한 시장 위치 분석

주택시장의 사이클상 위치를 진단하기 위해 흔히 사용되는 모형은 벌집 순환 모형(Honeycomb Cycle Model)이다(서수복·김재경, 2011; 국토연구원, 2013; 마승렬, 2016; KB경영연구소, 2016; 조원진 외, 2018; 국토연구원, 2023). 이 모형은 주택 가격과 거래량이 주택의 분양-입주 시차와 일반적인 경기 사이클에 의해 6각형의 벌집 모양처럼 시계 반대 방향으로 순환한다는 이론이다.

---

[11] 2025년 6월 30일 취임 30일 기자회견('대통령의 30일, 언론이 묻고 국민에게 답하다') 中

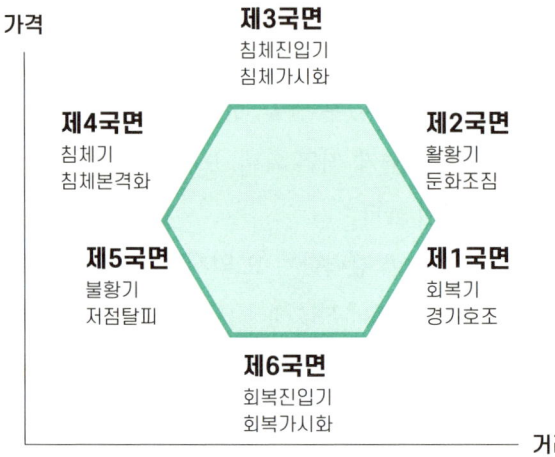

〈그림4. 벌집순환모형의 개념도〉

자료 : 서수복·김제경(2011)

　현재 서울을 포함한 수도권 시장은 대체로 회복 진입기(6국면)에 들어선 것으로 분석된다. 다만, 수요자의 유동성을 억제한 6·27 대책의 영향으로 거래량 회복이 예상보다 미진한 상황이다. 당초 6국면은 가격이 하락세에서 벗어나 소폭 오르거나 보합세를 유지하는 가운데 거래량이 점진적으로 늘어나는 시점이다. 하지만 현재 거래량이 늘어나는 폭은 이론적인 6국면의 회복세에 비해 상당히 제한적이다.

　향후 정부 정책에 따라 영향을 받을 수 있겠지만, 사이클 분석 측면에서 볼 때 수도권 시장은 이제 가격 하방 압력을 벗어나 상방 압력을 받기 시작하는 위치에 도달한 것으로 판단된다. 다만, 수도권이 6국면을 거쳐 1국면(회복기)으로 완전히 전환될 수 있을지는 2026년 거시경제의 회복 여부에 달려 있다는 분석이 있다.

　반면 지방 시장의 경우, 부산, 대전, 광주 등 일부 대도시는 이미 확장기(2국면)를 지나 침체기 초입(3국면)에 들어선 것으로 분석되어, 지역별 사이클 차이가 극명하게 나타나고 있다.

국내 거시경제 전망과 부동산시장의 매력도 평가

거시경제는 2026년 부동산시장의 가격 상승 탄력을 제한하는 가장 큰 위험 요소이자 방어막이다. 전망기관에 따라 상이하지만, 2025년 국내 경제성장률은 0%대를 전망하고 있고, 2026년 성장률은 높아야 2%를 넘지 않을 것이라는 데 이의가 없다. 이는 경기 전반의 어려움이 가속화될 것이라는 우려를 낳으며, 자산 시장의 안정성을 위협하는 요인으로 작용한다.

하지만 거시경제 전망이 어두운 가운데서도 주식 시장이 역대 최고치를 기록하는 등 다른 자산 가격이 상승하는 현상은 주목할 만하다. 이는 저성장 시대에 유동성이 리스크를 감수하고라도 핵심 자산으로 집중되는 현상, 즉 자산 양극화 심화를 반영한다.

또 하나의 중요한 변수는 환율 불안정이다. 대한민국은 수출이 GDP 성장 기여도에 대부분을 차지하는 개방경제의 성격을 가지고 있다. 따라서 환율이 갑자기 들쑥날쑥 날뛰는 불안정한 모습은 국내 경제의 대외 불확실성을 높이는 요인이다.

정리하면, 2026년에는 높은 대외 불확실성 등으로 인해 환율 변동성 확대 우려가 상존하며, 원화 가치와 연계된 부동산과 같은 국내 자산에 대한 매력을 일시적으로 떨어뜨릴 수 있는 위험성이 존재한다.

종합 전망 및 결론 : 2026년 시장, '선별적 강세장' 예고

2026년 주택시장은 '선별적 강세장'을 경험할 것이다. 구조적 공급 경색이 해소될 기미가 보이지 않는 한, 서울 및 수도권 핵심 입지의 주택 가격은 강력한 하방 경직성을 유지하며 제한적인 상승세를 이어갈 것이다. 특히 규제 회피 유동성이 집중된 중저가 아파트 시장과 희소성이 부각되는 핵심 정비사업을 중심으로 한 상승 탄력이 주목된다.

반면, 지방선거를 앞둔 정부의 조급한 수요 억제책은 토지거래허가구역 지정과 같은 정책을 통해 시장 불안정을 야기하고, 의도치 않게 풍선효과를 확대시키는 최대 리스크로 작용할 가능성이 크다.

이에 따라 2026년 전국의 주택가격은 0.8%, 전세가격은 4.0% 상승할 것으로 보인다. 수도권 집값은 2.0% 오르지만 지방권 집값은 0.5% 떨어질 전망이다.

실수요자들은 입지 선별 능력을 극대화하고, 레버리지보다는 안정적인 자금계획을 통해 접근해야 하는 시기이다. 2026년은 단순한 시장 방향성 예측을 넘어, 시장의 구조적 분화와 각 자산군별 움직임을 세밀하게 분석해야 하는 고난도의 환경이 될 것이다.

한강벨트 호재… 서울, 정비사업 물량 쏟아진다

이종무 기자

도시정비

2025년 도시정비 시장은 정부와 서울시가 통합심의 확대, 조합설립 동의율 완화 등 사업 속도를 높이기 위한 당근책을 쏟아내면서, 발주 물량이 크게 확대되고 정비구역 지정도 빠르게 이뤄진 해로 평가받는다.

하지만 고금리 장기화, 공사비 인상 등에 따른 비용 증가와 여전한 규제의 현실적인 벽 앞에, 사업성이 확실한 대형 사업장을 제외하고 사업 지연 등이 속출하는 극심한 양극화가 나타나며 활력이 두드러지지 못했다.

2026년에도 부동산 시장 불확실성에 따라 업계 전반을 위축시키는 정책 기조의 불안정성, 시공사를 옥죄는 각종 규제 등으로 조합원 부담이 가중하며 사업 추진에 어려운 환경이 계속되는 가운데, 무엇보다 사업에 발목을 잡는 제도의 근본적인 개선이 필요하다는 지적이다.

〈표 1. 전국 정비사업 발주물량 추이〉

구분	2022년	2023년	2024년	2025년	2026년(전망)
발주 물량(단위: 원)	42조	20조	27조	50조	50조+α

자료=도시정비업계 종합

발주 물량 최고치 1년만에 갱신할 듯

　도시정비업계에 따르면 2025년 재개발·재건축 등 전국 정비사업 발주 물량은 10대 건설사 수주 기준 약 50조원으로 역대 최고치를 기록할 전망이다. 이는 2024년 27조원 대비 약 85.2% 늘어난 규모로, 직전 최대치였던 2022년(42조원)보다도 19%나 증가한 숫자다.

　2026년에는 2025년보다 발주 물량이 더욱 큰 폭으로 확대할 것이란 관측이 나온다. 이른바 한강벨트 등 입지가 양호한 서울 상급지에서 대형 프로젝트 입찰 포문을 열기 때문이다. 발주 물량 최대치 기록을 1년 만에 갱신할 가능성이 커진 셈이다.

　실제로 2025년 현대건설을 시공사로 선정한 강남구 압구정2지구(압구정아파트지구 특별계획구역 ②)에 이어 2026년엔 나머지 지구에서 시공사 입찰이 잇달아 진행될 전망인 데다, 한강을 두고 압구정과 마주하는 성동구 성수전략정비구역에서도 첫 시공사가 결정될 것으로 예상되고 있다.

　아울러 양천구 목동 신시가지 아파트 재건축 14개 단지에, 여의도 시범아파트, 성산시영아파트, 서빙고 신동아파트 등 개별 단지로도 예상 공사금액만 1조원을 넘길 것으로 보이는 사업지도 채비를 마친 상태다. 대형 건설사들은 이미 물밑에서 치열한 물량 확보전도 펼치고 있다.

　특히 서울시에서는 앞서 2023년 신속통합기획(신통기획)을 본격 시행한 이래 정비구역이 전례 없이 빠른 속도로 지정됐다. 2025년 6월 기준 서울 내 73개소가 신통기획을 진행하고 있고, 이 중 113개는 기획을 완료했다. 신통기획은 기획과 자문 단계를 병행해 정비구역 지정과 정비계획 수립에 속도를 높이는 제도다.

서울 강남구 한강변 압구정아파트지구 전경. (제공 : 현대건설)

공사비 상승·규제… 불확실성은 'ing'

2025년 이러한 흐름은 정비 사업의 장기 정체 국면을 일정 부분 해소했다는 점에서 긍정적으로 평가된다. 그러나 시장을 들여다보면 대형 사업장을 제외하고 사업 지연이 장기화하거나 보류하는 지경까지 이르는 곳이 태반이다.

그간 건설경기 침체와 공사비 상승이 맞물린 때문이다. 2025년 도시정비 시장에서 시공사들이 선별 수주 기조를 강화하며 시공사 유찰이 반복된 것도 이런 영향이다.

시공사 선정이 완료돼야 사업시행인가 신청이 가능하다는 점에서 유찰이 계속되면 사업 전체가 지연되는 결과로 이어지고, 시공사가 선정돼도 공사비 분쟁으로 사업이 멈출 가능성도 배제할 수 없다.

실제 서울 주요 정비사업만 보더라도 은평구 대조1구역은 최종 도급 계약금액이 최초 계약액보다 73.3%나 상승했고, 송파구 잠실진주아파트는 66.1%나 증가했다. 서대문구 홍제3·북아현2구역도 50% 이상 확대했다.

공사비 증액 문제는 대개 계약 시점과 착공 시점 간 시차에서 비롯된다. 자재비와 노무비 등 단가 변동이 불가피한 상황에서 시공사는 물가 상승이나 설계 변경 등을 이유로 반복적인 증액을 요구하고 있다.

반면 조합은 공사비 산정이나 원가 검토를 외부 검증기관에 전적으로 의존하고 있는데, 협상 시점이 사업시행인가 이후나 착공 직전에 이뤄지는 경우가 많아 대체 수단이 없는 상태에서 시공사의 제안을 수용할 수밖에 없는 구조에 놓여 있다.

〈표 2. 서울 내 정비사업 주요 공사비 증액 사례〉

구역명	최초 도급 계약금액	공사비 증액 횟수	시공사 요청금액	최종 도급 계약금액	상승률
대조1구역	430만	2	839만	745만	73.3
잠실 진주아파트	510만	3	898만	847만	66.1
홍제3구역	512만	1	898만	784만	53.1
북아현2구역	490만	1	859만	748만	52.7
반포주공3주구	541만	1	803만	786만	45.3
신반포4지구	498만	3	797만	690만	38.6
방배 삼익아파트	546만	2	810만	754만	38.1
반포주공1·2·4주구	546만	1	829만	730만	33.7

단위: 원, 회, %. / 자료=주택산업연구원

문제는 이런 악재가 공존하는 상황에선 2026년에도 당분간 시장의 획기적인 '분위기 반전'이 나타나긴 어렵다는 점이다. 여기에 직접적으로 시장에 충격을 주는 요인 외에도 '희망'마저 무력화하는 현 정부의 각종 규제가 지천에 피어 있어 건설 현장의 비용 부담을 가중하며 공사비 상승을 부추기고 있다는 게 업계 지적이다.

구체적으로 노란봉투법으로 불리는 노동조합법 개정안을 보면 사용자 범위 확장과 손해배상 청구를 제한하는 내용을 담고 있다. 다단계 하도급 구조인 건설 현장에서 노조의 불법 파업 리스크가 불가피해지면서, 공기 지연과 연쇄 파업 시 현장 마비를 우려한 시공사가 사업기간과 비용을 보수적으로 산정할 수밖에 없다는 분석이 나온다.

중대재해처벌법(중처법)과 건설안전특별법의 경우 재해 발생 시 엄벌 기조를 강화한 탓에, 시공사가 안전 관리 비용을 대폭 늘리고 공정 속도를 늦춰야 하는 부담을 안게 돼 공사기간 연장과 비용 상승을 초래한다는 설명이다.

이 밖에 현재 논의되는 주 4.5일제 등 근로시간 단축은 야외 작업이 많고 변수에 취약한 건설 현장의 특성을 고려하지 않은 채 이뤄지면, 계획된 공기를 맞추기 위해 추가 인건비와 관리비용이 대폭 상승하는 결과를 낳을 수 있다는 우려다.

주택업계 한 관계자는 "이런 규제들은 시공사에 부담을 가중하고, 결국 조합과 공사비 갈등을 심화시켜 사업 지연으로 이어지는 악순환을 초래한다"고 말했다.

여전히 재건축 초과이익 환수제(재초환) 등 규제가 산재한 상황에서, 정부의 불확실한 정책도 사업을 급속히 냉각시키는 요소로 거론된다. 수시로 바뀌는 정책 변화로 장기간 소요되는 정비 사업 특성상 불확실성을 극대화한다는 진단이다.

이 관계자는 "정부와 지자체 정책이 시장 상황이나 정치적 환경에 따라 예고 없이 강화하거나 수시로 뒤바뀌는 불안정한 기조는 가장 큰 문제"라며 "신뢰

없는 정책 변화는 조합 입장에서는 리스크 예측이 불가능해, 사업 추진 동력을 상실하고 소극적일 수밖에 없다"고 설명했다.

그러면서 "2026년 도시정비 시장은 대다수 사업장이 침체 국면을 이어가는 동시에, 현재의 규제와 비용 부담을 피하는 대안적인 사업 모델에 관심이 커지게 될 것"이라며 "이는 제도가 비정상적으로 작동하고 있다는 명백한 시장의 경고"라고 지적했다.

이어 "정부와 서울시 등 정책 당국은 시장의 신뢰를 회복하고 사업을 정상화하기 위한 일관성 있고 예측 가능한 정책 기조를 유지해야 한다"면서 "시공사와 조합의 과도한 비용·의무 부담을 줄여주는 실질적인 규제 완화로 시장 활력을 되찾아야 할 것"이라고 강조했다.

"조합 비전문성 여전… 신통기획 한계"

업계에서는 전국 정비 사업 물량이 집중된 서울의 경우 신통기획과 관련 규제 철폐 등으로 규제가 빠르게 완화하고 있지만, 2026년에도 조합 중심의 사업 구조 속에 여러 문제가 반복될 가능성이 크다는 지적이 나온다. 신통기획으로 구역 지정이 완료돼도 조합 중심의 사업 단계로 전환하면, 사업 추진 속도가 급격히 둔화하는 구조적 한계가 여전히 존재한다는 설명이다.

조합이 비전문적인 상태에서 사업의 전권을 행사하는 것이 대표적 이유로 꼽힌다. 실제 조합의 역량과 내부 의사결정 구조, 이해관계 조정 수준에 따라 사업기간이 수년에서 수십 년까지 벌어지는 이중 구조가 고착화하고 있다.

시공사 선정이 장기화하면 사업시행인가 등 후속 절차가 연쇄적으로 지연되고, 공사비 상승과 분양가 협의 지연이 맞물려 사업의 실질적 진척이 제한될 가능성이 크다.

이런 한계를 보완하기 위해 시는 2025년 구역 지정 이후 사업시행인가, 관리처분인가, 이주 촉진까지 전 단계에 걸친 행정적 지원을 강화하는 정비 사업 지원방안까지 내놓은 상황이다.

이지현 주택산업연구원 부연구위원은 "조합의 비전문성은 정비 사업 지연과 비용 증가의 주요 원인으로 꼽힌다"며 "수천억원 규모의 사업을 수행할 관리 역량이 부족해, 인허가 절차의 미숙과 회계의 불투명, 내부 갈등 조정 실패 등이 도돌이표처럼 나타나고 있다"고 짚었다.

이어 "이사회, 대의원회, 총회 등 복잡한 의사결정 구조로 사업 추진이 수차례 지연되고, 여기에 용역 발주 과정의 불투명성이 더해지면서 사업비 과다 지출과 신뢰 저하가 누적되는 구조적 문제가 계속되고 있다"고 덧붙였다.

그러면서 이 부연구위원은 "결국 2026년 정비 사업의 핵심 과제는 '속도'가 아니라 '구조의 전환'이 될 것"이라며 "정비 사업이 주택 공급의 핵심 수단으로서 기능하기 위해서는 공공이 조합 단계부터 관리와 조정의 역할을 주도적으로 수행할 수 있도록 제도를 재설계하는 근본적인 전환이 필요하다"고 조언했다.

재개발·재건축에서 발생하는 공공기여에 따른 최소한의 원가 보장을 요구하는 목소리도 커지고 있다. 현재 서울시 정비사업에서 시의 공공기여 시설 요구와 소셜 믹스 기반 임대주택 공급 부담으로 일반분양을 감소시켜 조합원들의 분담금을 증가시키고 수익성을 저해하는 핵심 요인으로 지적되고 있다.

10대 건설사의 한 관계자는 "재초환이 초기 단계부터 불확실성을 키워 사업 추진 동력을 약화시키는 가운데, 자재비, 인건비 등 비용이 계속 상승하지만 현장에선 최소 원가를 보장할 제도적 장치가 미비하다"면서 "여기에 과도한 공공기여와 기부채납 요구가 사업성을 약화시키고 사업 지연을 초래하고 있는 만큼 이런 부담을 합리화하는 조치도 필요하다"고 말했다.

안전·공사비·미분양… 62조 역대급 예산의 그늘

최지희 기자

공공건설

2026년 대한민국 건설시장은 전례 없는 변곡점을 맞았다. 국민주권 정부는 62조 5천억 원이라는 역대 최대 규모의 국토교통 예산을 편성하는 동시에, 새로운 정책 기조를 추진해 건설업계 전반에 걸쳐 근본적 변화를 예고하고 있다.

하지만 이 거대한 예산 증액 뒤에는 복잡하고 상반된 시장 신호들이 교차한다. 공적 주택을 19만 4천 가구 공급하고 SOC 투자를 확대한 것은 분명 긍정적이다. 그러나 중대재해처벌법을 강화하면서 안전비용이 급증한 것과, 지방 미분양이 누적되는 문제는 업계에 새로운 리스크로 작용한다.

이러한 복합적 변화 속에서 2026년 건설시장의 실체를 냉정하게 분석하고, 건설업계가 직면할 기회와 위험을 균형 있게 조명했다. 특히 대형사와 중소업체 간 격차 확대, 공공건설시장의 구조적 변화, 그리고 안전 중심의 새로운 게임 룰이 가져올 파급효과에 그 초점을 맞췄다.

⟨표1. 2026년 공공건설시장 주요 예산·현안 지표⟩

항목	2026년 규모 및 수치	2025년 대비 변화 및 특징
전체 예산	62.5조원 (+7.4%)	증가 (역대 최대)
SOC 예산	27.4조원	증액폭 미흡
공적주택 예산	22.8조원, 19.4만호	공적주택 38% 증가
지방 미분양 규모	10만호 이상	지방 미분양 누적 심화
공사비 상승률	2% 내외	엄격한 관리 기조
AI·디지털 정책	정책 본격 도입 (BIM, 발주 AI)	시범 → 전면 확대

역대 최대, 62조 국토교통 예산의 명(明)과 암(暗)

2026년 국토교통부 예산 62조 5천억 원. 전년 대비 7.4% 증가한 이 수치는 분명 인상적이다. 그러나 세부 내역을 들여다보면 이야기가 달라진다. SOC 예산 27조 4,506억 원은 업계가 요구해 온 30조 원 수준에는 미치지 못해 전체 경제 규모 대비 SOC 투자 비중은 오히려 감소하는 추세를 보인다. 절대적 증액에도 불구하고 상대적 위상은 약화됐다는 분석이 지배적이다. 이는 건설업계에 복합적 시사점을 제공한다.

공적 주택 부문은 16.5조 원에서 22.8조 원으로 38% 급증했다. 19만 4천 가구 공급이라는 구체적 목표를 담고 있으며, 신혼부부 공공임대주택도 2만 8천 가구에서 3만 1천 가구로 확대된다. 저출산 대응이라는 국가적 과제와 직결되는 정책이다.

하지만 이 기회는 정부의 직접 시행 방침에 따라 기존 민간 건설사들의 역할이 제한될 수 있다는 독특한 조건이 붙어있다. LH 중심의 공공기관 직접 개발이 확대되면, 중견 건설사들은 원도급보다는 하도급 중심의 참여에 머물 가능성이 높다. 이는 수익성 면에서 상당한 제약이다.

교통·도시 인프라에는 8조 5천억 원이 배정됐지만 대형 프로젝트 중심 편중 현상이 뚜렷하다. GTX 사업에 4,361억 원, 가덕도 신공항에 6,890억 원이 투입되는 반면, 지역 SOC나 생활 밀착형 인프라 예산은 상대적으로 소외됐다.

신공항 8개소, 주요 철도 노선 등 대규모 프로젝트들이 줄지어 대기하는 이런 구조는 대형 건설사들에게는 분명한 기회다. 하지만 중소 건설업체들에게는 참여 기회가 제한적일 수밖에 없다. 기술력, 자본력, 시공 능력 등 진입 장벽이 높기 때문이다.

중대재해처벌법 충격파 속 안전비용 폭증

2026년부터 본격 시행되는 강화된 중대재해처벌법은 건설업계에 지각 변동을 예고하고 있다. 단순한 규제 강화 차원을 넘어, 업계의 경쟁 구조 자체를 바꾸는 게임 체인저인 셈이다.

가장 직접적인 변화는 공공입찰 시스템이다. 이전에 기술력과 가격 경쟁력이 주요 변수였다면, 이제는 안전관리 역량이 월등히 중요해졌다. 반복적으로 중대재해가 발생하는 기업에 대해서는 면허가 취소되는 동시에 공공입찰 자격이 영구 박탈되는 등 극단적인 제재가 가해진다.

시공 능력 평가에서도 안전 항목의 비중이 대폭 확대됐다. 안전관리 조직과 전문 인력, 투자 실적 등이 정량적으로 평가되며 이는 곧 기업의 시장 경쟁력과 직결된다. 안전 관리가 미흡한 기업은 아무리 기술력이 뛰어나도 입찰 참가 자체가 어려워진다.

중대재해처벌법 강화로 건설 현장의 안전 투자 지출은 급격히 늘어난다. 안전관리 전문 인력과 스마트 안전장비, 교육 훈련 등 고정비 성격의 지출이 크게 증가한다. 업계 추산으로는 공사비 대비 안전 관련 비용이 기존 3~4%에서 7~8%까지 증가할 것으로 예상된다.

문제는 이런 비용 증가가 공사비에 제대로 반영되지 않는다는 점이다. 정부는 공사비 상승률을 연 2% 내외로 제한하지만, 실제 현장에서는 자재비와 인건비, 안전비 등이 동시에 오르기 때문이다. 이런 괴리는 건설사들의 수익성에 타격을 준다.

더 심각한 것은 이로 인한 입찰 유찰 사태다. 적정 이윤을 기대하기 어려운 조건의 입찰에는 아예 참가하지 않는 건설사들이 늘어나면서 주요 국책 사업에서도 유찰이 반복되는 현상이 나타나 정부의 예산 집행에도 차질이 우려되는 상황이다.

안전 규제 강화는 건설업계 내 양극화를 가속화한다. 대형 건설사들은 충분한 자본력을 바탕으로 안전 시스템을 구축하고 전문 인력을 확보하며, 이를 새로운 경쟁 우위로 바꿔나간다.

반면 중소 건설업체들에게는 생존의 위기다. 안전 투자에 필요한 자금 확보도 어렵거니와, 전문 인력 채용 경쟁에서도 대형사에 밀린다. 결국 공공공사 진입 자체가 어려워지면서 시장에서 밀려나는 업체들이 속출할 전망이다.

누적된 지방 미분양, 지역 맞춤형 개발 발목 잡나

전국 미분양이 10만 호를 넘어서는 가운데, 특히 지방 중소도시의 미분양 비율은 심각한 수준이다. 지방 미분양이 특히 문제가 되는 이유는 간단하다. 단순 공급 과잉을 넘어, 지역 경제 전반의 위축과 직결되기 때문이다.

이재명 정부는 '5극 3특' 실현을 통한 국토 균형 발전에 강한 의지를 보인다. 지자체 자율 계정을 1조 3천억 원으로 확대하고 AI 시범도시 조성, 캠퍼스 혁신파크 등 지역 특화 개발사업을 적극 추진한다.

하지만 누적된 지방 미분양은 이런 정책 추진에 심각한 걸림돌이 된다. 새로운 개발사업을 추진하려 해도 기존 미분양 때문에 지역 내 반발이 심해지고 실제로도 추가 공급이 시장에 미치는 부정적 영향을 무시할 수 없다.

캠퍼스 혁신파크나 AI 시범도시 같은 혁신 거점 조성 사업에는 상당한 주거 공간 개발이 수반된다. 하지만 해당 지역에 이미 미분양이 누적돼 있으면, 신규 공급이 기존 미분양 해소에 악영향을 미칠 수 있어 사업 추진 자체가 어려워진다.

이재명 정부의 핵심 정책인 균형 발전 전략을 효과적으로 추진하려면 지방 미분양 문제에 대한 대책을 근본적으로 재검토 해야 한다. 기존의 공급 중심 개발 방식으로는 더 이상 지방 활성화를 기대하기 어렵다.

앞으로는 주거 공간 개발보다 일자리 창출과 정주 여건 개선에 우선순위를 두는 방향으로 정책을 전환해야 한다. 또한 미분양 해소와 신규 개발사업을 연계하는 통합적 접근이 필요하다. 기존 미분양을 공공임대주택으로 전환하거나, 청년 창업 지원 공간으로 활용하는 등 창의적 해법을 모색해야 할 시점이다.

시평 패러다임 전환으로 공공시장 구조 변화

2026년부터 시공 능력 평가 시스템은 근본적으로 변화하기 시작했다. 기존의 기술력·재무 능력을 중심으로 평가하던 기존의 방식에서 안전 실적과 관리 체계까지 종합적으로 평가하는 방식으로 전환된 것이다. 이런 변화는 건설업계의 경쟁 양상을 완전히 바꿀 것이다. 과거에 저가 입찰과 빠른 시공이 경쟁력의 핵심이었다면, 이제는 안전한 시공과 체계적 관리의 중요성이 더욱 강조된다. 안전사고 한 번이 기업의 시장 퇴출로 직결될 수 있는 구조가 된 것이다.

특히 중대재해 이력이 있는 기업들에게는 시공 능력 평가에서 감점이나 배점 제외 등의 불이익이 주어진다. 이는 단순히 점수 감점을 넘어, 입찰 참가 자격 자체를 박탈당할 수 있음을 의미한다.

　공공 입찰 시장에서 가장 눈에 띄는 변화는 참여 업체 수의 감소다. 까다로워진 안전 기준과 높아진 진입 장벽으로 인해, 실질적으로 입찰에 참가할 수 있는 업체들은 크게 줄어들 것으로 보인다. 이는 발주기관 입장에서도 딜레마다. 경쟁이 줄어들면서 낙찰가격은 상승하고, 심한 경우 유찰이 반복되면서 사업 추진은 그 자체로 차질을 빚는다. 특히 지방 소규모 공사라면, 아예 참여 업체를 찾기 어려운 상황까지 발생할 수도 있다.

　대형사들에게는 분명한 기회다. 경쟁사 수가 줄어들면서 수주 확률이 높아지고, 안전 시스템 구축에 대한 선제적 투자가 경쟁 우위로 작용한다. 하지만 중소업체들에게는 생존 위기가 현실화될 수 있다.

　원도급 시장에서 밀려난 중소업체들이 하도급 시장으로 몰리면서, 하도급 시장의 경쟁은 치열해질 것이다. 하도급 역시 안전 기준도 강화될 것은 불보듯 뻔하다. 원도급사의 안전 책임이 강화되면서, 하도급업체 선정에서도 안전 관리 능력은 핵심으로 작용할 것이다.

　이로 인해 하도급 시장 역시 양극화가 예상된다. 안전 시스템을 갖춘 중견 하도급업체들은 오히려 수주의 기회가 늘어나지만, 영세 업체들은 설 자리를 잃을 것으로 보인다.

정부 AI 정책이 바꾸는 공공건설 생태계

　2026년 정부의 AI 정책은 공공건설시장의 발주 시스템 자체를 근본적으로 변화시킨다. AI 응용제품 상용화 지원사업에 880억 원을 투입하고, AI 시범도시를 신규 조성하는 정부 정책은 단순한 기술 지원을 넘어 공공 발주기관의 업무 방식을 혁신한다.

조달청을 비롯한 주요 발주기관들은 AI 기반 발주 시스템을 도입하는 것을 서두르고 있다. 설계 적정성 검토와 공사비 산정, 시공업체 선정 등 전 과정에 AI 알고리즘이 적용된다. 특히 BIM(건물정보모델링) 데이터를 활용한 자동 물량 산출과 공사비 검증 시스템은 발주의 정확성과 투명성을 크게 높인다.

국토교통부와 산하 공공기관 역시 디지털 발주 플랫폼을 구축하고 있다. 기존의 서류 중심 발주는 3D 모델링과 VR 기반의 시각적 발주로 전환되며, 이는 설계 오류를 사전에 방지하고 시공 품질을 향상시키는 효과를 거둘 것으로 예상하고 있다.

공공건설 입찰에서 가장 큰 변화는 AI 기반 기술력 평가 시스템의 도입이다. 기존의 실적 중심 정성 평가에서 실제 기술 역량을 정량적으로 측정하는 방식으로 전환되는 것이다.

건설사들은 이제 입찰 참가 시 AI 기반 시공 관리 시스템과 디지털 트윈 활용 능력, BIM 통합 운영 역량 등을 구체적으로 입증해야 한다. 특히 안전관리에는 AI 기술 활용도가 입찰 평가의 핵심적인 요소가 된다.

시공 능력 평가에도 디지털 역량 항목이 신설됐다. 시공 실적과 기술 인력 보유 현황 위주로 평가했던 기존의 평가에 AI·디지털 기술 적용 실적과 관련 인증 보유 현황, 디지털 전환 투자 규모 등이 추가된다.

정부의 AI 정책 강화는 건설사들에게 조직 구조와 인력 운영의 근본적 변화를 요구한다. 단순히 기술을 도입하는 차원을 넘어, AI 중심의 새로운 업무 프로세스 구축은 필수가 된다.

대형 건설사들은 별도의 디지털 혁신 조직을 신설 중이다. AI 엔지니어와 데이터 사이언티스트, BIM 전문가 등 새로운 직군의 인력이 필요하게 될 것이며, 새로운 인력들과 기존 기술직과의 협업 체계를 구축하는 것도 필요하다.

중견 건설사들도 외부 전문업체와 파트너십을 통해 AI 역량을 확보한다. 자체 개발이 어려운 중소 규모 업체들은 패키지형 AI 솔루션을 도입하거나, 컨소시엄을 구성해 공동으로 디지털 전환에 대응한다.

가장 큰 변화는 현장 작업 방식의 디지털화다. 종이 도면 대신 태블릿과 모바일 앱을 통한 실시간 정보 공유가 표준이 되고, AI 기반 품질 관리와 안전 점검이 일상화될 것이다.

정부는 대형사와 중소업체 간 디지털 격차를 해소하기 위한 지원책도 마련하고 있다. 중소 건설사 대상 AI 도구 도입 지원사업, 디지털 전환 컨설팅 제공, 관련 교육 프로그램 운영 등이 대표적이다.

특히 건설 현장의 스마트 안전장비 지원사업이 200곳에서 220곳으로 확대된 것은 중소업체들의 디지털 전환을 돕는 실질적 방안이다. 정부 지원을 통해 AI 기반 안전관리 시스템을 도입한 중소업체들은 공공입찰에서 상당한 가점을 받을 수 있다.

또한 AI 활용 역량이 부족한 중소업체들을 위해, 표준화된 디지털 플랫폼 역시 구축될 것이다. 복잡한 AI 기술을 쉽게 활용할 수 있는 사용자 친화적 인터페이스를 제공해, 기술적 진입 장벽을 낮춰야 한다.

하지만 이런 지원에도 불구하고 디지털 전환에 적응하지 못하는 중소업체들은 공공시장에서 점진적으로 도태될 가능성이 높다. 결국 정부의 AI 정책은 건설업계의 구조 재편을 가속화하는 강력한 동력이 되고 있다.

안전과 AI가 새로운 진입 장벽이 되는 해

2026년 공공건설시장은 한마디로 '선별의 해'다. 62조 원이라는 역대 최대 예산이 편성됐지만, 모든 건설사에게 균등한 기회가 주어지는 것은 아니다. 안전과 AI라는 새로운 진입 장벽이 작동하면서, 생존 기준 자체가 바뀌고 있다.

중대재해처벌법 강화와 정부의 AI 정책은 단순한 규제나 기술 지원을 넘어, 건설업계의 DNA를 바꾸는 '게임 체인저'로 작용한다. 과거에 가격과 속도가 경쟁력이었다면, 이제는 안전 시스템과 디지털 역량이 시장 참여의 필수 조건이 됐다.

지방 미분양 누적은 이재명 정부의 균형 발전 정책에 예상치 못한 걸림돌이 되고 있다. 단순한 공급 확대로는 더 이상 지역 경제를 살릴 수 없다는 현실이 드러나면서, 정책 패러다임의 전환이 불가피해졌다.

건설사들은 이제 선택해야 한다. 새로운 게임 룰에 맞춰 혁신할 것인가, 아니면 시장에서 퇴장할 것인가. 2026년은 그 갈림길에서 건설업계의 미래가 결정되는 해가 될 것이다.

수주 500억달러 달성, 전력 플랜트가 빛줄기

정창구 해외건설협회 정책본부장

해외건설

    글로벌 조사기관인 S&P Global이 2025년 7월 발표한 자료에 따르면, 2025년 세계 건설시장은 2024년의 14.5조 달러 대비 5.1% 성장한 15.3조 달러 규모로 추정할 수 있다. 지역별로는 0.7조 달러인 중동의 발주 환경 개선에 힘입어 8.2% 성장했고, 6.8조 달러로 시장 규모가 큰 아시아 지역은 3.6%, 3.9조 달러인 유럽은 10.1%, 3.0조 달러인 북미·태평양은 2.2% 각각 성장할 것으로 전망했다.

- 중동: 카타르 13.2%, 이집트 12.4%, 사우디 6.6%, UAE 5.7%
- 아시아: 베트남 8.2%, 인니 6.2%, 필리핀 7.9%, 인도 7.6% 등
- 유럽: 불가리아 14.3%, 루마니아 12.0%, 체코 9.6%, 폴란드 12.8% 등

    이 밖에 아프리카 시장 규모는 1,117억 달러로 14.5% 성장이 예상되나,

-14.7%를 기록한 2023년, -24.0%를 기록한 2024년의 기저 효과 때문이며, 시장 규모는 2009~2010년의 994억~1,213억 달러 수준으로 회복될 것으로 관측됐다.

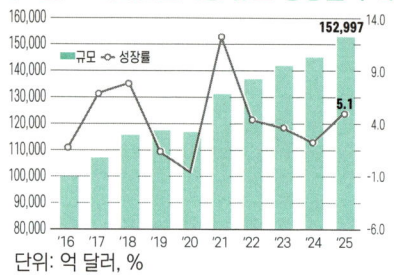

〈그림 1. 세계건설시장 규모·성장률 추이〉
단위: 억 달러, %
출처: S&P Global Market Intel.('25.7)

〈표 1. 지역별 건설시장 규모 전망〉

구분	2024	2025	성장률
중동	6,972	7,543	8.2
아시아	65,349	67,701	3.6
북미·태평양	29,283	29,936	2.2
아프리카	975	1,117	14.5
유럽	35,703	39,299	10.1
중남미	7,256	7,402	2.0
합계	145,538	152,997	5.1

단위: 억 달러, %

2025년 해외건설 수주 동향

2025년 9월 말 기준 우리나라 해외건설 수주는 230개사가 97개국에서 441건, 413.3억 달러를 수주해 전년 동기 대비 195.8% 상승률을 기록했다.

- (지역별) 유럽 198.2억 달러(47.9%), 중동 109.5억 달러(26.5%), 아시아 47.5억 달러(11.5%) 등
- (공종별) 산업설비 335.7억 달러(81.3%), 건축 45.6억 달러(11.0%), 토목 13.4억 달러(3.3%) 등
- (국가별) 체코 187.2억 달러(45.3%), 미국 42.8억 달러(10.4%), 이라크 33.1억 달러(8.0%) 등
- (재원별) 도급형 408.0억 달러(98.7%), 개발형 5.3억 달러(1.3%)

<표 2. 최근 10년간 3분기 누적 수주실적 추이>

구 분		'15	'16	'17	'18	'19	'20	'21	'22	'23	'24	'25.9
1~3분기	수주액	345	187	213	222	165	185	174	224	235	211	413
	수주건수(건)	475	396	483	455	472	402	345	402	443	427	441
연간	수주액	461	282	290	321	223	351	306	310	333	371	-
	수주건수(건)	697	607	624	661	667	565	499	580	606	605	-
3/4분기 수주비중(%)		75	66	73	69	74	53	57	72	71	57	-

단위: 억 달러 / 출처: 해외건설통합정보서비스(OCIS)

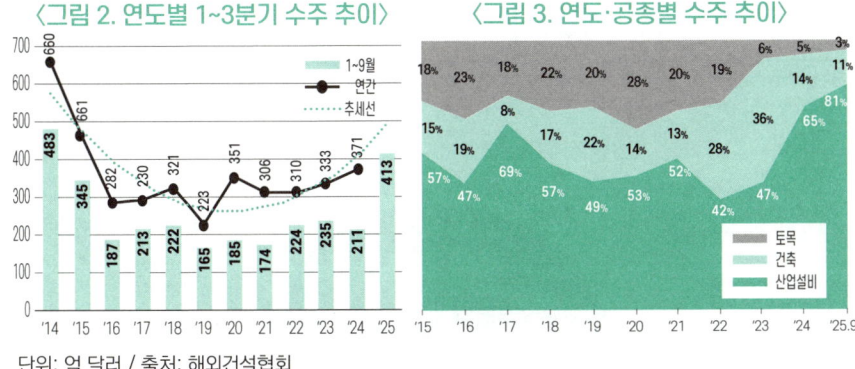

<그림 2. 연도별 1~3분기 수주 추이> <그림 3. 연도·공종별 수주 추이>

단위: 억 달러 / 출처: 해외건설협회

2025년 해외수주 특징

지역별 수주 현황을 살펴보면, 지난 6월 체코에서 수주한 두코바니 신규 원전 187억 달러로 인해 1~3분기 유럽 지역이 198.2억 달러를 차지해 9월 말 기준 전체 해외 수주액 413.3억 달러의 47.9%를 차지해 사상 최대 금액 및 비중을 기록했다.

〈표 3. 지역별 해외수주 현황〉

구 분	'24년 1~3분기		'25년 1~3분기		전년대비 (%)	누계(~'25.3분기)	
	금액 (백만 달러)	비중 (%)	금액 (백만 달러)	비중 (%)		금액 (백만 달러)	비중 (%)
중동	11,941	56.6	10,949	26.5	91.7	511,821	49.1
아시아	2,983	14.1	4,754	11.5	159.4	322,875	31.0
북미·태평양	2,673	12.7	4,529	11.0	169.4	60,562	5.8
유럽	2,443	11.6	19,819	47.9	811.3	63,812	6.1
아프리카	170	0.8	634	1.5	373.1	30,925	3.0
중남미	902	4.2	644	1.6	71.4	52,279	5.0
합계	21,112	100.0	41,329	100.0	195.8	1,042,274	100.0

출처: 해외건설통합정보서비스(OCIS)

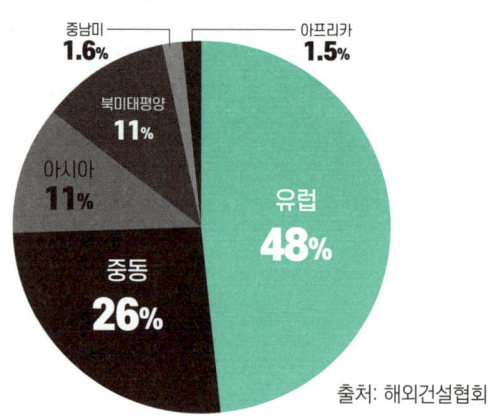

〈그림 4. 2025년 1~3분기 지역별 수주 현황〉

출처: 해외건설협회

　공종별로는 앞서 언급한 체코 원전사업 수주로 산업설비 부문이 매우 높게 나타나고 있으며, 중동 지역의 발전·메탄올 플랜트, 아시아 인산 플랜트 등 다수의 산업설비 공사 수주로 인해 전체 수주의 81.3%를 산업설비가 차지했다. 또한 산업설비 세부 공종별 수주 비중을 보면, 정치적 불확실성에 의한 에너지 안보 및 경제·산업 발전에 의한 전력 수요 증가 등 영향으로 발전 분야가 매우 높게 나타났다.

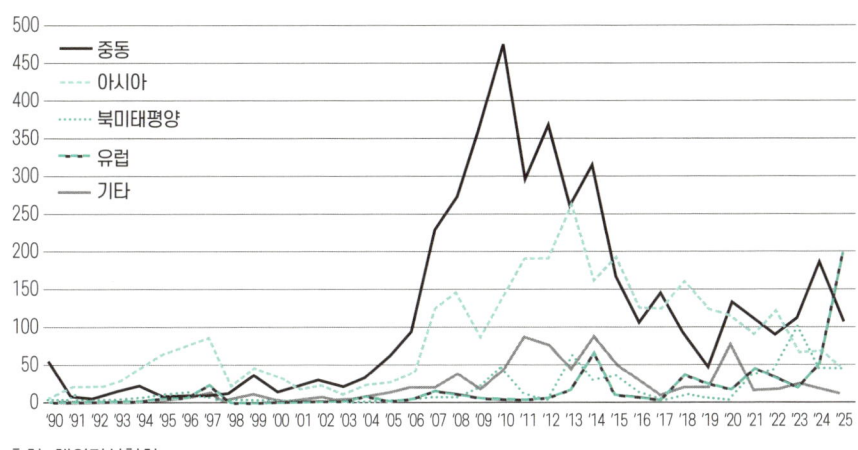

〈그림 5. 지역별 수주 추이('90~'25.9)(억 달러)〉

출처: 해외건설협회

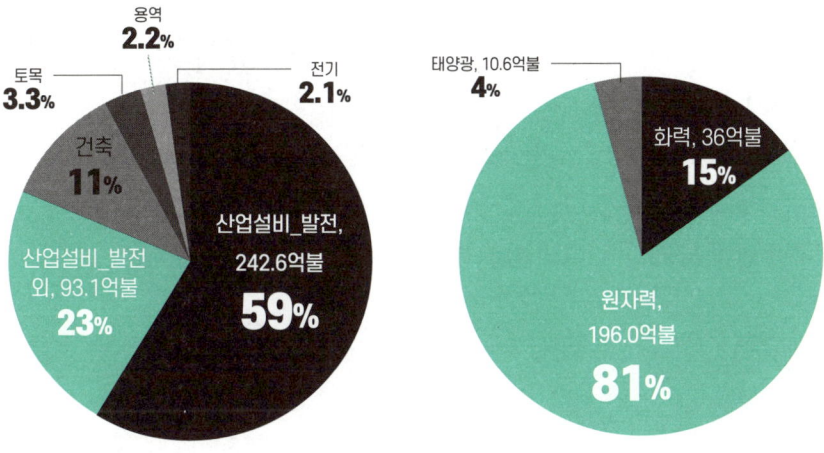

〈그림 6. 2025년 1~3분기 공종별 수주현황〉 〈그림 7. 2025년 1~3분기 발전사업 수주현황〉

출처: 해외건설협회

국내 해외건설 기업들의 글로벌 위상

2025년 8월 25일 발표된 ENR[1] The Top 250 자료에 의하면, 2024년 기준 상위 250개 기업의 해외건설 매출액은 2023년 4,996억 달러 대비 약 0.49% 증가해 5,021억 달러로 집계됐다. 우리나라의 해외건설 분야 매출액은 317억 달러로 점유율 6.3%를 기록했는데, 2023년(341.7억 달러, 6.8%) 대비 각각 24.7억 달러, 0.5%p 감소했으나 동일하게 세계 5위를 유지했다.

반면, 세계 1위를 차지한 중국의 매출액은 1,274억 달러, 점유율 25.4%로 1,230억 달러, 24.6%을 기록한 2023년 대비 점유율이 0.8%p 증가했다. 2023년 매출액 상위 5개 국가는 2024년에도 동일한 순위를 유지했는데, 2023년 8위였던 일본은 240억 달러, 4.8%을 기록해 6위로 상승했으며, 7위는 232억 달러, 4.6%을 기록한 이탈리아, 8위는 215억 달러, 4.3%의 오스트리아, 9위는 208억 달러, 4.1%을 기록한 튀르키예, 10위는 154억 달러, 3.1%을 기록한 네덜란드가 차지했다.

글로벌 Top 250대 기업에 포함된 한국 기업은 총 12개사로 전년 대비 1개사 증가했으며, 상위 50대 기업에는 10위 현대건설과 19위 삼성물산, 23위를 기록한 현대 ENG와 32위의 삼성 E&A, 49위로 GS건설이 포함됐다.

---

[1] ENR(Engineering News-Record) : 해외건설관련 글로벌 기업들의 실적(매출액 기준)을 발표하는 거의 유일한 기관으로 상위 250대 건설사 실적 및 225대 엔지니어링기업의 실적을 집계하여 국가별 순위 등을 매년 3/4분기중에 발표함 (www.enr.com)

<표 4. 국적별 해외건설 매출 현황>

순위	국가	매출액(억불)	점유율(%)	업체수(개)
1	중국	1273.5	25.4	76
2	프랑스	817.0	16.3	4
3	스페인	665.2	13.2	9
4	미국	327.9	6.5	42
5	한국	317.0	6.3	12
6	일본	239.7	4.8	11
7	이탈리아	231.8	4.6	11
8	오스트리아	215.1	4.3	2
9	튀르키예	208.3	4.1	45
10	네덜란드	153.9	3.1	3

출처: ENR The Top 250, 지역별 매출액 기준

<표 5. 국적별 해외건설 매출 순위>

순위	2021년 국가(업체수)	점유율	2022년 국가(업체수)	점유율	2023년 국가(업체수)	점유율	2024년 국가(업체수)	점유율
1	중국(79)	28.4	중국(81)	27.5	중국(81)	24.6	중국(76)	25.4
2	스페인(8)	13.0	프랑스(3)	14.7	프랑스(5)	17.0	프랑스(4)	16.3
3	프랑스(3)	12.7	스페인(9)	13.9	스페인(8)	11.9	스페인(9)	13.2
4	미국(41)	6.1	미국(39)	6.2	미국(38)	6.9	미국(42)	6.5
5	한국(12)	5.7	한국(12)	6.1	한국(11)	6.8	한국(12)	6.3
6	이탈리아(13)	5.6	일본(11)	4.6	이탈리아(13)	6.3	일본(11)	4.8
7	튀르키예(42)	5.1	튀르키예(40)	4.4	튀르키예(42)	3.7	이탈리아(11)	4.6
8	일본(11)	4.2	이탈리아(12)	3.8	일본(10)	3.6	오스트리아(2)	4.3
9	네덜란드(3)	2.3	독일(2)	1.7	네덜란드(2)	2.7	튀르키예(45)	4.1
10	독일(3)	1.6	인도(5)	1.5	인도(5)	1.7	네덜란드(3)	3.1
11	인도(5)	1.5	영국(2)	1.1	독일(2)	1.4	스웨덴(1)	2.5
12	호주(3)	1.0	호주(2)	0.9	영국(2)	1.0	인도(6)	2.2
13	영국(1)	0.6	네덜란드(1)	0.8	캐나다(4)	0.4	포르투갈(1)	1.1
14	캐나다(4)	0.5	캐나다(4)	0.5	호주(1)	0.3	룩셈부르크(1)	0.8

단위: % / 출처: ENR The Top 250, 지역별 매출액 기준

주요국 건설시장 전망 [출처: IHS Markit, BNamericas, 해외건설협회 등]

(UAE) 2025년, 195억 달러라는 역대 최대 규모의 연방 예산안을 바탕으로 교통과 에너지, 주택 분야를 중심으로 공공·민간 투자가 확대되고 있다. 두바이는 2025년 전체 지출 예산안의 46%를 건설 인프라 구축에 배정하고, AI와 스마트시티 기반 도시를 개발하는 등 고부가가치 건설 수요가 증가함에 따라 관련 시설 투자가 확대될 것이 기대된다.

(카타르) 전 세계 가스 수요 증가에 대응한 북부 가스전 확장 프로젝트(North Field Expansion, 이하 NFE)를 중심으로 청정에너지 전환 인프라 사업 발주가 증가할 것으로 예상된다.

(이라크) 2025년부터 2028년까지 에너지와 수자원, 주택 프로젝트 등을 중심으로 건설시장 규모가 연평균 4.9% 성장할 것으로 전망된다.

(베트남) 지방과 도시 통합 정책과 더불어 총 1,740억 달러 규모의 투자계획을 추진하고 있으며, 정부 투자 확대에 따라 2025년에는 인프라 투자가 전년 대비 약 40% 증가해 건설지출은 5.6% 확대될 것으로 전망된다. 2026년 역시 건설지출이 5% 이상 증가할 것으로 예상된다.

(필리핀) 2025년 건설시장은 전년 대비 7.9% 성장한 642억 달러 기록이 전망된다. 정부가 추진하는 207개의 대규모 인프라 플래그십 프로젝트(IFP)에 힘입어 2026년에도 성장세가 이어질 것으로 전망된다.

(미국) 2025년 미국 건설시장 규모는 2조 2,002억 달러로 전망된다. 그러나 트럼프 정부의 관세 강화와 보호무역주의 등 '미국 우선주의' 정책 추진에 따

라, 단기적으로 외국 기업의 투자가 축소될 가능성이 있다. 다만 중장기적으로 정부의 에너지 부문 대규모 투자와 자동차, 반도체 등 제조시설의 건설 수요 증가가 건설시장 성장을 견인할 것으로 예상된다.

(폴란드) EU 기금을 바탕으로 교통·에너지 인프라 투자가 계속되어 명목 기준 12.9%, 1,735억 달러 성장이 전망되나, 고물가로 실질 성장률은 2.6%에 그칠 것으로 예상된다. 신공항사(CPK)는 2분기에 여객 터미널 입찰에 대한 경쟁적 대화를 공식 개시하는 한편, 연내 최대 70억 유로 규모의 추가 발주 계획을 밝혔다.

2026년 해외건설 수주 전망

〈그림 8. K-City 플랫폼이 만드는 미래도시 구상 (출처: 해외건설협회)〉

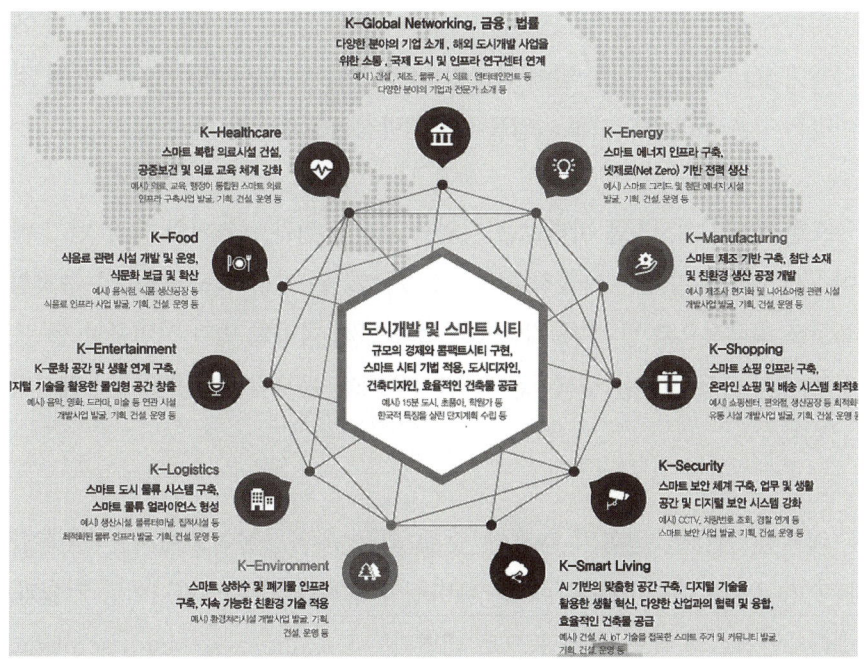

2025년 해외건설 수주 실적은 지난 2010년 186억 달러 규모의 UAE 바라카 원전 수주 이후 15년 만에 체코에서 수주한 두코바니 원전 187억 달러에 힘입어 500억 달러 초과 달성이 확실시된다. 특히 2015년 461억 달러 수주 이후 10여 년간 300억 달러 수준에 머물던 해외건설 수주가 더욱 치열한 글로벌 수주 경쟁에도 다시 한번 도약할 수 있는 계기가 된 한 해였다고 평가할 수 있다.

2026년 해외 수주에 대한 전망은 통상 연말쯤 발표되는 만큼 현 시점에서의 언급은 적절치 않아 보이나, 분명한 점은 2025년 체코 원전 수주와 같은 메가 프로젝트 수주가 이어지지 않는 한 500억 달러 수주는 사실상 어려울 것으로 예상된다.

하지만 AI 수요 폭증 등으로 인한 데이터센터 건립 수요 확대 등 글로벌 에너지 수요의 지속 증대로 인해 글로벌 원전 건설 수요는 상당 기간 지속될 것이라는 점은 우리 해외건설 기업들에게 희망적인 요인이라 할 수 있다.

또한 해외건설시장을 바라보는 기업들의 진출 전략도 과거와 달리 '턴키 베이스'의 일회성 수주는 가급적 지양하고, 차별화된 기술력을 바탕으로 수익성 확보를 최우선으로 한 투자 개발형 사업과 함께 다양한 연관 산업군과 융·복합 형태의 공동 진출을 모색하는 등 변신을 위한 몸부림들이 곳곳에서 감지되고 있다.

이러한 거대한 변화의 추세에 맞춰 최근 해외건설협회에서는 '융복합 K-City 플랫폼'을 런칭했다. 이는 대한민국의 첨단 건설·엔지니어링 기술과, 엔터테인먼트와 푸드, 뷰티 등으로 대변되는 K-Culture, K-Manufacturing,

K-Healthcare, IT 등의 혁신을 결합한 글로벌 도시개발 협업 플랫폼으로, 한국의 스마트 도시 솔루션을 한곳에서 연결하고 협력하며 세계로 확장할 수 있도록 다양한 이해 당사자가 참여할 수 있는 사이버 공간을 제공한다. 향후 K-철도, K-공항 등 스마트 인프라 분야로 영역을 확장할 계획이다.

　1965년은 우리나라가 첫 해외건설시장에 진출해 수주에 성공한 해였으며, 2024년엔 누적 수주 1조 달러를 달성했고, 2025년은 해외 진출 60주년을 맞아 새롭게 도약하기 위한 노력의 일환으로 융복합 K-City 플랫폼 등도 출범했으니, 2026년엔 새로운 60년, 즉 60갑자(甲子)를 시작하는 해로 모든 해외건설인들이 더욱 새로운 각오로 다시 한번 힘차게 도약하길 기대한다.

침체일로 민자시장, 활성화 기로

안재민 기자

민자·엔지니어링

　민간투자시장은 지난 1997년 IMF 외환위기 이후 황금기를 누렸다. 국가 재정이 여의치 못한 상황에 SOC(사회간접자본) 구축을 위한 민간 자본 유치가 절실했고, MRG(최소운영수입보장) 등 국가적 지원이 맞물리면서 활기를 띠었다. 반면 최근 몇 년간 민자시장은 침체일로다. 고물가·고금리 장기화 여파로 민간투자시장의 자금줄을 담당하던 금융투자자(FI)들이 등을 돌렸다.

　치솟은 공사비 탓에 민자 프로젝트의 추진은 한층 장기화하고 있다. 2025년 윤석열 대통령이 탄핵되고, 6월 이재명 정부가 새롭게 출범했지만 상황은 크게 변하지 않았다.

　하지만 2026년은 민자업계에 희망찬 해가 될 수 있을 것이라는 기대가 커지고 있다. 이재명 정부의 첫 민자활성화 대책이 2025년 4분기 발표됐고, 2026년 집권 2년차를 맞아 각종 국책사업에 힘이 실릴 가능성이 크기 때문이다.

　업계 관계자는 "국가 재정 고갈이 심화하고 있는 상황에서 민자 활성화는 선택이 아닌 필수일 것"이라고 전망했다.

[민간투자] 신유형·대상지 공모형·개량운영형 민자 활성화

2025년 6월 새롭게 출범한 이재명 정부는 4분기 민간투자 활성화 방안을 발표했다. 여기에는 인공지능(AI), 신재생에너지 등 이른바 신유형 민자사업의 추진 및 활성화 방안이 담겼다.

지난 2024년 10월 정부가 새로 도입한 '대상지 공모형' 민자사업 역시 2026년 한층 더 활성화할 전망이다. 대상지 공모형 민자사업이란 주무 관청이 유휴 부지를 사전에 공개하고 민간사업자가 이 부지를 활용한 민자사업을 제안하면 적격성조사 등을 통해 사업을 추진한다.

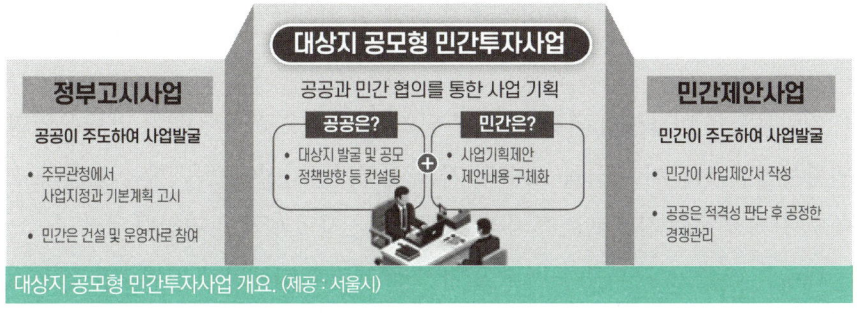

대상지 공모형 민간투자사업 개요. (제공 : 서울시)

대상지 공모형 민자사업은 정부고시사업과 민간제안사업 등 기존의 2가지 민자방식의 장점을 모두 갖춘 사업방식으로 평가받는다.

정부고시사업이란 주무관청이 민자대상 사업을 발굴해 사업자를 모집하는 방식이다. 민간제안사업은 민간이 민간투자대상 사업을 발굴해 주무관청에 민자사업 선정을 요청하는 방식이다.

과거 두 사업방식이 균형을 이룰 때 민자 시장이 활성화됐지만 대상 사업 선정, 각 부처 협의 등 정부고시사업 추진 과정에 피로감을 느낀 주무관청들이 소극적인 태도로 임하면서 최근 정부고시사업은 실종된 상황이다.

한국경제연구원 공공투자관리센터(KDI PIMAC)이 지난 2024년말 발표한 '민간제안사업의 해외 논의동향 및 시사점 연구'에 따르면, 2008~2023년 동안 추진된 수익형 민자사업 118건 가운데 정부고시사업은 11건(9%)에 불과했다.

업계 관계자는 "정부고시사업은 정부 및 공공기관이 추진하는 점에서 정책 방향에 부합하고, 수요도 보장된다"며 "민간제안사업은 제안을 위해 각 업체가 투자하는 비용도 크며 제안을 해도 이후 정책 방향과 어긋나 반려되거나 적격성 조사에서 낙마할 리스크가 있다"고 말했다.

이어 "시장 활성화를 위해서는 정부고시사업이 다시 한번 확대될 필요가 있었는데 정부고시사업과 민간제안사업의 장점을 가진 대상지 공모형 민자사업이 장기적으로 정부고시사업의 역할을 맡게 될 것으로 본다"고 강조했다.

개량운영형 민자사업 역시 2026년 활기를 띌 것으로 기대된다. '개량운영형 민자사업'은 민간이 자금을 조달해 기존 사회기반시설(SOC)을 개량·증설하고, 이후 전체 시설의 사용료로 투자비를 회수하는 사업 방식을 말한다.

대상은 운영기간이 끝난 기존 민자시설이나 재정·공기업 재원으로 건설돼 정부가 소유한 시설이다. 민간 제안과 정부 고시 방식 모두 가능하다.

2026년초 1호 사업인 평택-시흥 고속도로 확장사업이 사업자 선정을 마무리짓는다.

여기에 현대건설이 제안한 개량운영형 민자사업 제2용서고속도로 사업 역시 한국개발연구원 공공투자관리센터(KDI PIMAC)의 민자 적격성 조사를 받고 있다. 이 외에도 전국에 관리운영권 종료를 앞둔 도로·철도 민자사업이 산적해 있는 만큼 개량운영형 민자사업 제안이 이어질 전망이다.

주요 프로젝트 전망 및 쟁점

경기도 양주시 덕정에서 수원·상록수역을 잇는 총 86.5㎞ 구간의 광역급행철도인 수도권광역급행철도(GTX)-C 노선의 착공식은 지난 2024년 1월 1일 윤석열 전 대통령 등이 참석한 가운데 의정부시에서 열렸다. 이후 한해가 지나도록 삽을 뜨지 못했다.

착공의 가장 큰 걸림돌은 총사업비 부족이다. GTX-C 노선의 총사업비는 실시협약(2023년 8월) 기준 4조600억원이다. 건설기간은 5년이며 40년 동안 운영해 투자비를 회수하는 수익형 민간투자사업(BTO)이다.

GTX—C 노선의 총사업비 부족 이슈는 2021년~2022년 코로나19 바이러스 대유행 여파로 건설원가가 폭등하면서 대두됐다.

지난해 내내 사업시행자인 현대건설 컨소시엄과 주무관청인 국토교통부는 건설원가 급등을 고려해 기획재정부에 '물가 특례' 적용을 요청했다. 이들이 기재부에 요청한 총사업비 증액 규모는 약 2000억원이다. 이에 대해 기재부는 '물가특례'를 GTX—C 노선에 적용할 근거가 없다는 입장을 견지해왔다.

정부는 지난 2024년 10월 발표된 민간투자 활성화 대책을 통해 물가 특례 적용 기준을 발표했다. 기준에 따르면 △불변가격 기준 시점 2020년 12월 31일 이전 △2024년 10월 3일 시점 기준 실시협약 미체결 등 조건을 충족한 BTO만 물가 특례를 적용 받을 수 있다.

GTX-C노선은 불변가 기준 시점이 2019년 이전이지만, 실시협약은 정부의 민자사업 활성화 대책 발표 이전인 2023년 8월에 체결된 탓에 물가특례 적용 대상에서 제외된다는 게 기재부의 입장이었다. 공사비를 둘러싸고 평행선을 달리던 기재부와 국토부-현대건설의 입장은 2026년에는 정리될 것으로 전망된다.

업계 관계자는 "정부가 GTX-C의 실시협약 해지 카드를 선택하기에는 정치적 부담이 크기에 어떤식으로든 사업자측의 요구를 들어주고, GTX-C노선을 착공 시킬 가능성이 크다"고 말했다.

2026년에는 서부선 도시철도 민자사업의 진행 여부도 판가름 날 전망이다. 이 사업은 은평구 6호선 새절역에서 여의도를 거쳐 관악구 2호선 서울대입구역을 잇는 총길이 16.2㎞의 경전철을 건설하는 것이다.

자잿값 상승으로 인해 사업성 확보가 어려워졌고 이에 사업자인 두산건설 컨소시엄내 건설투자자(CI)들이 대거 이탈한 상황이다. 사업자측은 GTX-C노선 사업과 마찬가지로 정부에 사업비 증액을 요구하고 있지만 정부는 추가 증액은 어렵다는 입장이다.

업계 관계자는 "난항을 겪고 있는 서부선 도시철도 민자사업 역시 민자 추진을 그대로 고수할지, 재정 전환을 통해 돌파구를 마련할지가 2026년 결정될 것"이라고 말했다.

민자철도 사업 리스크↑… BTO+BTL 혼합방식 대세

이처럼 민자철도 사업들이 잇따라 사업성 악화로 표류하면서 BTO(수익형 민자사업)와 BTL(임대형 민자사업)을 섞은 혼합형 민자 철도 사업이 새로운 대안으로 주목받고 있다.

BTO는 민간사업자가 수요 리스크를 대부분 떠안아야하는 사업 방식인데 앞서 BTO로 추진된 민자 철도 사업들이 부침을 겪고 있다. 예를 들어 BTO로 추진된 수도권 광역급행철도(GTX)-A 노선의 경우 2025년 3월 말 기준 이용객 수가 일평균 1만6171명으로 나타났다.

수서-서울역 구간이 아직 개통되지 않은 탓이기는 하나 예측 수요(일평균 2만 1523명 이용)의 75.1% 수준에 그치고 있다.

지난 2015년 민간이 사업 위험을 대부분 부담하는 BTO를 보완하기 위해 도입된 위험분담형(BTO-Rs) 방식으로 추진된 민자 철도 사업들도 마찬가지다. BTO-Rs는 정부와 민간이 시설투자비와 운영비용을 일정 비율로 나누는 방식이다.

BTO-Rs로 추진된 민자 철도사업은 △신안산선 복선전철 △위례신사선 도시철도 △서부선 도시철도 등 3건이다.

업계 관계자는 "민자 철도를 둘러싼 불확실성이 큰 상황에서 사업 안정성을 확보할 수 있는 혼합형 민자방식의 매력이 커지고 있다"고 말했다.

실제 지난 2025년 착공에 돌입한 대장-홍대 간 광역철도(이하 대장홍대선)가 대표적인 혼합형 민자 철도 사업이다. 대장홍대선은 2조1287억원을 투입해 3기 신도시인 경기 부천 대장신도시와 서울 마포구 홍대입구역을 잇는 광역철도다. 총 연장은 20.03㎞다.

지난 2023년 2월 제안자인 현대건설 컨소시엄이 우선협상대상자로 선정됐으며 2025년 하반기 착공해, 오는 2031년 개통을 목표로 하고 있다.

이 외에 2021년 대우건설이 제안한 '위례-과천간 광역철도' 민자사업도 2026년 착공이 예상되며 현대건설이 지난 2024년 제안한 또 다른 혼합형 민자 철도 사업인 '잠실-청주 광역급행철도(중부권 광역급행철도)'가 2025년 민자적격성 조사에 돌입했다.

[엔지니어링] **지방선거 기대 높지만 발주량 증가 효과는 '글쎄'**

2026년 엔지니어링시장은 2025년에 이어 '부익부 빈익빈' 현상이 한층 더 심화할 것으로 전망된다.

기획재정부의 2026년도 예산안을 살펴보면, SOC 예산은 지난해 본예산 대비 2조원이 늘어난 27조5000억원(7.9%)로 편성됐다. 정부는 철도·도로 확충 등으로 균형발전 견인과 건설경기 진작에 나설 계획이지만 엔지니어링 시장에 활기를 불어넣을지는 미지수다.

2026년도 편성된 SOC 예산 세부 내역을 살펴보면 GTX, 가덕도 신공항 등 기존에 추진 중이었던 사업들의 후속 진행을 위한 예산이 대부분이다. 신규 SOC 사업의 앞단인 기본계획, 설계 등을 맡는 엔지니어링업계 입장에서는 달갑지 않은 예산 편성인 셈이다. 업계 관계자는 "2026년에도 엔지니어링사들이 기대야할 곳은 지방자치단체 발주 엔지니어링 사업"이라고 말했다.

다만, 지자체 발주 엔지니어링 사업 역시 하반기로 몰릴 가능성이 크다. 2026년 6월로 예정된 제8회 전국동시지방선거 탓이다. 업계 관계자는 "재선을 노리는 지자체장들은 엔지니어링사들의 일감과 관련된 SOC 사업들의 발주를 선거 이후로 미룰 가능성이 크다"고 말했다.

이재명 정부가 건설 프로젝트 전반에 대한 '안전 관리'를 강조하고 있는 만큼 건설 사업의 설계와 감리를 담당하고 있는 엔지니어링사들의 수익성은 한층 더 악화할 전망이다.

이같은 시장 환경 악화를 의식한 듯 대형사들은 설계-시공-조달(EPC) 분야, 해외 시장 진출 등에 힘을 실을 전망이다. 업계 톱 엔지니어링사인 도화엔지니어링은 2025년 몽골, 폴란드, 탄자니아 등에서 굵직한 수주 성과를 냈다. 이를 바탕으로 2026년에도 해외 시장에서 보폭을 한층 더 넓힐 것으로 전망된다.

지난 2024년 1월 토목설계 분야에서 역대 최고액 프로젝트인 '사우디아라비아 6개 권역 상하수도 확장·개선 사업(사업비 1016억원)'에 대한 설계 계약을 맺었던 건화 역시 사우디 시장에서 적극적 수주행보를 이어갈 것으로 보인다. 중남미, 동남아 지역 등에서 수주 활동도 강화한다.

유신, 한국종합기술 등은 2026년에도 플랜트 EPC(설계·시공·조달) 시장에서 두각을 나타낼 것으로 기대된다.

업계 한 관계자는 "업계를 이끄는 대형사는 국내에서 탄탄한 수주 기반을 갖추고 있고, 해외, EPC 등 다양한 수주 창구를 갖고 있기에 2026년에도 안정적인 성과를 낼 것"이라면서도 "중견사와 중소사 등은 안전 이슈 부각과 발주 지연 등 나빠진 경영환경 탓에 2026년, 큰 어려움에 처할 가능성이 크다"고 말했다.

규제 강화 - 기회 확대… 명암 교차

전동훈 기자

건축설계·CM

2025년은 2024년 말 비상계엄과 탄핵 정국의 여파가 여실히 드러난 해였다. 주요 경제 지표가 급격히 악화하는 가운데 건설·부동산 시장 역시 큰 충격을 받았다. 주택 미분양 물량이 한때 7만 호를 넘어섰고, 고착화한 저성장 구조와 급등한 공사비, 위축된 매수 심리가 맞물리면서 건축 경기는 뚜렷한 냉각 국면에 접어들었다. 이 같은 흐름 속에서 한국토지주택공사(이하, LH)가 건설경기 부양의 구원투수를 자처했다. LH는 조기 투자 집행 기조에 따라 상반기에만 63건의 건축설계공모를 공공시장에 쏟아냈다. 6만 8,515가구를 공급 가능한 물량이다. 구체적으로는 수도권에서 13개 지구 43개 블록, 지방에서 7개 지구 29개 블록을 발주했으며, 이들 공모에 책정된 설계비만 무려 2,212억 원에 달한다. 민간 주택사업 침체로 인한 수주 공백은 LH의 대규모 발주가 일정 부분 메우며 업계 전반에 숨통을 틔웠다는 평가가 뒤따른다.

지방선거를 앞두고 공공 프로젝트의 발주도 늘었다. 제9회 전국동시지방선거를 1년여 앞두고 민선 8기 지방자치단체장들이 공약사업을 서두르면서 중대형 설계공모가 잇따랐다.

대구시 신청사 건립사업 국제설계공모 당선작 투시도 (제공 : 대구시)

　대표적으로 설계비만 142억 원에 달하는 대구시 신청사 국제설계공모는 '14파전' 끝에 나우동인건축사사무소 컨소시엄(에이앤유디자인그룹건축사사무소, 기단건축사사무소)이 따냈다. 64억 원 예산의 충남 서산시 신청사 건립사업은 종합건축사사무소 건원 컨소시엄(해마종합건축사사무소, 상지엔지니어링건축사사무소, 이륙공종합건축사사무소)이 설계권을 확보했다. 43억 원인 부산 북구 신청사 건립사업은 일신설계종합건축사사무소 컨소시엄(엠피아트건축사사무소)이 수주하며 밑그림을 마련했다. 이 밖에도 222억원의 제2세종문화회관 건립, 154억 원에 달하는 개포 구룡마을 개발, 124억 원의 영등포구 통합신청사 건립, 120억 원의 LH 용산 도시재생혁신지구 복합시설 조성, 83억 원의 10·27 법난기념관 건립, 75억 원의 부산항만공사(BPA) 사옥 증축, 68억 원에 달하는 새만금국제공항 여객터

미널 건립 등 굵직한 사업들이 2025년 줄줄이 설계사를 확정하며 공공시장에 훈풍을 불어넣었다.

공공 의존 심화… 대형사 쏠림 현상도

2024년 9월 미국 연방준비제도가 4년 6개월 만에 금리를 0.5%포인트 인하하는 '빅컷'을 단행하면서 국내 부동산 경기는 뚜렷한 회복세로 전환될 것이라는 기대감이 커졌다. 그러나 2025년 민간 건축시장은 좀처럼 반등의 실마리를 찾지 못했다. 부동산 경기 침체와 금융 경색, '중대재해 리스크'가 업계 전반의 부담을 키우고 있기 때문이다. 급증한 미수금 문제와 공정위 조사, 허가권자 지정감리제 확대 입법 등 현안을 둘러싼 갈등도 악재로 작용했다. 공공사업 의존도가 높아지는 가운데 일부 건축사사무소에 수주가 집중되는 현상도 두드러졌다. 실제 2025년 상반기 조달청 발주 물량 중 상위 10개사의 수주액은 약 1,013억 원으로 전체의 54.8%를 차지했다. 범위를 상위 5개사로 좁히면 비중은 36.2%에 이르러 특정 중·대형사가 공공시장을 사실상 주도하는 흐름을 보였다. 과거보다 집중도가 다소 완화했다는 분석도 있으나, 수주가 일부 업체에 집중되는 구조적 불균형 탓에 공공 물량만으로는 업계 전반의 침체를 해소하기는 어렵다는 지적이 제기된다.

수도권 도시정비가 견인차 역할 '톡톡'

2025년 민간 건축시장은 전반적으로 침체를 겪었지만, 수도권 재개발·재건축은 예외였다. 사업이 양호한 '알짜 사업장'을 중심으로 설계 발주가 이어졌고, 치열한 수주전이 벌어졌다. 설계비만 111억 원으로 추정하는 송파구 오금 현대아파트 재건축에서는 나우동인건축이 삼우종합건축사사무소, 해안종합건축사사무소를 제치고 설계권을 확보했다. 추정가 50억 원인 성동구 성수전략정비구역 제3지구에서는 해안건축이 나우동인건축을 꺾었고, 이어 추정가 105억 원인 용산구 서빙고동 신동아아파트 재건축에서도 해안건축이 희림종합건축사사무소를 누르며 연속 수주에 성공했다. 추정가 90억 원인 양천구 목동 6단지아파트는 건원건축이 해안건축과의 맞대결에서 승기를 잡았다.

송파구 오금현대아파트 재건축사업 조감도 (제공 : 나우동인건축)

희림종합건축사사무소는 서빙고동에서 고배를 마셨지만, 곧바로 추정가 85억 원인 반포미도1차아파트 재건축에서 디에이그룹엔지니어링종합건축사사무소를 따돌리며 경쟁력을 입증했다. 디에이건축은 추정가 45억 원인 청량리미주아파트 재건축을 수주하며 존재감을 과시했다.

이처럼 2025년 주요 도시정비사업에서는 희림, 해안, 나우동인, 건원, 디에이 등 중대형사들이 각축을 벌였다. 공사비와 공기(工期) 관리에 대한 조합의 관심이 커지면서, 건설사업관리(CM)사 선정을 둘러싼 경쟁 역시 한층 달아오르고 있다. 무엇보다 조합원 표심이 수주 성패를 좌우하는 구조가 자리 잡으며 전통적인 B2B 시장으로 손꼽혔던 건축계에 '조합원 고객 직접 설득'이라는 B2C적 요소가 더해졌다. 이에 주요 건축설계사들은 CG 영상을 제작하고 홍보관을 설치하며, 온라인 콘텐츠를 배포하는 등 홍보 브랜딩에 집중하는 추세다. 기술력 못지않게 대외 이미지와 신뢰도가 성과를 좌우하는 국면이 열린 셈인데, 이 같은 변화는 건축업계에 한동안 이어질 것으로 관측된다.

2026년에도 도시정비사업은 건축시장을 떠받치는 견인차 역할을 이어갈 전망이다. 정부가 1기 신도시 정비구역 지정 물량을 연간 2만 6,000가구에서 최대 7만 가구까지 확대키로 밝히면서다. 이에 분당·일산·중동·평촌·산본 등 주요 거점을 중심으로 재건축·재개발 설계 발주가 더욱 늘어날 공산이 크다.

잇따른 국제행사로 미래건축 담론 주도

2025년 한국은 국제 건축 행사를 잇달아 개최하며 세계적 주목을 받았다. 먼저 5월 한국여성건축가협회는 서울 동대문디자인플라자(이하, DDP)에서 '2025 여성건축가 기획전'을 선보이며 포문을 열었다. '포용의 아치, 세상을 잇는 건축'을 주제로 2,000여 명이 찾은 이번 행사는 프리츠커상 수상자 '세지마 가즈요', 네덜란드 'UNstudio 디자인' 수석인 '아스트리드 피버' 등 세계적 건축가들이 참여해 무게감을 더했다. 전시와 심포지엄, 공모전을 함께 진행하며 건축계 안팎에서 젠더와 포용성의 의제를 논의하는 계기를 마련했다는 분석이다. 9월 인천 송도컨벤시아에서는 '제21차 아시아건축사대회(ACA21)'가 열렸다. 대한건축사협회와 인천시는 1988년 서울과 2008년 부산에 이어 세 번째로 대회를 유치하며 아시아 건축 네트워크의 중심지로서 입지를 굳혔다. 아시아 24개국 1만여 명이 운집한 이번 대회는 '더 나은 내일'을 주제로 기후변화와 도시화 과제를 논의하며 학술·교육·교류가 어우러진 장으로 이목을 집중시켰다.

제5회 서울도시건축비엔날레 주제전 콘셉트 이미지(제공: 서울시)

서울에서는 9월 말부터 11월 중순까지 '도시건축비엔날레'가 진행됐다. 5회째를 맞은 행사는 영국 유명 디자이너 '토마스 헤더윅'이 총감독을 맡아 '매력 도시, 사람을 위한 건축'을 기치로 내걸었다. 특히 주제전 대표 설치물 '휴머나이즈 월'은 길이 90미터, 높이 16미터의 곡선형 강철 구조물로, 세계 38개국 400여 건축 프로젝트의 이미지를 담아 도시와 건축이 인간의 감성에 미치는 영향을 시각적으로 드러냈다. 각국 시민들이 도시 문제 해법을 모색하며 사람을 위한 건축문화를 교류한 가운데, 한국은 글로벌 건축 담론의 중심에 섰다는 평가를 받고 있다.

韓 최초 '프리츠커상' 탄생할까

2025년은 공공 발주처를 중심으로 설계공모 제도가 선진화되는 움직임이 뚜렷했다. 조달청은 가·감점제를 도입해 설계 품질 향상을 유도하는 한편, 기존 교수와 공무원, 공공기관 관계자에 더해 민간 건축사를 심사위원 풀에 새롭게 포함해 다양성과 전문성을 동시에 높였다. 위원 평가 이력 관리와 역(逆)평가제를 도입해 공정성을 강화한 점도 돋보이는 점이었다. 서울시는 심사위원 후보 데이터베이스인 'S-POOL'을 신설해 수상 경력, 학술 연구, 전문 기고 이력 등 객관적 성과를 기준으로 위원을 선발하도록 했으며, 전체 위원의 70% 이상을 시스템에서 추천받는 것으로 의무화했다. 이 밖에도 △블라인드 발표 전면 도입 △심사위원 사전 공고제 △심사위원 현장답사 의무화 △공사비·설계비 산정 내역 공개 등 다양한 장치가 더해졌다.

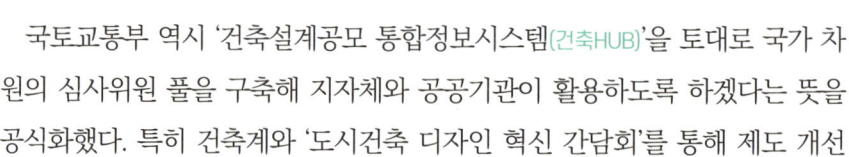

〈그림 1. 서울시 공공건축 설계공모 운영기준(안) 주요 내용〉

국토교통부 역시 '건축설계공모 통합정보시스템(건축HUB)'을 토대로 국가 차원의 심사위원 풀을 구축해 지자체와 공공기관이 활용하도록 하겠다는 뜻을 공식화했다. 특히 건축계와 '도시건축 디자인 혁신 간담회'를 통해 제도 개선

의지를 천명한 만큼, 2026년에는 설계공모의 공정성과 전문성을 높이기 위한 범정부 차원의 대책이 본격화할 것으로 보인다.

한국 건축의 세계화를 위한 전략도 한층 구체화됐다. 서울시는 2025년 'K-건축문화 종합지원계획'을 발표하며 건축문화 저변 확대를 공언했다. 2027년 첫 시상을 목표로 '서울 국제도시공간디자인상'을 제정하고, 내부에 '신진건축상'을 신설해 차세대 건축가의 성장과 국제 진출을 제도적으로 뒷받침한다는 목표다. 신임 김진애 위원장 취임과 함께 새롭게 출범한 제8기 국가건축정책위원회 역시 도시 이미지와 건축산업을 국가 경쟁력과 문화 외교의 자산으로 연결하며, 한국 건축을 세계적 담론 속에 위치시키겠다는 구상을 내놨다. K-건축이 한류 열풍 속에서 제도 선진화와 국제 교류를 양축으로 위상을 넓혀가는 가운데, 오는 2026년 3월에 열리는 제55회 프리츠커상 시상식에서 한국 건축가가 수상의 영예를 안을지 건축계의 관심이 집중된다.

자금난·처분 악재 속 반등 변곡점 만든다

2025년 건축업계는 경기 침체와 고금리 장기화 속에서 공정거래위원회의 '조달청·LH 발주 CM용역 입찰 담합 제재' 리스크까지 겹치며 거센 파도를 맞았다. 특히 총 237억 원 규모의 과징금 부과와 입찰 제한, 부정당업자 제재 등 후속 조치가 연이어 실시되며 그 긴장감은 더욱 커지는 상태다. 미수금 누적으로 업계의 재무적 체력이 전반적으로 약화했다는 점도 성장의 발목을 잡는다. PF(프로젝트 파이낸싱) 대출시장 경색으로 부동산 개발을 위한 자금 조달 통로가 전방위적으로 좁아지면서 일어난 일이다. 실제 최근 4년간 건축설계 부문 매출 상위 10개사의 연간 대손상각비는 △2021년 23억 원 △2022년 33억 원 △2023년 285억 원 △2024년 465억 원으로 꾸준히 증가하는 추세다. 2024년의 약 1.6배에 달하는 전년 대비 대손상각비의 순증폭은 2023년의 약 8.6배와 비교해 둔화됐지만, 국내 건축경기가 호황이던 2021년과 비교하면 3년 새 무려 20배 가까이 늘어난 수치다. 이렇듯 위기 요인이 누적되는 가운데, 업계는 동시에 2026년을 반등의 변곡점으로 삼을 수 있을지 주목하고 있다. 이재명 정부는 9·7 대책을 통해 수도권에서 향후 5년간 135만 가구 착공(2025~2030)을 목표로 하는 공급 로드맵을 제시했고, 그 핵심 수단으로 'LH의 직접 시행 전환'을 확정했다.

민간에 택지를 매각하던 기존 방식을 중단하고, LH가 2030년까지 공공주택 7만 5,000가구를 직접 공급한다는 것이다. 단순 물량 확대를 넘어 공급 구조 자체를 바꾸는 조치로, 민간 참여 방식이 도급형으로 재편되면서 설계·CM사의 사업 기회가 확대될지도 관심이 쏠린다.

목전에 둔 대형 공공사업 발주 역시 기회로 작용할 전망이다.

국회세종의사당 건립 예정 부지(출처: 연합)

건축 분야 역대 최대어로 손꼽히는 '국회 세종의사당 건립사업'은 2026년 5월 국제설계공모 당선작 선정을 목표로 하고 있으며, 대통령 제2집무실 건립 논의까지 맞물리며 공공업무시설 분야의 수요가 집중적으로 분출될 가능성이 높다. 여기에 2026년 지방선거를 앞두고 주요 지자체장들이 재선을 겨냥해 지역 개발 청사진을 서둘러 제시할 것으로 예상되는 점도 설계·CM 수요 확대 전망에 힘을 보탠다. 표심 확보 차원에서 지자체 주도의 공공 프로젝트가 속도를 낼 경우, 건축설계 발주 확대로 이어져 설계사무소에 직접적인 수혜가 돌아갈 수 있다는 분석이다.

다만, 제도·규정 측면에서 새로운 위협 요인이 부각되고 있다는 점은 업계에 결코 가볍지 않은 변수다. 국회가 제정을 추진하고 있는 '건설안전특별법'은 발주자·설계자·시공자·감리자 전 단계의 안전 책임을 명문화하고 있으며, 설계자의 역할로 가설 구조물 안전성 검토 조항을 포함했다. 2023년 인천 검단 아파트 지하주차장 붕괴와 같은 사고를 예방하기 위한 조치지만, 설계 단계의 책임을 과도하게 확대해 중소 설계사무소에는 상당한 비용·업무 부담으로 작용할 수 있다는 평가다. 또 국토부가 감리 기능 강화를 목표로 내놓은 '국가인증감리제'는 △기존 제도와의 중복 △한정된 인력에 혜택 집중 △대형사 중심의 시장 왜곡 가능성 등이 지적된다. 5년제 인증대학 건축학과 중심으로 개편되는, 2027년 건축사 자격시험 역시 직접적 파급력은 제한적이나, 청년층의 진입 장벽을 높여 장기적으로 인력 수급 불안 요인으로 작용할 수 있다는 비판이 나온다.

건축계 최대 숙원으로 꼽혀온 '민간 대가기준 법제화' 논의가 본격화할지도 관심사다. 저가 위주로 고착된 보수 체계는 품질 저하 우려를 키워왔는데, 최근 국회가 공공부문 대가기준을 민간 부문에서도 준용하도록 하는 개정안을 발의하면서 업계는 이를 구조적 불균형을 완화할 돌파구로 기대하고 있다. 다만 2025년 정국 불안으로 관련 논의가 지지부진해진 측면이 있어, 향후 입법 추진 속도와 정치적 환경이 변수로 작용할 것으로 점쳐진다. 이처럼 2026년은 '규제 강화'와 '기회 확대'라는 상반된 흐름이 교차하는 분수령이 될 전망이다. 특히 공정위 제재와 안전 규제 강화가 단기적 부담으로 작용하는 반면, LH 직접 시행과 공공 프로젝트 확대, 대가기준 개선 논의는 한국 건축의 미래 산업 환경을 재편할 중대 전환점으로 주목된다.

불황 장기화… 구조적 대전환의 시간

한형용·서용원 기자

건자재

2025년 건설 경기가 외환위기 이후 가장 큰 폭으로 추락하면서, 연관 산업인 건설 기초자재 업계 내부에서는 곡소리가 터져 나오고 있다. 고금리와 자재·인건비 등 공사 원가 상승과 부동산 경기 위축에 따른 건설 경기 침체 여파는 시멘트, 철근, 레미콘 등 건설 후방 산업으로 확산됐다. 이는 한국 경제 침체의 뇌관이 될 것이라는 우려로까지 번지고 있다. 건설 경기 침체 장기화의 여파가 시멘트, 레미콘, 제강 등 후방 산업을 벼랑 끝으로 내몰고 있다는 의미다. 이대로라면 2026년에도 기초자재 업계의 불황 그림자는 사라지지 않을 것이라는 걱정도 크다. 다만 이재명 정부의 주택 공급 확대 정책이 본격화되면서 건설 경기 회복이 기초자재 시장 안정화로 이어질 것이라는 기대도 나온다.

[시멘트·레미콘] 역대급 불황 이은 2026년도 고심 깊어

　2025년 시멘트·레미콘 업계는 외환위기를 넘어 사상 최악의 불황을 겪었다. 연초 탄핵 정국으로 건축 착공 물량은 급감했고, 하반기에는 건설 현장 안전사고로 인한 공사 중단이 잇따르면서 시멘트·레미콘 업계는 직격탄을 맞았다. 건설 경기 급락 여파로 시멘트 연간 출하량은 4,000만t, 레미콘 1억 ㎥라는 심리적 마지노선이 모두 무너졌다. 건설 산업 안팎에서는 '올해 시멘트·레미콘 출하량이 1980년대 수준으로 회귀할 것'이란 전망까지 나온다.

〈표1. 시멘트 · 레미콘 업계 리스크와 기회요인〉

글로벌 경제 둔화	원자재 가격 변동성 확대
부동산 정책 변화	정부 정책 변화에 따른 불확실성
환경 규제 강화	추가적인 설비 투자 부담
친환경 시장 확대	글로벌 ESG 투자 증가
인프라 노후화	기존 인프라 교체 수요 증가
스마트시티	신기술 접목 고부가가치 제품 수요

최악 불황에 출하량 급감

　2025년 시멘트 상반기 내수 출하량은 약 1,888만t에 그쳤다. 상반기 출하량이 2,000만t 아래로 떨어진 것은 1992년 이후 33년 만에 처음이다. 2025년 7~8월 출하량은 20년 내 최저치를 기록할 것으로 추정됐고, 2025년 연말까지 반등할 요인이 없다는 전망이 우세하다. 이대로라면 2025년 연간 출하량은 1998년 4,460만보다 크게 낮은 3,800만t 이하로 추락할 것이라는 예측에 힘이 실린다. 시멘트 출하량은 1991년 4,400만t을 기록한 이후 단 한 번도 4,000만t을 밑돈 적이 없었다. 삼표시멘트와 성신양회, 쌍용C&E와 아세아시멘트, 한일시멘트 등 국내 5대 시멘트 제조사 역시 비상이다. 2025년 상반기 평균 매출은 14.9%, 영업이익이 55.3% 감소했다. 업계에서는 "역대급 불황"이라 하소연하고 있다.

레미콘 업계에서도 곡소리가 터져 나오고 있다. 국내 레미콘 시장 흐름을 엿볼 수 있는 수도권 지역만 살펴봐도 상황은 심각하다. 출하량은 줄고, 납품 단가는 하락하고 있지만 운반비는 인상되며 이른바 '삼중고'를 겪고 있기 때문이다. 수도권 레미콘 단가는 올해 3월부터 ㎥당 9만 3,700원에서 2,300원이 줄어든 9만 1,400원으로 낮아졌다. 반면 운반비는 1회전당 3,300원 상승한 7만 6,100원이 됐다.

수도권 레미콘 출하량은 연도별로 △2022년 6,241만 3,000㎥ △2023년 5,857만 7,000㎥ △2024년 4,689만 4,000㎥으로 감소했다. 특히 2025년 상반기 출하량은 1,940만 ㎥로 쪼그라들었다. 2024년 상반기 2,486만 9,000㎥와 비교하면 무려 22%가 낮아진 수치다. 가동률도 추락했다. 2022년 35.8%였던 가동률은 2023년 33.1%, 2024년 26.6%로 하락세를 이어가더니 올 상반기에는 21.9%까지 낮아졌다. 1999년 IMF 외환위기 당시 가동률 38.7%의 절반을 조금 넘긴 수준이다.

〈표2. 주요 건설 기초자재 생산량 추이〉

연도	시멘트(내수)	레미콘	철근
1998년	4460만t	9600만㎥	900만t
2021년	4936만t	1억4600만㎥	1040만t
2022년	4965만t	1억4100만㎥	1000만t
2023년	5024만t	1억3600만㎥	950만t
2024년	4360만t	1억1400만㎥	780만t
2025년(추정치)	3800만t 이하	9000만㎥ 이하	700만t 이하

자료 : 한국시멘트협회, 한국레미콘공업협회, 한국철강협회

서울 서초구 반포동에서 현대건설이 시공 중인 '반포 디에이치 클래스트' 아파트 공사 현장에서 배처플랜트를 설치·운용 중인 D사의 레미콘 믹서트럭이 레미콘 타설을 준비하고 있다.

2026년, 능동적 혁신이 10년 미래 결정

2026년은 향후 10년의 판도를 바꿀 결정적 분기점이 될 것으로 보인다. 2025년과 달리 탄핵 같은 대형 악재는 없을 것으로 보인다. 하지만, 특별한 건설 산업 호재도 찾기는 어려운 상태. 오히려 업계의 능동적인 성장 동력 구축 여부가 생존을 가를 것이라는 전망이다.

실제 기대할 만한 외부 여건은 녹록지 않은 상황이다. 정부의 SOC 예산은 2026년 27조 5,000억 원으로 7.9% 증가할 것으로 보이지만, 이후 증가율은 2027년 4.1%, 2028년 3.8%, 2029년 1.6%로 급격히 둔화될 것으로 보인다. 연평균 증가율은 4.3%에 그칠 전망이다. 가덕도·새만금 공항의 2026년 착공은 불투명하고, 수도권 광역급행철도인 GTX 역시 재정 구간 외 노선의 착공 여부가 확실치 않아 SOC 사업을 통한 반등은 기대하기 어렵다고 보고 있다.

전문가들은 출하량 증대보다 제품 고도화 전략에서 활로를 찾아야 한다고 조언한다. 건설 경기 침체를 회복시킬 카드가 없는 상황에서 과거에 경험해보지 못한 수요 급감은 장기화될 수 있기 때문이다.

시멘트 업계의 주요 과제에는 생산 설비 구조조정이 꼽힌다. 올 상반기 국내 소성로 35기 중 10기가 가동을 중단했으며, 추가 설비 축소가 불가피할 것으로 보인다. 낡은 생산 설비를 최소화해 고정비를 줄이는 이른바 '다이어트'가 요구되는 시점이다.

여기에 환경 규제 대응도 핵심 과제로 지목됐다. 업계는 2030년까지 2018년 대비 12%, 2050년까지 53%의 온실가스를 감축하는 '2050 탄소중립 전략' 액션 플랜을 구체화하고 있다. 한국시멘트협회가 제시한 탄소중립 달성을 위한 3대 과제는 △탄소중립·ESG 경영 강화 △지속적인 탄소중립 설비 투자 △저탄소 제품 생산을 위한 R&D(연구개발) 등이다.

레미콘 업계의 2026년 주요 현안은 배처플랜트(Batch Plant, 이하 BP) 확대가 꼽힌다. 2022년 삼표 성수공장이 폐쇄됐고, 2025년 말 삼표 풍납공장 역시 문을 닫으면서 2026년 서울 지역 레미콘 공장은 강남구 세곡동 천마콘크리트, 송파구 장지동 신일씨엠 등 단 2곳만 남게 된다. 수도권 레미콘 공급망이 붕괴 직전인 상황에서 서울 도심 재개발·재건축 현장들은 원활한 공사를 위해 새로운 BP 설치를 검토 중이다. 아울러 내한·우중·초지연형 등 변화하는 건설 현장에 적용할 특수 콘크리트 시장 변화도 주목해야 할 과제로 꼽힌다.

박철한 한국건설산업연구원 연구위원은 "2025년 건설 경기와 비교하면 2026년은 회복이 맞지만, 회복세는 크지 않을 것으로 보인다"며 "건설 경기 침체기를 맞이한 시멘트·레미콘 업계의 미래 전략은 천수답에서 벗어난 고도화 전략이 될 것"이라고 말했다.

[철강] 역대급 불황에 신음… 신시장 개척이 열쇠

 2025년 제강 업계도 1998년 금융위기(IMF)보다 힘든 한 해를 보냈다. 2024년 국내 철근 판매량은 780만t에 그쳤으며 2025년에는 700만t 이하로 급감하는 기록을 남길 것으로 보인다.

 2025년 제강 업계의 가장 큰 관심은 철근 가격 인상이었다. 철근 수요 감소에 따라 2025년 10월 기준 SD400 철근 유통 평균가격은 톤(t)당 70만 5,000원 수준으로 2020년 63만 8,000원에 이어 5년 만에 최저치를 기록했다. 건설사와 대량 판매 계약을 맺을 때 사용하는 지표인 기준가격은 90만 9,000원이지만, 실제로는 15만 원 가량 할인을 적용해 계약하며 사실상 시중 가격과 같이 하락한 것으로 알려졌다. 제강사들은 수요를 인위적으로 발생시킬 수는 없으니 가격이라도 끌어올려 실적 향상을 이루려 했다. 그만큼 가능한 모든 방안을 실행했지만, 모두 효과가 없었다.

 2025년 제강사들은 '창사 이래 첫 철근 공장 셧다운'이라는 강수를 두며 초고강도 감산에 나섰다. 구체적으로 현대제철이 2025년 4월 한 달간 창사 이래 첫 인천 철근공장을 셧다운한 것에 이어 6월 29일부터 7월 15일까지 당진공장 셧다운, 7월 21일부터 8월 31일까지 인천공장 2차 셧다운을 강행했다. 동국제강 또한 7월 22일부터 8월 14일, 창사 이래 처음으로 인천 철근공장을 셧다운하며 현대제철과 함께 철근 감산 시너지 효과를 내고자 했다.

 현대제철의 4월 철근공장 셧다운 당시 철근 유통 평균가격은 한 달 만에 68만 5,000원에서 76만 5,000원으로 폭등했다. 그리고, 셧다운이 해제되었지만 철근 유통 평균가는 재차 하락했다. 유통업계에서는 4월 철근 가격 상승은 철근 공급 감소에 따른 것이 아닌, 수급난이 발생할 수도 있다는 공포감에 의한 것으로 분석하고 있었으며, 그만큼 그 뒤의 셧다운은 시장에 영향이 없었다.

 현대제철이 2025년 5월 사실상 제강사에 유리한 방식으로 기준가격 산출

방식을 변경한 후 다른 제강사들이 일제히 동참한 일도 있었다. 다만, 건설사 구매 담당자 모임인 '대한건설자재직협의회'에서 앞으로 제강사들이 일방적인 기준가격 산출식 변경을 하지 못하도록 계약서에 기준가격을 명시하는 방안 등 대응책을 마련하기 시작한 만큼, 향후 일방적으로 기준가격 산출식을 변경하는 일도 발생하기 어렵다.

결국 2026년에도 기존과 같은 방식으로는 매출 반등을 기대하기는 힘든 상황이다. 이렇다 보니 제강사들은 기술 개발에 따른 신시장 개척에 의존할 수밖에 없는 상황이다.

실제로, 1군 제강사 중심으로 신제품을 개발하는 사례가 포착되고 있다. 수요를 억지로 끌어올릴 수는 없고, 가격 인상책마저 모두 무용지물이 된 상황인 만큼, 신시장을 개척해 매출 반등을 기대하고 있다.

대표적으로 동국제강은 유리섬유 강화 폴리머(GFRP: Glass Fiber Reinforced Polymer) '디케이 그린바'를 개발했다. 유리섬유에 플라스틱 등을 결합해 만든 제품으로 중량은 기존 SD400 철근의 25% 수준이지만 강도는 2배 이상 높아 친환경적이며 성능도 우수한 철근 대체재로 꼽힌다. 동국제강 측에 따르면 이미 생산량을 넘어설 정도로 구매 문의가 들어오고 있다.

현대제철은 철강을 기반으로 한 건물 일체형 차세대 태양광 모듈, 시멘트 혼합 재료로 활용하기 위한 제강 슬래그 등을 개발하고 있다. 특히 현대제철은 지금까지 국내 내진 철근 기술을 선도적으로 개발해온 만큼 앞으로 내진 철근 시장에 힘을 쏟으려 하고 있다. 갈수록 안전에 대한 중요성이 강조됨에 따라 내진 철근 시장이 성장할 것으로 판단한 결과다. 지속적으로 내진 철근 관련 제품을 개발하는 것을 넘어 시장에 유통되는 내진 철근 중 특허를 침해했다고 판단되는 제품에 대해 강력한 법적 대응을 취하기로 했다.

2026년 제강 시장에는 변수도 만만치 않다. 2025년 10월부터 조달청이 관수 철근 구매 방식을 다수공급자계약(MAS)으로 전환한 게 대표적이다. 이를 두고 제강 업계에서는 두 개의 엇갈린 시선이 존재한다. 먼저, 닫혀 있던 관수 시장이 열린 만큼 두 개의 시장이 생겼다는 긍정적인 시선이다. 사실, 철근 가격 하락을 부추긴 원인 중 하나로 2024년 관수 철근 입찰을 받지 못한 제강사가 관수 물량으로 나가야 할 철근을 저가로 시중에 판매한 것을 꼽는다. 다수공급자계약은 이와 같은 일을 방지할 수 있어 시장 가격 하락세가 주춤할 것이라는 기대감이 작게나마 형성되고 있다. 반면 다른 제강사의 투찰 가격이 공개되는 만큼, 저가 경쟁을 부추겨 오히려 관수 철근 가격 하락까지 불러올 수 있다는 우려도 혼재한다.

[단열재] 준불연 성능 경쟁 속 외단열 시스템 확장 기대

1조 6,000억 원 규모의 단열재 시장은 '준불연 성능 확보'가 핵심이다. 2026년에는 화재 안전성이 뛰어난 단열재의 수요가 증가할 가능성이 크기 때문이다. 2020년에 샌드위치패널, 외단열 시스템 등에 들어가는 단열재는 준불연 성능 확보가 이미 의무화됐지만 시중에는 여전히 준불연 성능 미달 단열재가 유통되어 안전을 위협하고 있는 실정이다.

유기 단열재의 준불연 성능을 확보하려면 단열재에 별도의 난연제를 첨가해야 한다. 이 과정에서 비용이 증가하고, 유기 단열재 특성상 단열 성능은 떨어진다. 이 탓에 기술력과 비용이 부족한 일부 업체들이 준불연 시험성적서 확보 및 현장 모니터링 대응을 위한 샘플을 제작해 대응한 후, 실제로는 성능 미달 단열재를 저가에 유통하며 매출을 올리고 있다는 지적이 끊이지 않는 상황이다.

한국건설기술연구원(이하, 건설연)이 국토교통부로부터 과업을 받아 '건축안전 모니터링(건축자재 분야)'을 진행하며 현장 부적합 단열재를 적발하고 있다. 그러나 건설연이 행정력이 없다는 점을 악용해, 시험성적서를 받을 때와 마찬가지로 현장에 모니터링용 샘플을 별도로 마련한 후 샘플에서 시료 채취를 하도록 유도하는 일도 발생하고 있다.

이를 인지한 건설연은 앞으로 준불연 성능시험 시 별도의 시료를 통해 하는 것이 아닌, 생산 날짜와 라인 등 제품의 이력이 모두 적혀 있는 제품 원판으로 시험을 받게 하도록 하는 방안을 마련 중이다. 그만큼 앞으로는 준불연 성능을 확보한 단열재의 강세가 이어질 것으로 전망된다. 다만, 시공 불편 등 인식에 대한 차이가 있어, 글라스울 등 무기 단열재의 부상에는 시간이 더 걸릴 것으로 보인다.

이에 더해 2026년은 외단열 시스템 시장이 확산하는 원년이 될 가능성이 크다. 단열재 시장 중 외단열재가 차지하는 비중은 5,000억 원 수준으로 알려졌는데, 날이 갈수록 이 비중이 커질 전망이다. 한국토지주택공사(이하, LH)는 2030년까지 모든 공공건축물에 에너지 자립률 60% 이상인 ZEB(제로에너지건축물) 3등급을 적용할 계획이다. 이를 위해서는 단열 성능이 뛰어난 외단열 시스템이 필수적이기 때문이다.

설계부터 유지관리까지… AI로 진화

김민수 기자

건설기술

　18세기 증기 기관이 산업혁명을 열었을 때, 사람들은 기대와 동시에 두려움을 느꼈다. 수많은 직종이 사라질 것이라는 위기감이 팽배했지만, 결국 새로운 산업과 일자리가 생겨나며 인류의 생산성과 생활 수준은 비약적으로 높아졌다. 20세기 전기와 컴퓨터가 그랬던 것처럼, 지금 우리는 또 다른 혁명의 문 앞에 서 있다. 인공지능(이하, AI)이 산업 전반의 구조를 재편하고 있으며 건설 산업도 예외가 아니다.

　AI는 단순한 도구를 넘어 사고의 방식을 바꾸고 있다. 산업혁명으로 인간의 손이 해방됐다면 AI가 인간의 두뇌와 신체 일부를 해방시키며 건설 현장을 더 안전하고 효율적인 공간으로 바꿀 가능성을 보여주고 있다. 건설업 역시 이 변화에서 예외가 아니다. 반복적이고 위험한 작업은 기계와 알고리즘이 맡고, 인간은 더 창의적이고 전략적인 영역에 집중하는 미래로 변화하는 물결은 이미 시작되었다.

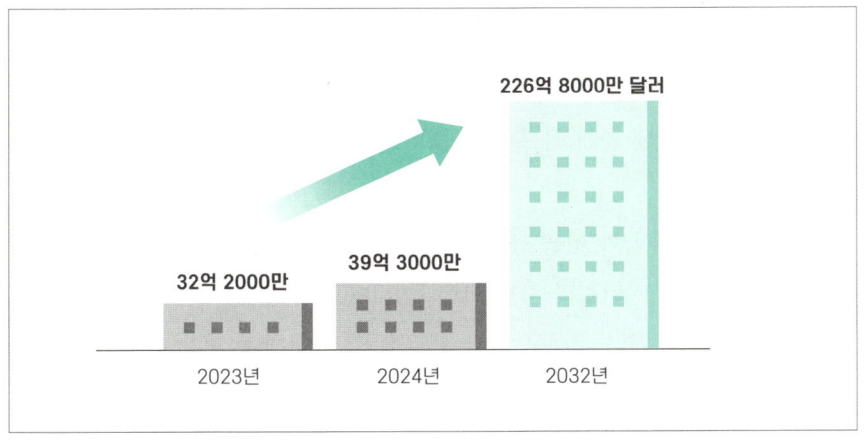

〈그림 1. 건설 관련 AI 글로벌 시장 규모〉

출처: 포춘 비즈니스 인사이트

    글로벌 시장 조사기관 포춘 비즈니스 인사이트(Fortune Business Insights)는 건설 분야 AI 시장 규모가 2023년 약 32억 2,000만 달러에서 2032년 226억 8,000만 달러로 급성장할 것으로 예측했다. 이는 연평균 성장률 24.5%에 달하는 수준으로, AI 기술이 건설 산업에 얼마나 중요한 역할을 하고 있는지를 보여준다.

    이 수치는 단순히 시장의 확대를 넘어 디지털 전환이 가장 늦었던 산업인 건설업에 AI가 변화의 불을 붙이는 촉매제로 작동하고 있음을 보여준다. 안전 관리, 원가 절감, 일정 단축, 환경·사회·지배구조(ESG) 대응까지, AI는 건설사가 풀어야 할 과제 대부분의 해법과 연결돼 있다.

    세계 주요 건설사들은 이미 AI를 핵심 혁신 수단으로 삼고 있다. AI는 스마트 건설 기술의 핵심으로 떠오르며 기획과 설계, 시공과 유지 관리 등 여러 단계에서 다양하게 활용할 수 있다.

발주자는 시장 분석에 따른 사업의 개념과 방향성 설정, 타당성 분석, 기본 설계의 적합성 분석 등을 위한 용도로 활용할 수 있다. 설계사는 관련 법규 분석 및 에너지 성능 검토 등에 따른 기본 설계 도출, 과거 설계 자료 학습에 의한 설계 자동화, 원가 및 공기 검토 등의 용도로 활용 가능하다.

건설사는 로봇공학과 AI를 통합한 건설 자동화와 현장 모니터링 및 품질 점검 자동화, 안전 모니터링과 자원 관리 등의 용도로 활용할 수 있다. 운영사는 AI와 센서 통합에 의한 시설물 진단 자동화 및 모니터링, 에너지 효율 최적화 및 운영 비용 절감 등의 용도로 활용할 수 있다.

〈표 1. 건설산업에서 AI의 역할과 필요성〉

구분	인공지능 활용 분야	상세 내용
기획	프로젝트 타당성 분석	• 프로젝트의 재정적, 환경적 타당성 분석 및 예측
	위험 평가	• 인공지능을 이용해 미래의 위험에 대한 평가 및 대응 전략
설계	설계 자동화	• 구조적 무결성, 에너지 효율, 자재 최소화 등 설계 최적화
	시뮬레이션 및 모델링	• 완공 시 건물 성능 예측 및 환경 영향 평가
시공	자동화 로봇	• 인공지능 탑재 로봇을 통해 콘크리트 타설, 용접 등 작업 자동화
	현장 모니터링	• 인공지능 결합 드론을 통해 건설 현장 모니터링 및 기록
유지·보수	시설물 구조 모니터링	• 시설물의 구조적 안정성 점검 및 유지보수 작업 예측
	보수·교체 주기 최적화	• 패턴분석을 통한 설비유형별 보수교체 관리 주기 최적화

출처: 한국건설산업연구원

기획·설계 단계에서의 AI

기획 및 설계 단계는 건설 프로젝트 전체의 성패를 결정하는 중요한 영역이다. 기획 단계에서는 AI를 사용해 프로젝트의 재정적, 환경적 타당성을 분석하고 예측해 초기 투자 결정에 활용할 수 있다. AI 모델은 과거 데이터와 현재 시장 조건을 분석해 프로젝트의 잠재적 위험을 평가해 의사결정에 도움을 준다.

설계 단계에서는 건설 정보 모델링(Building Information Modeling, 이하 BIM)과 AI를 결합하면 충돌 검토, 시공성 분석, 자재 낭비 탐지 등이 가능하다.

AI는 복잡한 건축 설계 작업을 자동화하고 최적화할 수 있다. 예를 들어 구조적 무결성과 에너지 효율, 자재 사용 최소화 등을 고려해 설계안을 제안할 수 있다. 건물의 성능을 예측하고 환경에 미치는 영향을 평가하기 위해 AI 기반 시뮬레이션 도구로도 사용할 수 있다.

삼성물산, 현대건설, DL이앤씨 등은 AI 기반 설계 시스템을 활용해 설계 검토 과정에서 오류를 줄이는 동시에 효율성을 높이고 있다. DL이앤씨는 AI 기반 지하주차장 자동 설계 기술로 30분 만에 1,000건 이상의 설계안을 도출해 주차 대수를 5% 이상 늘렸다. 아파트 동 배치 자동 설계 AI도 개발해 용적률, 일조권 등을 고려한 최적 배치를 AI가 도출하도록 했다.

또한, AI는 친환경 설계 분야에서도 가능성을 보여준다. 건물 생애 주기(LCA)를 분석해 탄소 배출을 최소화하는 설계안을 도출하고, 여러 대안을 비교하는 과정에서 생성형 AI를 활용하면 설계의 다양성과 최적화를 동시에 추구할 수 있다.

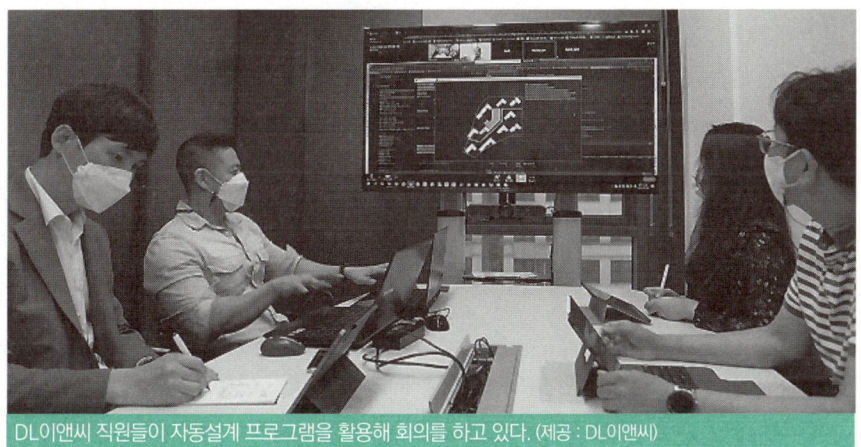

DL이앤씨 직원들이 자동설계 프로그램을 활용해 회의를 하고 있다. (제공 : DL이앤씨)

시공 단계에서의 AI

시공 단계에서 AI는 현장의 안전, 효율, 품질 관리를 동시에 강화할 수 있다. 특히 드론, 로봇과 AI의 결합이 현장 관리에서 두드러진 트렌드다. 드론을 이용해 촬영한 영상을 AI가 분석해 토공량 산출, 진척도 파악, 위험 요소 탐지에 활용하고 있다.

예컨대 포스코이앤씨는 지능형 AI 폐쇄회로TV(CCTV)를 통해 안전모를 착용하지 않았거나, 안전시설물을 임의 해체, 위험 지역 접근이나 작업 시간 외 무단 출입 등 위험 상황을 즉시 감지해 모니터링 요원에게 영상으로 알리고 경보음을 내준다. AI 드론은 자율 비행 경로를 따라 현장을 순찰하며 위험 발생 시 상황에 맞춰 자동으로 안전 방송을 해준다. 드론이 구조물의 외벽을 촬영해 미세 균열을 조기에 탐지해 사고 가능성도 낮춘다.

DL이앤씨는 CCTV와 본사 관제를 연계해 미승인 작업을 하지 못하도록 하는 방식과 AI 기반 '게이트키퍼'를 운용하고 있다. 출입구에서 매일 얼굴·음성을 인식해 미승인 작업자를 차단하고, 다국어 안전 지침을 이어폰으로 즉시 전달해 산업재해가 발생할 수 있는 여지를 차단하는 게이트키퍼 역할을 하는 셈이다.

대우건설은 시공 전 한 발 앞서 계약 및 시공 준비 단계에서 AI를 활용하고 있다. 자체 개발한 AI 계약 문서 분석 시스템 '바로답(DAP)'은 최소 200~300페이지에 달하는 입찰 서류와 계약서를 자동 분석해 위험 요인과 쟁점 사항을 도출해주는 시스템이다. 최소 검토에 3주 이상 걸리던 시간을 단축하고, 해외 대형 프로젝트 수주 시 계약 위험을 줄이고 협상력을 높이는 효과를 얻는다.

원가와 공정 관리에서도 AI의 역할은 커지고 있다. AI는 장비 가동률, 작업자 동선, 대기 시간을 종합적으로 분석해 최적 일정을 도출하며, 자재 수급 예측을 통해 불필요한 재고와 낭비를 줄인다.

특히 시공 단계에서 가장 중요한 과제로 떠오른 것이 안전 관리다. 중대재해처벌법이 강화되면서 면허 취소 위기에 직면한 건설사에는 '사람이 죽지 않는' 환경을 만드는 것이 최우선 과제가 됐다.

현대건설은 무인 순찰 로봇을 활용한 위험 지역·단순 반복 데이터 기록 효율화를 목표로 2021년부터 2024년까지 AI 기반 4족 보행 로봇 '스팟(SPOT)'을 활용하고 있다. 스팟이 작업자를 대신해 위험 구역에 들어가 자료를 수집하고 순찰하는 방식이다.

삼성물산도 모든 건설 현장에 '재해 예측 AI'를 도입하고 과거 사고 데이터를 유형별로 분석해, 작업 공정과 환경 데이터를 입력하면 사고 발생 가능성을 사전에 예측해주는 시스템을 운영하고 있다.

늘어나는 현장의 외국인 근로자와의 원활한 소통을 통해 안전을 확보하기 위해 AI 번역기도 등장했다. GS건설은 '자이보이스'를 이용해 작업 전 안전 점검(TBM) 시 안내가 120개에 달하는 다국어로 실시간 번역해 송출되도록 하고 있다. 이로써 여러 번 반복해야 했던 외국인 안전교육과 작업정보 전달의 효율을 높였다는 평가다.

로봇개 '스팟'이 터널 공사 현장 장비를 모니터링하는 모습(왼쪽)과 아파트 현장에서 '자이 보이스'를 활용해 외국인 근로자에게 작업 유의사항을 설명하는 모습(오른쪽)

유지 관리 단계에서의 AI

건축물과 인프라의 장기적 유지 관리는 AI가 가장 큰 가치를 발휘할 수 있는 영역이다. 사물인터넷(IoT) 센서로 실시간 자료를 수집하고 AI 알고리즘이 이상 패턴을 분석해 건물의 이상을 탐지하고 예측하는 시스템을 구축하고 있다.

디지털 트윈(Digital Twin) 기술과 결합해 가상 환경에서 시뮬레이션을 통해 유지 관리 의사결정을 최적화하려는 시도도 있다. BIM 모델에 실시간 센서 데이터를 연결한 디지털 트윈에 AI를 적용하면 시설물의 열화나 구조 안전 상황을 실시간 평가하고 보수·보강 시점과 방법을 추천할 수 있다.

삼성물산은 아파트 운영 단계에서 AI 기반 주거 플랫폼 '홈닉(Homeniq) 2.0'을 통해 조명·난방 제어, 커뮤니티 시설 예약, 방문자 출입 관리 등을 자동화하고 있다.

AI는 에너지 관리에도 접목된다. 전력 사용과 장비 작동 패턴을 분석해 불필요한 소비를 줄이며, 폐기물 흐름과 자재 재활용 여부까지 AI가 추적해 ESG 경영에 기여한다.

AI가 재편하는 건설 산업의 미래

AI는 단순한 효율화 도구가 아니다. 설계부터 시공, 유지 관리까지 전 과정에서 안전, 비용, 효율, 지속 가능성을 동시에 향상하게 하는 산업 전환의 엔진이다.

AI의 파급력은 크지만, 그렇다고 AI가 만능 해결책은 아니다. 자동화가 늘어나도 숙련 기술자의 경험과 직관은 필수적이며, AI가 제시하는 데이터를 올바르게 해석할 역량이 없으면 효과가 제한된다. 즉, AI는 사람을 대체하는 것이 아니라 사람과 함께 쓸 때만 힘을 발휘하는, 가장 강력한 보조 수단이다.

미래를 향한 질문은 단순하다. AI의 파도를 수동적으로 맞이할 것인가, 아니면 스스로 그 파도를 타고 산업의 미래를 만들어갈 것인가. 건설업의 미래는 후자를 선택한 기업들에 의해 정의될 것이다.

4부

금융·증권·산업 기상도

4부 금융·증권·산업 기상도

[금융]
경제성장 둔화… 환율·금리 불확실성 지속

[증권]
역대급 랠리 코스피… 5000선 돌파 주목

[AI·반도체·배터리]
AI 날개 단 반도체 슈퍼사이클

[모빌리티]
소프트웨어가 자동차를 지배하는 시대

[조선·해운·항공·방산]
LNG선박 발주 호황… K-조선 쾌속항진

[전자·포털·게임]
저성장 진입… 스마트홈·모듈러가 '돌파구'

[유통]
'초개인화 경험' 제공… 차별화 경쟁

[제약·바이오]
위기 넘어 재도약… 르네상스 서막

경제성장 둔화… 환율·금리 불확실성 지속

김봉정 기자

금융

2025년 한국 경제는 정치적 불확실성 속에서 출발했다. 소비 심리는 코로나 팬데믹 이후 4년 만에 가장 크게 위축됐고, 내수와 경기 전반에 대한 우려는 짙게 드리워있다. 연간 경제성장률은 1% 안팎에 그치며 장기 저성장 국면에 대한 불안요소로 작용한다. 가계부채에 대한 부담과 부동산 시장의 불안정성이 겹치면서 경제 회복의 발목을 잡았다.

외환시장 변동성은 그 어느 때보다 높았다. 미국과 중국의 무역 갈등이 격화된 2025년 4월 원·달러 환율은 1,480원대까지 치솟으며 2009년 금융위기 이후 좀처럼 보기 힘든 수준을 기록했다.
낮은 성장률과 불안정한 환율 흐름은 대외 의존도가 높은 한국 경제의 구조적 취약성을 드러냈다. 자산시장은 예상보다 선방했다는 평가를 받았지만, 장기적 성장 전략 마련의 필요성은 오히려 더 커졌다.

전문가들은 2026년 역시 녹록지 않을 것으로 전망한다. 미국 도널드 트럼프 행정부의 중간선거와 관세로 인한 본격적 인플레이션 압력, 연방준비제도(이하, 연준) 의장 교체에 따른 독립성 논란 등이 글로벌 금융시장을 흔들 주요 변수로 꼽힌다. 특히 미국발 관세 충격이 본격화되면, 수출입 의존도가 높은 한국 경제는 타격을 피하기 어렵다. 게다가 연준 의장이 교체되는 시기마다 금융시장이 일시적 혼란을 겪어온 만큼, 연준의 독립성 논란이 커진 상황에서 맞이하는 이번 교체는 파급력이 한층 커질 수 있다는 관측도 제기된다. 이에 성장률, 환율, 기준금리라는 세 가지 지표를 중심으로 2026년 한국 경제의 향방을 짚어본다.

韓 경제, 2년 연속 2% 미만 성장… 반등 여지는?

아시아개발은행(이하, ADB)은 2025년 9월 발표한 '아시아 경제전망'에서 한국의 2026년 성장률을 1.6%로 제시했다. 2025년 성장률을 0.8%로 낮게 잡은 것과 달리, 이듬해는 두 배 높은 수치를 전망하며 전년 대비 경기 회복 가능성에 무게를 실었다.

ADB는 매년 4월 연간 전망을 내놓은 뒤, 7월 보충 전망과 9월 수정 전망을 발표한다. 필요할 경우 12월에 추가 전망을 제시하는 경우도 있다. 2025년 9월 전망치는 7월과 같은 수준으로 발표됐다.

ADB는 2025년 7월 전망에서 4월에 제시했던 성장률을 0.7%포인트(이하, p) 낮추기도 했는데, 이는 한국의 건설 투자 부진과 수출 둔화, 부동산 시장 약세가 반영된 결과였다. 이후 2025년 9월에는 확장적 재정 정책과 완화적 통화 정책이 한국의 하반기 내수 회복을 뒷받침할 것으로 봤지만, 계속되는 건설 경기 침체와 미국 관세 충격을 감안해 전망치를 그대로 유지했다. 2025년의 경우 상반기 정치적 불확실성이 장기화 한데다 미국의 관세 인상이 겹치면서 경기 활력이 크게 위축됐기 때문이다.

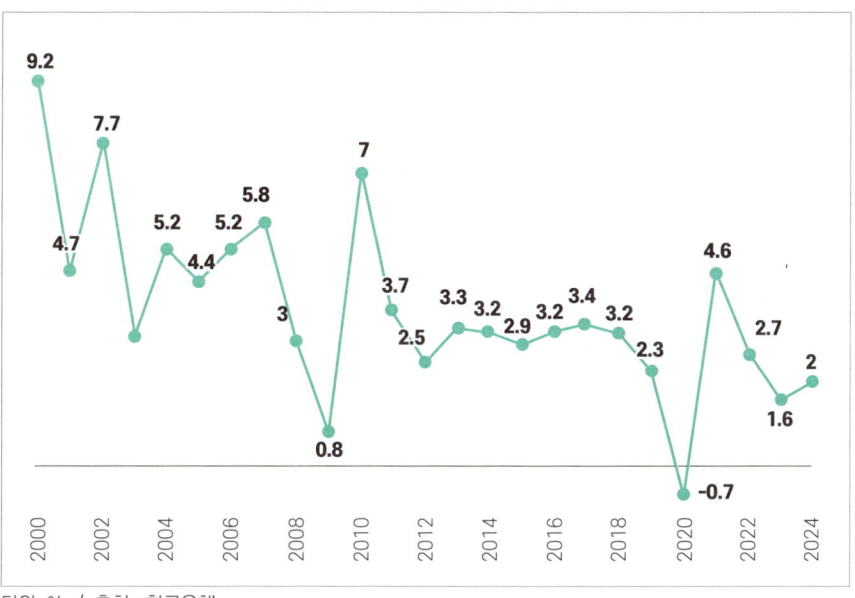

<그림 1. 한국 경제성장률 추이>

단위: % / 출처: 한국은행

  한국은행 역시 2025년 8월 발표한 성장률 전망을 통해 2026년 한국 경제성장률을 1.6%로 제시하며 저성장 기조가 지속되리라 예상했다. 이 전망이 현실화될 경우 한국 경제는 2년 연속 2% 미만의 성장에 머무는 것으로, 1953년 국내총생산(GDP) 통계 작성 이후 처음 있는 일이 된다. 과거에는 경기 충격이 있더라도 이듬해 반등하는 흐름을 보였지만, 최근에는 성장 부진이 고착화될 수 있다는 우려가 나오는 이유다.

  한국은행은 2025년 8월 성장률을 전망할 당시, 글로벌 무역 갈등이 재점화된다면 성장률이 추가로 0.2%p 낮아질 수 있다는 '비관 시나리오'도 함께 제시했다.

  그러나 시장은 인공지능(AI) 확산에 힘입어 반도체 업황이 '슈퍼사이클'에 진입했다는 전망이 대세다. 여기에 정부가 향후 5년간 'AI와 반도체, 바이오 등 첨단 산업 전반을 지원하기 위해 150조 원 규모의 국민성장펀드를 조성해 국내 투자를 촉진하겠다'고 밝혀 2026년 경기 개선 가능성도 제기된다.

김상봉 한성대 경제학과 교수는 "2026년 한국 경제성장률은 관세 충격 등을 고려할 때 1.5% 안팎에 머물 가능성이 크다"며 "한국은 이제 장기 저성장을 감내할 수밖에 없는 구조로, 산업 구조 전환 없이 성장률 반등은 쉽지 않다"고 진단했다.

전문가들은 2026년 성장률은 1%대 중반에 그칠 가능성이 높으며 AI와 같은 신성장 산업을 중심으로 투자와 수출이 확대돼야만 1.6%를 웃돌 여지가 있을 것으로 보고 있다.

환율, 전년보다 낮지만… 美 대외 변수 '불확실성'

환율 역시 한국 금융시장에서 가장 민감한 지표 가운데 하나다. 2026년 전망과 관련해서 전문가들은 '환율의 방향성을 뚜렷하게 예단하기는 어렵다'고 보면서도, 대체적으로 2025년보다는 낮은 수준에서 형성될 가능성에 무게를 두고 있다.

2025년 4월 원·달러 환율은 한때 1,490원 선에 육박하며 글로벌 금융위기 이후 16년 만에 가장 높은 수준까지 치솟았다. 이후 8월 평균 환율은 약 1,380원대로 다소 안정세를 보였지만, 9월 들어 다시 1,400원을 돌파하는 등 불안정한 흐름을 드러냈다.

2025년 하반기에 환율이 재차 1,400원대를 넘어선 배경에는 단순한 달러 강세뿐 아니라 3,500억 달러 규모의 대미 투자 방안을 둘러싼 불확실성도 크게 작용했다. 한국과 미국 간 통상 협상이 교착 국면에 빠지면서 원화에는 추가적인 약세 압력이 더해진 것이다.

〈원·달러 환율 변동추이〉

단위: 원 / 출처: 한국은행

코스피 지수가 사상 최고치를 경신하고 수출 실적이 호조를 보인 데다, 미국 연방정부 셧다운 우려로 경기 둔화 가능성이 부각되는 등 환율 하락 요인도 존재했다. 그러나 결론이 나지 않은 한국과 미국의 관세 협상 문제는 환율 안정 흐름을 가로막았다.

기획재정부와 미국 재무부가 2025년 10월 환율 정책 합의문을 통해 "환율은 시장에 맡긴다"는 기본 원칙을 재확인했지만, 이번 합의는 시장 판세를 바꾸기에는 역부족이었다는 평가를 받았다.

외환시장 안정성 확인이라는 상징적 의미는 있었지만, 실제 환율 흐름에는 뚜렷한 영향을 주지 못해서다.

박상현 iM투자증권 연구원은 "환율 관찰 대상국에서 벗어날 가능성이 커졌다는 점은 긍정적이지만, 직접적인 파급력을 가진 합의는 아니었다"며 "원화 약세 국면에서는 당국의 개입 공개가 큰 논란이 되지 않고, 이전 일본의 사례처럼 시장 반응도 제한적일 것"이라고 말했다.

2026년에도 미국 연준의 금리 인하 기조가 이어진다면 환율은 현 수준보다 점진적으로 하락할 수 있다는 전망도 있다.

그러나 금리 인하가 상반기 중 조기에 끝날 경우, 달러 강세가 다시 부각될 수 있으며, 이 경우 하반기 환율은 상반기보다 높은 수준에서 형성될 가능성도 있다. 즉, 급격한 달러 강세는 아니더라도 전반적인 변동성 확대는 불가피하다고 분석하고 있다.

2025년 상반기 환율을 끌어올렸던 정치적 불확실성 등 요인이 일정 부분 해소되긴 했으나, 원화의 달러 대비 절하 폭도 여전히 커서다.

종합하면 전문가들은 2026년 원·달러 환율이 전년보다 낮은 수준에서 형성될 가능성이 크다고 본다. 다만 대외 변수에 따라 흐름은 바뀔 수 있다고 내다봤다.

조용구 신영증권 연구원은 "2025년 원·달러 환율은 국내 요인으로 크게 올랐던 원화가 일부 되돌려졌지만 달러 강세 흐름을 따라가지 못해 원화의 상대적 절하 폭이 더 커진 상황"이라며 "2026년에는 환율이 작년보다는 내려오는 방향으로 보고 있지만, 연준 차기 의장 인선, 미국 중간선거, 트럼프 관세 등 대외 변수가 주요 요인으로 작용할 것"이라 내다봤다.

경기 둔화에도 기준금리 인하 여력 제한… 부동산이 발목

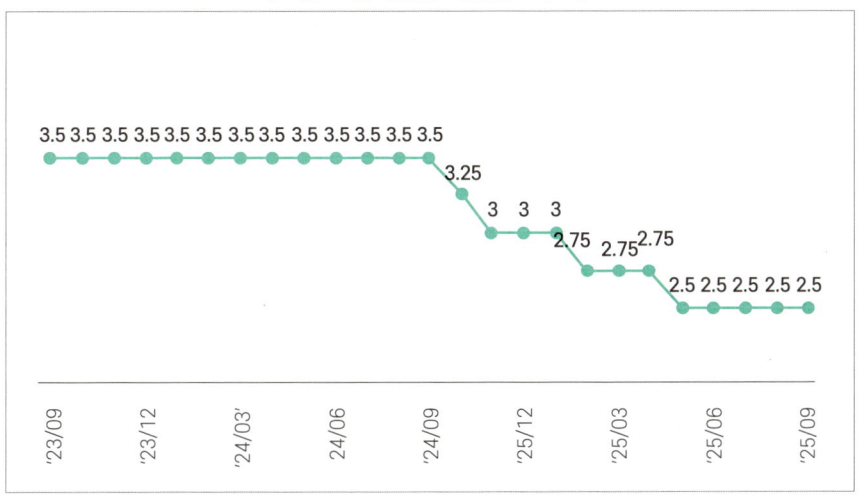

〈그림 3. 한국은행 기준금리 추이〉

단위: % / 출처 : 한국은행

　2026년 한국 경제는 잠재 성장률을 밑도는 낮은 성장세가 이어질 것으로 예상되는 만큼, 한국은행의 기준금리 인하 기조는 상반기까진 유지될 것으로 보인다. 다만 그 속도와 폭은 가계부채와 부동산 시장 상황에 크게 좌우될 전망이다.

　한국은행은 2024년 10월, 기준금리 인상 국면이 시작된 지 3년 2개월 만에 처음으로 금리를 내리며 통화 정책 기조를 전환했다. 당시 장기간 이어지던 동결 기조를 깨고 금리를 3.50%에서 3.25%로 낮췄으며, 11월에는 금융위기 이후 처음으로 두 달 연속 인하를 단행해 시장을 놀라게 했다.

　완화 기조는 2025년에도 이어졌다. 건설 투자와 소비 등 내수 부진이 심화된 데다, 미국의 관세 충격까지 겹치면서 성장률이 1% 안팎에 머물 것이라는 전망에 무게가 실렸기 때문이다.

그러나 금리 인하 폭은 제한적이었다. 금리를 낮추는 것이 경기 회복의 불씨가 될 수는 있지만, 동시에 대출 여력을 키워 가계부채를 확대하고 부동산 수요를 자극하는 부작용이 뒤따르기 때문이다.

실제로 2025년 초 토지거래허가제가 일시 해제되면서 수도권을 중심으로 가계대출이 급격히 늘어났다. 이를 억제하기 위해 금융당국은 같은 해 6월 27일 가계부채 대책을 내놓으면서 매수 열기를 어느 정도 진정되도록 했다. 그러나 서울 집값 상승세가 꺾이지 않으면서 성급한 금리 인하가 되레 시장 불안을 키울 수 있다는 우려가 제기됐다.

이창용 한국은행 총재도 2025년 8월 통화정책방향회의 이후 기자간담회에서 "통계적으로 기준금리를 0.25%p 내리면 성장률이 약 0.06%p 높아진다"며 "금리 인하가 성장률 제고에 효과가 있는 것은 분명하지만, 지금은 성장률보다 부동산 가격을 자극할 가능성을 배제할 수 없어 신중히 지켜보고 있다"고 말했다.

그는 이어 "내년 상반기까지는 낮은 성장세가 이어지겠지만, 하반기에는 잠재 성장률에 가까운 흐름으로 회복할 것으로 예상한다"며 "GDP 갭 등을 감안하면 상반기까지는 인하 기조가 유지될 가능성이 크다"고 덧붙였다.

결국 경기 둔화가 심화되는 상황에서도 부동산 과열 우려가 겹치면서 한국은행의 정책 운신 폭은 크게 제약받고 있다. 경기 부양을 위한 금리 인하 필요성과 금융 안정을 지켜야 한다는 부담이 동시에 작용하면서 한국은행의 선택지는 제한적일 수밖에 없다는 평가다.

전문가들도 비슷한 진단을 내놓는다. 2025년 하반기 들어 환율 불안과 집값 과열 우려가 동시에 커지면서, 2026년 한국은행이 금리를 인하하더라도 기준금리 하단은 최소 2% 수준에 머물 가능성이 크다는 것이다. 이후 추가 인하는 부동산 시장 상황에 따라 제한적일 수밖에 없고, 속도 역시 완만할 것이라는 전망이다.

김진일 고려대 경제학과 교수는 "2026년 금리 인하의 핵심 변수는 트럼프 행정부의 관세 정책과 국내 부동산 시장"이라며 "물가가 2% 수준인 상황에서 기준금리를 2% 밑으로 내리는 것은 부담이 크다. 집값 흐름이 안정돼야 정책 운용 여력이 넓어질 것"이라고 말했다.

오건영 신한 프리미어 패스파인더 단장도 "2026년의 경우 2% 수준까지는 기준금리를 더 낮출 가능성이 있다"면서도 "금리 흐름은 부동산 시장과 밀접하게 연동되는 만큼 인하 여력은 제한적이고 속도 역시 완만할 수밖에 없다"고 전했다.

역대급 랠리 코스피… 5000선 돌파 주목

권해석 기자

증권

    2025년 국내 주식시장은 역사상 손에 꼽을 정도의 가파른 상승세를 보이고 있다. 2024년 말 비상계엄과 대통령 탄핵으로 인한 정치적 불확실성이 2025년 초까지 이어지면서 주가는 약세를 보였다. 하지만, 2025년 6월 대통령 선거를 전후로 주가는 큰 폭으로 상승했다. 2025년 코스피 지수는 3분기까지 40% 넘게 상승했으며, 금리 인하기를 맞아 미국과 일본, 유럽 등 주요 국가의 증시가 대부분 상승한 가운데 국내 증시가 압도적인 성과를 내고 있다. 미국 트럼프 행정부의 관세 정책이 증시 불확실성을 키웠지만, 예상보다 경제적 충격파가 크지는 않았다. 다만 관세 효과가 천천히, 길고 지속적으로 경제지표 곳곳에 녹아들 가능성이 있다는 점은 증시의 부담이 될 수 있다. 여기에 지정학적 위험도 여전히 도사리고 있다.

박스피 탈출… 금리 인하 기조 유지

2025년은 코스피 지수가 지난 10년가량 2000선에서 오간 '박스권 탈출'이 본격적으로 진행된 해다. 코스피 5000 시대를 목표로 내건 이재명 정부가 2025년 6월 출범하면서 코스피 지수가 본격적인 상승세를 탔다. 2025년을 2399.49로 시작한 코스피 지수는 2025년 9월 3424.60까지 올랐다. 9개월 만에 코스피 지수가 1000포인트 넘게 상승한 것이다. 2025년 10월 2일에는 3500선까지 넘었고 같은 달 31일에는 4107.50으로 마감하면서 사상 처음으로 4000선을 돌파했다. 증권업계에서는 2026년 상반기에 코스피가 5000선을 넘을 것이라는 관측도 나온다.

〈표 1. 2025년 코스피 지수 추이(말일 기준)〉

1월	2월	3월	4월	5월	6월	7월	8월	9월	10월
2398.94	2453.95	2528.92	2505.86	2559.79	2698.97	3089.65	3119.41	3424.6	4107.50

자료:한국거래소

증시에서 다양한 변수가 작용하기 때문에 예측이 매우 어렵지만, 일반적으로 금리와 성장률 지표가 방향성의 가늠자 역할을 해 왔다. 통상 금리가 내려가면 자금 조달 비용이 줄어 시중에 많은 자금이 풀리게 되고, 보다 높은 수익률을 찾아 증시로 유입되는 자금이 늘어난다. 반대로 금리가 오르면 유동성도 축소되고 증시도 활력을 잃을 수 있다.

우선 금리의 지속 하락 가능성이 높다. 시장은 미국 연방준비제도(이하, 연준)가 현재 4~4.25%인 정책금리를 2026년 초에 3.25~3.5% 수준까지 내릴 것으로 보고 있다. 한국은행도 미국 연준의 금리 인하 기조에 맞춰 완화적인 통화정책을 펼 공산이 크다.

〈표 2. 한국은행 기준금리 추이〉

2024년 1월	2024년 10월	2024년 11월	2025년 2월	2025년 5월	2025년 9월
3.5%	3.25%	3.0%	2.75%	2.5%	2.5%

자료:한국은행

경제성장률도 중요하다. 주가는 기업 실적이 좌우하며, 개별 기업들의 실적은 성장률에 영향을 준다. 기업 실적이 좋으면 성장률도 올라가고 증시도 상승 압력을 받는다.

다만, 성장률 전망은 다소 불안하다. 경제협력개발기구(OECD)가 2025년 9월에 내놓은 경제전망 보고서를 보면, 2026년 전 세계 성장률 전망은 2.9%로 2025년 성장률 전망인 3.2%보다 낮다. 다만, 우리나라는 2026년에 2.2% 성장할 것으로 예상되면서 2025년 성장률 전망치인 1.0%보다 개선되는 것으로 전망하고 있다.

〈표 3. OECD 중간 경제전망〉

(%, %p)	24년	25년 전망			26년 전망		
전망시점		3월	6월	9월	3월	6월	9월
전세계	3.3	3.1	2.9	3.2	3.0	2.9	2.9
한국	2.0	1.5	1.0	1.0	2.2	2.2	2.2
미국	2.8	2.2	1.6	1.8	1.6	1.5	1.5
중국	5.0	4.8	4.7	4.9	4.4	4.3	4.4

자료:OECD, 기획재정부

불확실성 변수도 여전

문제는 미국의 관세 정책의 효과로 미국 내 물가 상승률이 높아질 경우, 금리 인하 경로의 수정이 발생할 수 있다는 점이다. 실제 OECD는 2026년 미국 물가가 3% 상승할 것으로 봤으며, 이는 2%인 연준의 물가 안정 목표치를 상회하는 수준이다.

미국의 관세 정책으로 인해 글로벌 교역 규모가 축소되면 수출 비중이 높은 우리나라 경제는 더 큰 충격을 받을 수 있고, 증시에도 약한 고리가 될 수도 있다.

지정학적 위험도 고려해야 할 변수다. 이스라엘과 팔레스타인 무장 정파 하마스 사이 충돌 과정에서 이스라엘이 카타르 등 중동 여러 국가에 군사 작전을 진행하면서 긴장감이 높아졌고, 러시아-우크라이나 전쟁도 좀처럼 종착역을 찾지 못하고 있다는 점은 증시의 변동성을 높일 요인으로 꼽는다.

국제 정세의 불안은 국제유가나 곡물 가격을 높일 수 있다. 지난 2022년 러시아-우크라이나 전쟁 발발로 급격한 인플레이션이 나타났던 점을 기억한다면 2026년에도 증시를 위협할 복병으로 지정학적 위험을 빼놓을 수 없다.

여기에 유럽의 재정위기 우려가 지속될 가능성이 큰 것도 부담 요인이다. 2024년 프랑스의 재정적자는 GDP 대비 5.8%로, 3.1%인 유로존의 전체 재정적자와 비교해 월등히 높다. 프랑스는 유로 국가 중에서도 재정적자가 심각한 상태다.

<표 4. 전년 대비 주요국별 정부 순부채>

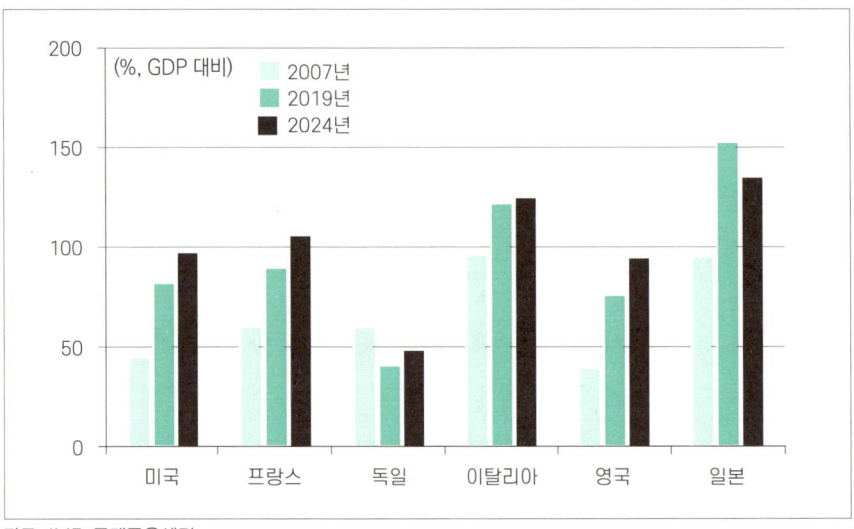

자료: IMF, 국제금융센터

국제신용평가사 피치는 2025년 9월에 프랑스 국가신용등급을 'AA-'에서 'A+'로 한 단계 떨어뜨렸다. 영국도 2024년 GDP 대비 재정적자 비율이 5.7%에 달할 정도로 재정 상태가 나쁜 상황에서 재정 지출 규모가 계속 커지고 있다.

미국 역시 재정 문제가 심각하다. 2024년 미국의 재정적자는 GDP 대비 7.3%에 이른다. 주요 국가의 재정적자는 국채 가격 하락으로 이어지면서 안전 자산으로 꼽혀 온 국채의 매력도를 떨어뜨리고 있는데, 기관투자자들의 주식 등 자산 포트폴리오 구성에 영향을 줄 수 있다.

코리아 프리미엄 제도 개편 주목

국내에서는 2025년부터 본격적으로 추진한 '코리아 디스카운트'(한국 증시 저평

가) 해소 방안이 2026년 대부분 마무리될 것으로 예상된다.

2025년 7월 국회의 1차 상법 개정으로 이사의 충실 의무 대상이 회사에서 모든 주주로 확대됐다. 회사 내 핵심 사업부의 쪼개기 상장과 같이 일반 주주보다는 지배주주의 이익에 충실했던 이사회의 논의에 일반 주주의 입장도 고려하도록 하는 원칙을 마련한 것이다. 1차 개정 상법은 2025년 7월 15일 국무회의에서 의결된 이후 즉시 시행에 들어갔다.

국회는 곧바로 2차 상법 개정을 통해 자산총액 2조 원 이상 대규모 상장회사에 집중투표제 도입을 의무화하고, 감사위원 분리 선출 인원을 최소 1명에서 2명으로 확대했다.

〈표 5. 이재명 정부 코리아 프리미엄 전략〉

2025년 하반기	상법 안착을 위한 가이드라인 제정
	합병·물적분할 시 일반주주 보호(자본시장법 개정)
	단기매매차익 반환청구 의무화(자본시장법 개정)
	MSCI 선진국 지수 편입 로드맵 마련
	고배당기업 배당소득 분리과세 도입(조세특례제한법 개정)
2026년 상반기	의무공개매수제도 도입(자본시장법 개정)
	스튜어드십코드 개선
	기업의 성장 단계별 특성 감안해 주식시장 재구조화

자료:기획재정부

2차 상법 개정은 상장회사 이사회에 일반 주주의 이익을 대변할 수 있는 이사의 참여 비율을 높이는 방안이다.

집중투표제는 2인 이상 이사 선임 과정에서 주식 1주마다 선임할 이사 수만큼의 의결권을 주는 제도다. 선임할 이사가 3명이면 1주에 3표가 부여되고 3표를 특정 후보에게 몰아줄 수 있다. 소액주주들이 선호하는 이사가 선임될 수 있는 확률이 높아지는 셈이다.

감사위원 분리 선출 인원 확대는 지배주주를 견제할 수 있는 이사회의 구성원을 늘리는 효과가 예상된다. 감사위원회는 3인 이상의 이사로 구성하고 3분의 2 이상을 사외이사로 구성해야 하는데, 최소 2명을 다른 이사와 분리해서 선출하도록 하겠다는 것이다.

2023년 5월 2일부터 2024년 5월 14일까지 80개 공시 대상 기업집단 소속 344개 상장회사의 이사회 안건 9155건 가운데 원안대로 통과되지 않은 안건은 53건, 0.58%에 그쳤다. 지배주주가 이사회 구성에 미치는 영향력이 컸기 때문에 국내 상장기업 이사회는 '거수기 이사회'라는 오명을 받기도 했다. 이번 상법 개정으로 지배주주가 주도해 온 이사회 구성에 균열이 생길 수 있게 됐다.

2차 개정 상법은 공포 후 1년 뒤 시행되기 때문에 2026년 9월부터 적용된다. 상장회사의 자기주식(자사주) 의무 소각과 같은 추가적인 '코리아 디스카운트' 해소 방안 도입은 2026년까지 계속될 예정이다. 의무공개매수제 도입과 스튜어드십 코드 개선 등이 대표적 추가 과제다.

의무공개매수는 기업 인수·합병(M&A) 과정에 인수자가 피인수기업의 지배주주 지분을 사들이는 방식으로 경영권을 확보하면 일반 주주 지분도 공개매수하게 하는 제도다. 지배주주 주식에만 경영권 프리미엄이라는 명목으로 높은 가격이 책정돼 일반 주주가 피해를 보는 일을 막자는 취지다.

스튜어드십 코드는 국민연금 등 기관투자자들이 타인의 자산을 운용하는 수탁자로서 그 책임을 다하기 위해 이행해야 할 행동 지침이다. 스튜어드십 코드를 고쳐 기관투자자가 기업의 지배구조 개선이나 주주가치 제고 등을 위해 주주권한을 행사하도록 유도하겠다는 의도다.

금·ETF 시장의 성장

가파른 상승세를 보이고 있는 금에 대한 주목도 당분간 지속될 전망이다. 2025년 초 온스당 2600달러 수준이었던 국제 금값은 2025년 10월에 4000달러를 넘어서면서 연초 대비 50% 넘게 가격이 올랐다. 국내 금값도 마찬가지로 고공행진을 계속했다. 한국거래소 KRX 금 시장 기준으로 금 1g당 가격은 2025년 초 12만 4000원 수준에서 2025년 9월 말에는 17만 4000원대로 높아졌고, 10월 들어 20만 원 고지도 돌파했다.

글로벌 투자은행(이하, IB)들은 금값이 온스당 5000달러를 넘어설 가능성도 점치고 있다. 지정학적 위험이 해소되지 않은 상황에서 미국의 재정 불안으로 달러가 약세를 보이고 있어 금에 대한 수요가 지속될 것으로 보는 시각이 많다. 특히 미국의 관세 정책으로 물가 상승률이 2026년에 높아질 것으로 보이면서 대표적인 인플레이션 대응 수단인 금의 가치가 높아질 가능성이 높다는 분석이다.

ETF(상장지수펀드) 시장의 성장이 지속될지도 주목할 지점이다. ETF는 여러 주식이나 자산에 동시에 투자할 수 있다는 점에서 펀드와 비슷하지만, 상장이 돼 있어 일반적인 주식처럼 손쉽게 사고팔 수 있는 것이 특징이다. 우리나라에는 지난 2002년에 첫선을 보였고, 최근 급격하게 시장 규모가 커지고 있다.

〈국내 ETF 시장 규모 추이〉

	2002	2010	2021	2022	2023	2024	2025년 9월
순자산 총액(억원)	3,444	60,578	739,675	785,116	1,210,657	1,735,639	2,498,577
상장 종목수(개)	4	64	533	666	812	935	1,038

자료 : 한국거래소

지난 2002년 3444억 원에 불과했던 ETF 순자산 총액은 2025년 9월 말 기준으로 247조 2681억 원으로 불어났다. 2023년 100조 원을 넘긴 ETF 순자산 총액은 최근 가파르게 상승하고 있다.

2023년 ETF 순자산 총액은 전년 대비 54%가 늘었고, 2024년에는 1년 전보다 43%가 증가했다. 2025년에도 3분기 만에 2024년 말과 비교해 75조 원(33%)가량 순자산 총액이 늘어났다. 이런 속도라면 2026년에는 ETF 순자산 규모가 300조 원을 무난히 넘어설 것으로 예상된다.

ETF 상품군도 다양해지고 있다. 지난 2002년 4개 종목으로 출발한 ETF 종목은 2025년 7월에 1000개를 돌파했다. 이후에도 ETF 상장이 이어지면서 2025년 9월 말 기준으로 ETF 상품 수는 1060개를 기록하고 있다.

ETF 시장이 커지면서 전체 주식시장에 미치는 영향력도 무시할 수 없는 수준이다. 2025년 8월 기준으로 코스피 일평균 거래대금 10조 3930억 원 가운데 ETF 거래 비중이 48.0%에 달한다. 코스피 거래대금의 절반가량이 ETF라는 의미다. 전체 코스피 시가총액에서 ETF 자산총액이 차지하는 비중은 2010년에 0.5%에 불과했지만, 2025년 8월 기준으로 8.8%로 증가했다.

AI 날개 단 반도체 슈퍼사이클

심화영·이계풍 기자

AI·반도체·배터리

글로벌 반도체 산업은 2026년을 기점으로 'AI 슈퍼사이클'에 본격 진입하고 있다. PwC(PricewaterhouseCoopers), 옴디아, SEMI(Semiconductor Equipment and Materials International) 등 주요 시장조사 기관은 세계 반도체 시장이 2030년까지 연평균 8.6% 성장해 1조 달러(약 1,400조 원)를 돌파할 것으로 내다봤다. 2025년 글로벌 반도체 시장 규모는 약 7,280억 달러, 한화 약 1,019조 원으로 예상되고 있다.

[AI·반도체] **AI가 연 반도체의 '제2 부흥기'**

범용 인공지능(AGI), 자율주행, 휴머노이드 로봇, 초대형 데이터센터 등 차세대 기술들이 본격적으로 상용화되면서 반도체 산업은 다시 한번 도약의 기회를 맞이하고 있다. 한때 단순한 전자부품에 머물렀던 반도체는 이제 AI 시대의 두뇌이자 인프라로 재조명받고 있다.

　AI는 그 자체로 막대한 연산을 요구하는 기술이다. 생성형 AI나 자율주행, 로봇 지능 등은 기존의 범용 CPU로는 감당할 수 없는 수준의 연산과 속도를 요구한다. 이로 인해 GPU와 NPU 등 AI 특화 칩 등 고성능 반도체의 수요가 폭증하고 있고, 반도체 기업들은 이 시장을 선점하기 위한 기술 경쟁에 돌입했다.

　AI 모델을 학습시키고 운영하기 위한 초대형 데이터센터 건설도 잇따르고 있다. 이는 곧 서버용 DRAM, 고대역폭 메모리(이하. HBM), SSD 등의 수요를 자극하며 메모리 반도체 시장에도 다시금 불을 지피고 있다. 특히 클라우드 기업들과 빅테크의 AI 투자 확대는 반도체 산업 전반에 걸쳐 '고성능화'와 '맞춤형화'를 가속화하고 있다.

　국가 차원에서도 반도체를 전략 자산으로 인식하는 흐름이 뚜렷하다. 미국, 중국, 한국 등 주요국은 자국 내에 반도체 공급망을 확보하는 동시에 기술 자립을 위해 대규모 투자와 보조금을 아끼지 않고 있다. 이는 AI를 둘러싼 기술 패권 경쟁이 곧 반도체 주도권을 의미함을 방증한다.

　한때 모바일과 PC 수요에 힘입어 1차 도약기를 경험했던 반도체 산업은 이제 AI라는 새로운 촉매제를 만나 '지능화된 반도체 시대', 'AI 퍼스트 반도체 산업'으로 나아가고 있다.

　2022년 챗GPT 등장 이후 전 세계적으로 AI 서비스 이용량이 폭증하면서 데이터센터 수요는 기하급수적으로 늘어났다. PwC 보고서에 따르면 서버·네트워크용 반도체 시장은 2024~2030년 연평균 11.6% 성장하며, 글로벌 서버 시장 규모는 2030년 3,000억 달러를 넘어설 전망이다.

특히 생성형 AI 모델 훈련과 추론을 뒷받침하는 AI 가속기, GPU, 맞춤형 ASIC 수요가 빠르게 증가하는 동시에 고대역폭 메모리(HBM)와 같은 첨단 메모리는 데이터센터 반도체 매출의 절반 이상을 차지할 것으로 예측된다. 이 과정에서 클라우드 서비스 업체와 빅테크는 범용 칩 대신 자체 AI 반도체 개발을 서두르고 있다.

한국 반도체, 오픈AI '스타게이트' 프로젝트에 올라타다

우리나라 반도체 업계에는 초대형 호재가 닥쳤다. 삼성전자와 SK하이닉스가 오픈AI가 주도하는 5,000억 달러 규모의 미국 '스타게이트' AI 인프라 프로젝트에 본격 참여하면서 글로벌 AI 메모리 공급 주도권을 강화하게 된 것이다. 오픈AI는 엔비디아 독점을 견제하기 위해 브로드컴과 자체 AI 칩을 개발 중인데, 이 과정에서 HBM과 고성능 D램 수요가 폭증할 전망이다.

카운터포인트리서치에 따르면 현재 HBM 시장 점유율은 2025년 2분기 기준으로 SK하이닉스가 약 62%로 1위, 미국 마이크론이 21%, 삼성전자가 17%로 3강 체제를 이루고 있다.

미국 뱅크오브아메리카는 2027년에도 한국 기업들의 합산 점유율이 80%에 달할 것으로 전망했다. 특히 삼성전자는 'HBM3'에서는 뒤처졌지만 'HBM3E'에서 엔비디아 테스트를 사실상 통과하면서 반등에 성공했다. 2026년 삼성전자 HBM 매출 성장률은 무려 105%에 달할 것으로 예측된다. 업계 관계자는 "오픈AI와 같은 신규 대형 수요처가 생기면서 반도체 공급 협상력이 과거보다 훨씬 유리해질 것"이라며 "HBM 품귀 현상이 지속될 가능성이 크다"고 내다봤다.

반도체 패키지를 들고 있는 모습

특히 자동차 산업은 반도체 수요 폭증의 또 다른 주역이다. 전기차(EV) 전환과 자율주행 레벨 3 상용화가 맞물리면서 차량 1대당 반도체 탑재량은 내연기관 대비 2~3배 수준으로 늘어난다. PwC에 따르면 2030년 글로벌 자동차 반도체 시장은 연평균 10.7% 성장할 것이며, 특히 전력 반도체와 차량용 HPC(고성능 컴퓨팅) 비중이 급격히 높아질 전망이다.

전기차 확산은 SiC(실리콘카바이드), GaN(질화갈륨) 기반 전력 반도체 수요를 폭발적으로 늘린다. SiC는 고전압·고전력 구간을, GaN은 고속 스위칭 구간을 담당하며 두 소재 모두 2030년까지 차량 전력 반도체의 60% 이상을 차지할 것으로 예상되고 있다.

또 소프트웨어 정의 차량(SDV) 확산으로 차량 아키텍처가 도메인 구조에서 중앙집중형 '조널 아키텍처'로 전환되면서, 개별 ECU(전자제어장치) 대신 고성능 SoC·AI 가속기·고속 메모리 수요가 급증하고 있다. 업계에서는 "앞으로 자동차는 단순한 이동 수단이 아니라 '데이터센터 on wheels'로 진화한다"는 분석이 나오고 있다.

산업·에너지·헬스케어 분야도 반도체 의존도가 급격히 높아지고 있다. 스마트 팩토리 확산은 센서와 MCU, AI칩 기반 자동화 수요를 끌어올리고, 재생에너지 확대는 SiC 전력 반도체와 ESS(에너지 저장장치) 제어칩 수요를 늘리고 있다. 의료 분야에서는 로봇 수술과 AI 진단, 원격 모니터링에 GPU와 MEMS, 바이오센서가 핵심 부품으로 자리 잡고 있다.

물론 반도체 산업의 고도화는 막대한 비용 부담과 복잡한 리스크도 동반한다. 2나노미터, 1.4나노미터 등 차세대 초미세 공정으로의 전환에는 천문학적인 기술 개발비와 장비 투자가 불가피하다. 여기에 글로벌 친환경 규제 강화로 반도체 생산공장의 전력 효율과 탄소 배출 저감 기준도 높아지고 있어 제조 단가 상승 압력이 커지고 있다.

국가 간 보조금 경쟁도 변수다. 미국과 유럽, 중국과 한국 등 주요국이 반도체 공급망 확보를 위해 막대한 재정지원을 쏟아붓는 가운데, 기업들은 보조금 규모와 지정학적 리스크를 종합적으로 고려한 투자 전략을 세워야 하는 상황이다.

전문가들은 2026년을 '반도체 슈퍼사이클 개막 원년'으로 보고 있다. AI·데이터센터·자동차·스마트 가전 등 전방 산업의 동시 성장세가 맞물리면서 과거와는 차원이 다른 수요 폭증이 현실화되고 있기 때문이다.

범용균 PwC 글로벌 반도체 리더는 "반도체는 단순 부품을 넘어 AI, 자율주행, 로봇 등 미래 산업을 떠받치는 핵심 인프라"라며 "기술·공급망 역량을 선제적으로 확보한 기업과 국가는 미래 초격차를 누리게 될 것"이라고 강조했다.

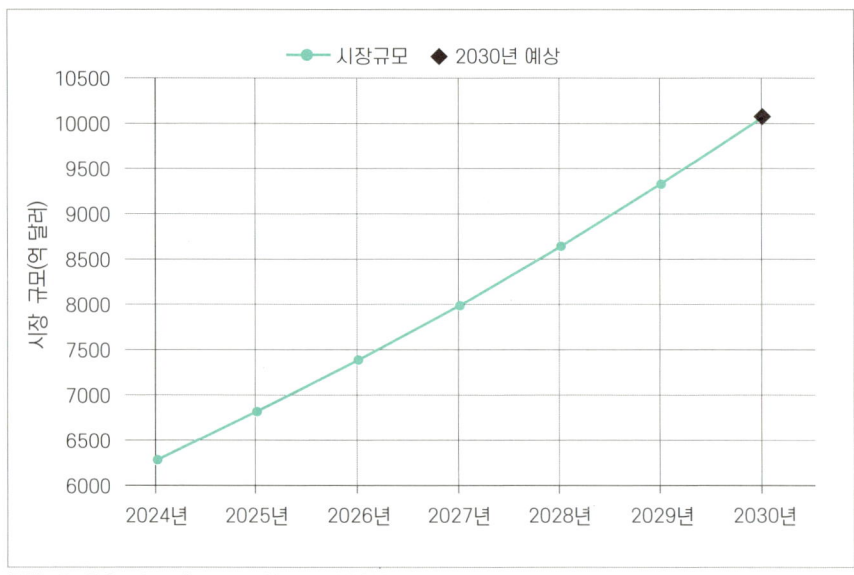

〈표 1. 2024-2030 글로벌 반도체 시장 규모 및 성장 전망〉

출처 : PwC Semiconductor and beyond 2026

[배터리] **보조금 공백·규제 속 배터리 산업… "현금흐름 방어에 사활"**
2026년은 한국 배터리 산업에 '성장과 위기가 교차하는 분수령'이 될 것으로 보인다. 2025년 한 해 동안 글로벌 시장은 전기차 수요 둔화와 보조금 정책 변화, 원재료 가격 변동이라는 복합적 변수가 뒤섞였다. 미국의 인플레이션 감축법(IRA) 보조금 체계는 사실상 한계에 부딪혔고, 한국판 IRA라 불리는 '조세특례제한법' 개정안은 업계가 요구한 만큼의 실효성을 확보하지 못했다. 동시에

리튬·니켈 가격은 안정세를 보였지만, 중국 업체들의 LFP(리튬인산철) 배터리 공세는 거세졌다. 이런 가운데 LG에너지솔루션과 삼성SDI, SK온 등 한국 배터리 3사는 미국과 유럽, 동남아에 대규모 투자를 단행하며 글로벌 공급망을 넓혀왔다. 그러나 2026년에는 "현금흐름 방어"가 최대 화두로 떠오를 것이라는 전망이 업계 전반에 확산되고 있다.

LG에너지솔루션의 ESS용 LFP 배터리 'JF2' 전경. (제공 : LG에너지솔루션)

2025년은 수주 잔고와 생산 능력 확대에 초점을 맞춘 해였다. 2026년은 본격적인 수익성 검증의 무대가 될 것으로 예상된다. LG에너지솔루션은 미국 제너럴모터스(이하, GM), 스텔란티스와 합작한 배터리 공장이 잇달아 가동에 들어갔다. 삼성SDI 역시 BMW와 스텔란티스를 향한 공급 물량이 본격화됐다. SK온은 포드와 현대차의 협력 공장에서 생산 라인 안정화에 집중해왔다. 그러나 대규모 선행 투자로 인한 차입 부담과 감가상각비 증가가 동시에 현실화되면서, 각사의 재무 안정성은 시험대에 올랐다. 업계는 "2026년은 매출 성장률보다 영업이익률 개선 여부가 투자자 신뢰를 좌우할 것"이라는 전망을 내놓았다.

특히 관세·보조금 이슈도 업계를 크게 흔들었다. 미국은 2025년 말까지 단계적으로 IRA 세부 규정을 재검토하며 중국산 원재료 배제 규정을 강화했다. 이는 한국 기업들에 기회이자 부담으로 작용했다. 양극재와 음극재, 전해액 등 핵심 소재의 탈중국화가 가속화되면서 국내 소재 업체들과의 협력이 강화됐지만, 동시에 원가 부담은 높아졌다. 많은 관계자가 기대했던 '한국판 IRA'는 국회 통과 과정에서 '지원 범위와 세제 혜택'이 축소돼 업계 불만만 키웠다. 업계 관계자는 "2026년은 정부 지원의 불확실성을 딛고 민간 스스로 현금흐름을 방어해야 하는 해가 될 것"이라고 말했다.

도널드 트럼프 미국 행정부의 외국 기업 대상 규제 리스크도 불안 요소로 작용했다. 2025년 출범한 트럼프 행정부는 '미국 우선주의(America First)' 기조 아래 보조금 축소, 현지 부품 사용 의무 확대, 대외 투자 심사 강화 등을 추진했다. 같은 해 9월에는 LG에너지솔루션과 현대차의 미국 조지아 공장에서 파견 임직원들이 비자·노동 규정 위반을 이유로 대거 구속되는 사태가 발생했다. 업계는 이를 단순한 관세나 보조금 문제를 넘어선, 인력과 투자 전반에 걸친 포괄적 견제로 받아들이며 경계심을 높여왔다. 이 사건은 한국 기업들이 미국 시장에서 안정적으로 생산과 투자를 이어가기 위해 정치 리스크 관리가 핵심 과제로 부상했음을 보여줬다.

삼성SDI의 21700 원통형 배터리

기술 경쟁 구도의 빠른 재편도 부담으로 작용했다. 글로벌 시장에서 LFP 배터리는 가격 경쟁력을 무기로 확산세를 이어갔다. 테슬라는 중국산 LFP를 북미 모델에도 확대 적용해왔으며, CATL·BYD는 2027년 시험 생산, 2030년 양산 목표로 전고체 배터리 상용화를 서둘렀다. 한국 기업들은 NCM(니켈·코발트·망간) 기반 고성능 배터리에 집중하면서도 ESS(에너지 저장 장치) 시장에서는 LFP 라인업을 확대해 대응해왔다. 삼성SDI는 하이니켈 배터리를 앞세워 프리미엄 전략을 고수했고, LG에너지솔루션과 SK온은 LFP ESS 시장 제품군을 강화했다. 전문가들은 "2026년은 한국 기업들이 NCM과 LFP의 '투 트랙 전략'을 통해 어느 정도 균형을 맞추느냐가 관건"이라 분석했다.

차세대 기술로 꼽히는 전고체 배터리 역시 불확실성을 드러냈다. 일본 도요타는 2027~2028년 전고체 배터리 상용화를 공언했고, 한국 3사도 파일럿 라인 구축에 속도를 내왔다. 삼성SDI는 건식 공정을 통한 전고체 개발을, SK온·LG에너지솔루션은 파우치형 전고체의 시제품 검증에 나섰지만 상용화 시점은 여전히 불투명하다. 업계에서는 "2026년은 전고체 개발에 투입되는 연구비와 성과의 간극이 더 부각되는 해"라며 "투자자들에게 장밋빛 전망보다 현실적인 로드맵을 보여줄 필요가 있다"고 지적했다.

규제 환경 역시 만만치 않았다. 유럽연합은 2026년부터 '배터리 패스포트' 제도를 본격 시행해 이력 추적과 탄소 배출량 공개를 의무화했다. 이는 ESG(환경·사회·지배구조) 규제가 공급망 전반으로 확산되는 대표적 사례였다. 한국 기업들은 이미 탄소 배출 데이터 관리 시스템을 구축했다. 하지만, 실제 적용 단계에서 추가 비용이 발생할 수 있으며, 미국 역시 자국 내 생산 비중 확대를 압박해오는 이유로 한국 기업들의 해외 투자 전략은 더욱 정교해질 필요가 있었다.

투자자 관점에서 보면 2026년은 '체력 싸움'의 해로 평가된다. 미국과 유럽 공장이 본격 가동하면서 매출은 늘어났지만, 이익률은 낮아질 수 있었다. 따라서 각사가 어떤 방식으로 비용 구조를 개선하고, 공급망 안정화를 확보하며, 차세대 기술 투자와 현금흐름 방어 사이 균형을 잡을지가 핵심이었다. 증권가에선 "2025년까지 이어진 공격적 투자 국면이 2026년부터는 구조조정, 선택과 집중으로 이어질 수 있다"고 전망했다.

여기에 더해 소재 가격과 환율 변동도 부담 요인으로 지목됐다. 리튬과 니켈 가격이 일시 안정세를 보였지만, 지정학적 리스크와 환율 불확실성이 커질 경우 다시 급등할 가능성이 존재했다. 특히 원재료를 해외 의존에 크게 기대고 있는 배터리 3사 입장에서는 환율 변동이 수익성에 직격탄이 될 수 있었다. 업계 일각에서는 "2026년은 제조 원가 절감과 장기 구매 계약 확보 능력이 배터리 기업의 손익을 좌우하는 해가 될 것"이라는 분석이 나왔다. 중국, 일본, 유럽 경쟁사들과의 원재료 확보전이 격화될 가능성도 배제할 수 없었다.

결국 2026년 배터리 산업은 △보조금 공백 △규제 파고 △정치 리스크 △기술 전환 △현금흐름 방어라는 다섯 가지 시험대 위에 서 있다. 전 세계 전기차 수요 성장세가 둔화되고 있는 가운데, 한국 배터리 기업들이 시장 신뢰를 지켜 내려면 단순한 규모의 확장이 아니라 수익성과 기술 혁신을 동시에 증명해야 한다. 업계 관계자는 "2025년이 준비의 해였다면 2026년은 실적과 기술을 동시에 검증받는 무대가 될 것"이라며 "결국 '현금흐름 방어'가 생존의 열쇠가 될 것"이라고 말했다.

소프트웨어가 자동차를 지배하는 시대

강주현 기자

모빌리티

　2026년 자동차 산업의 가장 큰 변수는 단연 '트럼프 관세'다. 2025년 트럼프 2기 행정부 출범 이후 자동차 산업은 전례 없는 관세 폭격을 맞았다. 한국은 2025년 4월 2일부터 25% 상호 관세가 부과되면서, 현대차와 기아는 한미 자유무역협정(FTA) 시절의 무관세(0%) 혜택을 상실했다. 기존에는 수익성 위주로 미국 현지 생산 모델을 결정하고 공장을 운용해왔지만 앞으로는 여러 조건을 따져가며 현지 생산에 나서야 한다. 가격 결정 과정에서도 수익성과 판매량 중 한 가지를 선택해야 한다. 현대차와 기아는 판매량을 선택했고, 관세 인상분을 가격에 반영하지 않아 수익성은 큰 폭으로 악화했다.

　문제는 완성차 업체의 타격보다 부품업계의 타격이 더 크다는 점이다. 중소기업 위주의 자동차 부품 산업은 미국 현지 생산 확대 등으로 관세 정책에 대응하기 어렵다. 현대차와 기아를 비롯한 완성차 제조사들은 수입산 대신 현지

업체의 물량을 확보하는 전략을 검토 중이다. 한 해 50조 원에 달하는 대미 수출 1위 품목인 자동차와 12조 원대 부품 수출이 직격탄을 맞은 셈이다.

현대차 울산공장 수출선적부두 (제공 : 현대차그룹)

이 관세 정책에 따라 전문가들은 2025년과 2026년 전 세계 GDP가 각각 0.8%, 1.3% 감소할 것으로 내다본다. 일본 미쓰비시 자동차는 관세 정책으로 2026년 3월 회계연도에 비용이 3억 4,400만 달러(한화 약 4,800억 원) 증가할 것으로 예상했다. 현대차도 트럼프 행정부의 25% 자동차 관세 부담을 반영해 2025년 영업이익 연간 가이던스(실적 전망치)를 하향 조정했다. 조정에 의하면 영업 이익은 11조~13조 원 수준으로, 전년도 영업이익 14조 2,396억 원과 비교하면 최대 22.5% 감소하는 수준이다.

뿐만 아니라 트럼프 행정부는 기후변화가 "사기"라며 바이든 행정부가 인플레이션 감축법(IRA)으로 전기차 구매 시 최대 7,500달러(한화 약 1,000만 원)까지 제공하던 세액공제 혜택을 중단시켰다. 현지에서는 미국 전기차 판매량이 기존의 절반 수준으로 줄어도 이상할 게 없다는 분석이 나오고 있으며, 2030년까지 전기차가 미국 전체 판매의 절반을 차지하도록 하겠다는 바이든 행정부의 목표에 따라 전기차에 대규모 투자를 해왔던 완성차 제조사들은 피해가 불가피하다.

현재 미국에서 판매되는 신차 중 전기차 비중은 10% 수준이다. 아직 '규모의 경제'를 달성하기에는 부족해 제조사 상당수는 손해를 감수하며 차량을 판매해왔다. 나중에 판매량이 늘면 지금의 손해를 만회할 수 있다는 계산에서다. 하지만 세액공제 혜택이 사라지면서 제조사들은 더 긴 시간 인내해야 할 것으로 보인다. 이에 수입차 대상 관세 부과 정책까지 더해지면서, 유럽이나 아시아에서 전기차를 수입하는 업체들은 이중고를 겪게 된다.

현대차그룹 HMGMA 생산라인 (제공 : 현대차그룹)

초유의 사태에서 기업들의 생존법은 무엇일까. 미국 현지 생산을 대폭 늘리고 생산 거점을 다변화한 기업들이 유리하다. 이미 현대차 앨라배마 공장과 기아 조지아 공장 등을 운영하며 현지화에 공들여온 현대차그룹은 55억 달러(한화 약 7조 8,000억 원)를 새로 투자해 조지아주에 '현대차그룹 메타플랜트 아메리카'(HMGMA)를 건설했다.

2025년 1월 정식 가동에 들어간 HMGMA는 연간 30만 대 규모의 전기차를 생산할 수 있으며, 현지 부품업체들과 긴밀한 협력 체계를 구축했다. 배터리는 LG에너지솔루션과의 합작 공장에서 공급받는다. 전기차 수요 불확실성에 대비해 추후 하이브리드차를 혼류 생산하는 것까지 추진, 총 50만 대 생산 체제를 구축할 계획이다. 더불어 현대차는 관세 부담 최소화를 위해 앨라배마 공장 생산량을 확대하는 등 미국 현지 생산 비중을 40%에서 80%까지 높이는 전략을 추진한다.

소프트웨어가 자동차를 지배하는 시대

2026년은 '소프트웨어 중심 차량(SDV)'이 본격적으로 등장하는 해다. 자동차는 '바퀴 달린 스마트폰' 수준으로 진화해 하드웨어 성능보다 소프트웨어 경쟁력이 승패를 가르는 시대가 열리는 것이다.

현대차그룹은 2026년 SDV 페이스카(Pacecar, 선도 모델) 공개를 앞두고 있다. 전 차종을 SDV로 전환한다는 목표 아래 공용 플랫폼 개발과 제어기 통합에 박차를 가하고 있으며, 그 일환으로 안드로이드 오토모티브 기반의 차세대 인포테인먼트 시스템을 양산 차량에 순차 적용할 계획이다.

소프트웨어 개발 능력 확보에 사활을 거는 이유는 명확하다. 과거에는 하드웨어를 팔아 수익을 냈지만, 이제는 무선 업데이트(OTA)를 통한 기능 추가와 구독 서비스 등 소프트웨어로 지속적인 수익을 창출할 수 있기 때문이다.

기존 자동차 업체들은 소프트웨어의 20~30%를 내부에서 개발하겠다는 계획도 세웠다. 글로벌 금융기업 UBS는 2030년 전 세계 자동차 5대 중 4대가 OTA나 FOTA(Firmware Over-The-Air)를 통해 소프트웨어를 업데이트할 수 있을 것으로 전망한다. 소프트웨어 업데이트 능력이 없는 차량은 시장에서 도태될 수밖에 없다는 의미다.

문제는 속도다. 중국은 이미 2022년 12월 자동차 소프트웨어 표준화를 완성해 화웨이, BYD 등이 신차 개발 기간을 대폭 단축했다. 연간 500만 대 이상을 수출하며 일본을 제치고 세계 최대 자동차 수출국으로 부상한 중국은 연간 생산 능력도 3,000만 대까지 확보했다. 이는 글로벌 자동차 신차 수요의 30%에 달하는 규모. 글로벌 제조사들이 전기차 수익성 확보에 어려움을 겪는 것과 달리, 중국은 전기차 판매 가격을 내연기관 수준으로 낮추기도 했다. 자동차가 국가 경쟁력에 미치는 영향을 고려할 때, 한국 정부와 산업계의 구체적인 표준화 전략 마련이 시급하다는 평가다.

수출 대기 중인 중국 BYD 전기차 (제공 : 연합뉴스)

일자리 지도가 바뀐다

전기차로의 전환은 단순히 동력원만 바뀌는 게 아니다. 산업 생태계 전체가 재편되면서 일자리 구조도 근본적으로 달라지고 있다. 엔진과 변속기를 만들던 숙련 기술자들은 배터리와 전기모터 전문가로 거듭나야 하고, 기계공학 인력 대신 소프트웨어 개발자가 필요해졌다.

하지만 내연기관 부품을 만들던 중소기업들이 전기차 부품 생산으로 전환하려면 막대한 설비 투자와 함께 인력 재교육이 필수다. 50~60대 숙련 기술자들에게 새로운 기술을 가르치는 것은 쉽지 않다. 일부 업체는 불가피하게 구조조정에 나서고 있고, 이는 지역 경제에도 큰 타격을 주고 있다.

더 큰 문제는 소프트웨어 인재를 확보하는 것이다. 자동차가 SDV로 진화하면서 소프트웨어 개발자 수요가 폭발적으로 늘고 있다. 현대차그룹은 2030년까지 소프트웨어 경쟁력 향상에만 18조 원을 투자할 계획인데, 자금보다는 사람이 부족하다. 자율주행, 인공지능, 사이버 보안 전문가들은 IT 대기업과의 인재 쟁탈전에서 밀리는 경우가 많다.

연구원이 CES 2023에서 미래 모빌리티 관련 기술을 소개하고 있다. (제공 : 현대모비스)

또 다른 변화는 로봇의 약진이다. 전 세계 산업용 로봇 시장은 2024년 269억 9,000만 달러(한화약 38조 원)에서 2033년 2,352억 8,000만 달러(한화 약 333조 원) 규모로 연평균 27.2%로 빠르게 성장할 전망이다. 특히 휴머노이드 로봇 분야는 2025년 상반기 글로벌 자금 조달이 폭발적으로 증가했다.

로봇이 생산 현장에 본격 투입되면 반복적이고 육체적으로 힘든 작업을 인간 대신 처리할 수 있기 때문이다. 이것이 현실이 되면 노동 인구 감소 문제 해결과 함께 24시간 365일 연속 작업으로 생산 효율을 크게 향상시킨다. 노사 갈등 리스크와 제조 원가 부담을 크게 낮출 수 있어 로봇 투입은 전 세계 자동차 제조사들의 주목을 받을 것으로 예상된다.

가장 주목받는 건 테슬라의 '옵티머스'다. 테슬라는 전기차 개발에서 축적한 자율주행 기술을 로봇에 그대로 적용한다는 구상이다. 새로운 환경에서도 스스로 학습하고 적응하는 인공지능 기술을 탑재해, 2025년 초기 양산에 돌입한 후 2027년까지 월 생산량은 10만 대까지 늘릴 계획이다. 이후 테슬라 자동차 생산 공장에 순차 투입하면서, 100% 무인 공장을 달성하는 것이 목표다.

미국 로봇 기업 '피규어 AI'는 2026년까지 1,000대 보급을 목표로 BMW 등 자동차 제조업체와 시범 계약을 체결했다. 독자 개발한 '헬릭스'라는 인공지능은 로봇이 사람의 말을 알아듣고, 이전에 본 적 없는 물건도 집어들 수 있도록 만든다.

현대차그룹의 로봇 계열사 보스턴 다이내믹스가 만든 4족 보행 로봇 '스팟(Spot)'은 이미 현대차와 기아, BMW 등 자동차 생산공장에서 설비 점검과 야간 순찰 업무를 수행 중이다. 첨단 센서로 실시간 환경 인식과 장애물 회피가 가능하고, 뛰어난 내구성으로 위험한 산업 현장에서 사고 예방·설비 점검·데이터 수집을 할 수 있기 때문이다. 보스턴 다이내믹스는 휴머노이드 로봇 '아틀라스(Atlas)'도 개발 중이다. 첨단 센서와 AI를 탑재해 복잡한 작업을 자율 수행하고,

3개 손가락 관절로 물체 파지도 가능하다. 점프와 백플립 등 운동 성능 역시 독보적이다. 2028년부터 본격 상용화에 착수한다.

보스턴 다이내믹스 아틀라스가 카메라를 통해 부품을 정확히 인식하고 있다. (제공 : 현대차그룹)

전기차, 안전이 경쟁력이다

2024년 인천 청라 아파트 지하 주차장에서 발생한 전기차 화재는 자동차 산업 전체에 경종을 울렸다. 불은 8시간 넘게 이어졌고, 인근 차량 수십 대가 전소됐다. 이 사건 이후 전기차에 대한 소비자 불안이 급증하며 국내 전기차 판매도 직격탄을 맞았다.

정부는 관계부처 합동으로 전기차 화재 안전 대책을 마련했다. 환경부는 2025년 새로운 충전 시설 보조금 지침을 확정하면서 안전성을 대폭 강화했다. 스마트 제어 완속 충전기 설치 사업도 지원하는 등 안전 기능을 필수로 탑재하도록 했고, 주차장 충전 시설의 위치와 안전 기준도 재검토하고 있다. 충전기 설치 위치와 화재 감지 시스템, 소방 설비 기준이 모두 재정비되는 것이다.

전기차 제조사들도 배터리 관리 시스템(이하, BMS) 고도화에 투자를 집중하고 있다. 앞으로는 안전 기준을 충족하지 못한 충전 시설은 보조금 지원에서 제외될 가능성이 크다. 화재 감지 시스템과 긴급 차단 장치, 실시간 모니터링 기능이 표준이 될 것이다. 안전에 투자하지 않는 기업은 시장에서 도태될 수밖에 없는 구조가 만들어지고 있다. 2026년을 준비하는 기업들에게 안전은 선택이 아닌 필수다.

안전 규제 강화가 부담으로만 작용하는 것은 아니다. 안전 기술에서 앞서가는 기업은 오히려 프리미엄을 받을 수 있다. 유럽과 북미 시장도 전기차 안전 기준을 강화하고 있어, 한국에서 까다로운 기준을 통과한 차량은 해외 진출에도 유리하다. 전기차 시장 성장세도 가팔라질 수 있다. 업계의 설문조사 등에서 전기차 이용자 상당수가 가장 큰 불편함으로 '충전 인프라 부족'을 꼽았지만, 그 이면에는 '안전 불안'이 깔려 있었기 때문이다.

제주도 E-pit 충전소 (제공 : 현대차그룹)

LNG선박 발주 호황… K-조선 쾌속항진

김희용 기자

조선·해운·항공·방산

HD한국조선해양이 지난 2024년 건조해 인도한 초대형 LNG 이중연료추진 컨테이너 운반선의 시운전 모습

2026년 조선산업은 친환경 LNG 선박을 중심으로 한 친환경 선박 수요 급증으로 호황을 이어갈 것으로 관측된다. 우드사이드에너지, 셈프라 등 주요 에너지 기업들의 대규모 LNG 프로젝트가 가시화되면서 국내 조선업계의 수주 기대감이 고조되고 있다.

트레이드윈즈에 따르면 호주 석유·가스업체 우드사이드에너지는 LNG 운반선 16~20척을 발주하는 방안을 조선사들과 논의 중이다. 미국 에너지업체 셈프라도 140억달러 규모 LNG 프로젝트와 관련한 최종투자결정(FID)을 내린 후 20척 규모의 LNG선 발주에 나설 것으로 예상된다.

한국 조선사들은 LNG선박에서 압도적인 경쟁력을 과시하고 있다. 2024년 8월말 기준 전 세계에서 발주된 LNG 선박은 모두 16척인데, 이 중 14척을 국내 조선사가 수주하는 기염을 토했다. 삼성중공업이 7척, HD현대삼호가 5척, 한화오션이 2척을 각각 수주했다.

〈그림. 연도별 LNG선 발주량 전망〉

연도	한국	중국
'20	20	12
'21	50	21
'22	124	51
'23	45	18
'24	49	31
'25E	44	8
'26F	65	3

자료: Clarkson, NH투자증권 리서치본부 전망

업계는 미국 대규모 LNG 프로젝트에도 주목하고 있다. 최종투자결정(FID)이 확정된 미국 5개 LNG 프로젝트의 연간 LNG 생산 목표는 5400만톤으로, 이는 대형 LNG 운반선 80척에 해당된다. 특히, 미국 프로젝트의 경우 중국에 대한 견제로 국내 조선사가 수주할 가능성이 높다는 분석이 나온다.

한화오션은 2024년 반기 보고서를 통해 "미국 내 신규 LNG 수출터미널이 2025년 하반기부터 본격 가동될 예정"이라며 "이에 따른 용선료 상승과 미용선 선박 감소가 기대되고 이는 신조 시장 회복에 긍정적으로 작용할 것"이라고 전망했다.

삼성중공업도 "LNG선은 트럼프 미국 대통령 취임에 따라 비FTA(자유무역협정) 국가에 대한 수출 승인이 재개되고 신규 FID가 증가해 발주 물량이 높은 수준에서 형성될 것"이라고 예측했다.

모잠비크 LNG 프로젝트의 재개도 한국 조선업계에 긍정적인 영향을 끼칠 수 있다. 프랑스 에너지 기업 토탈에너지스 CEO 패트릭 푸이안느는 "모잠비크 정부가 LNG 프로젝트 가동 시점을 새로 설정하는 등의 개발 계획을 업데이트한 안건을 승인할 것"이라고 밝혔다. 이 프로젝트가 재개되면 HD현대삼호가 9척, 삼성중공업이 8척을 각각 건조하게 된다. 두 회사는 2020년 토탈에너지스와 건조 의향서(LOI)를 체결한 뒤 5년째 수주 확정을 기다리고 있다.

다만, 변수도 있다.

한국수출입은행 해외경제연구소 양종서 수석연구원은 "지금 대규모 계획을 하고 있다고 하더라도 그 선박이 실제 발주될 것이냐는 확신하기 어렵다"면서 "장기적 내지는 근본적인 추세 반전이라고 보기는 어렵다"고 말했다. 양 수석연구원은 "신조선 시장에서는 해운 시장의 수요 증가가 과잉 발주로 이어져 한동안 수요가 침체하는 일이 흔하게 일어났다"며 "2018년부터 7년간 장기적으로 이어진 LNG선의 붐 역시 유사한 사례가 될 가능성도 있다"고 지적했다.

[해운] 공급과잉의 늪에서 기회 찾기

HMM의 2만4000TEU급 컨테이너선 알헤시라스호

국제해운협회(BIMCO)는 2026년 해운산업이 역사적 수준의 공급과잉 위기에 빠질 것으로 경고했다. BIMCO의 최신 보고서에 따르면 2019년부터 2026년까지 선복 공급은 46% 증가하는 반면, 해운 수요는 22%만 증가할 것으로 전망된다. 이는 해운산업이 직면한 가장 심각한 구조적 불균형 중 하나다.

특히, 컨테이너 해운시장의 상황이 특히 심각하다. BIMCO는 2026년까지 글로벌 컨테이너 선대가 3360만TEU까지 증가할 것으로 예상한다. 이는 2024년 대비 280만TEU 증가한 수치로, 현재 진행 중인 신조선 발주 물량이 본격적으로 시장에 투입되는 시점이다. 특히 2024-2025년 사이 발주된 1040만TEU 규모의 신조선이 2026년 하반기부터 순차적으로 인도되면서 시장의 공급 과잉이 가속화될 전망이다.

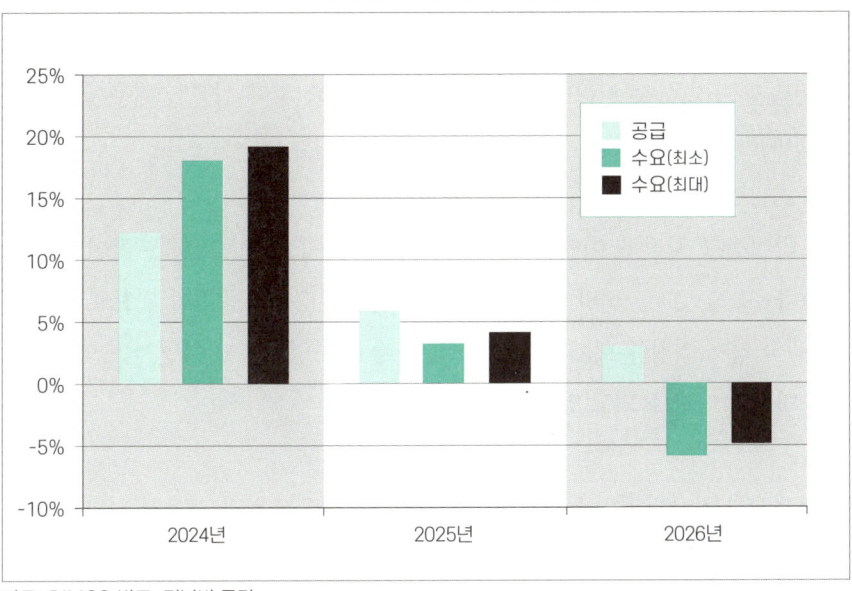

〈그림. 컨테이너선 선복 수급 증감율〉

자료: BIMCO 발표. 전년비 증감

운임 하락은 이미 시작되고 있다. 상하이컨테이너운임지수(SCFI)는 2024년 하반기 홍해 사태 이후 최고치를 기록했지만, 2025년 들어 급락세로 돌아섰다. 특히 아시아-유럽 노선의 운임은 2024년 대비 40% 이상 하락했으며, 이 추세는 2026년까지 이어질 것으로 보인다.

한국무역협회는 "2026년 컨테이너 해운시장은 해운수요의 제한적 증가와 구조적 공급과잉 지속으로 해상운임 하락이 예상된다"고 분석했다. 미중 무역 분쟁의 영향으로 원거리 노선인 미-중간 교역에 차질이 빚어지면서 전체 물동량 증가세가 둔화되고 있는 것도 운임 하락을 가속화하는 요인이다.

그러나 위기 속에서도 기회는 있다. 친환경 선박 전환 정책이 본격화되면서 노후 선박의 퇴출이 가속화되고 있기 때문이다. EU는 2026년부터 선박의 탄소배출 규제를 강화하며, 이는 노후 선박의 조기 퇴출로 이어질 전망이다.

한국해운조합 관계자는 "공급과잉은 단기적 문제지만, 친환경 규제는 구조적 변화를 가져올 것"이라며 "친환경 선박으로의 전환에 성공한 해운사가 생존할 것"이라고 말했다.

드라이벌크 시장도 어려움을 겪고 있다. BIMCO는 2026년 드라이벌크 수요증가율을 1-2%로 전망하는 반면, 선복 공급은 2-3% 증가할 것으로 예상했다. 중국 경제 성장 둔화가 철광석과 석탄 수요에 영향을 미치면서 드라이벌크 시장의 불황이 심화되고 있다.

업계에선 공급과잉의 늪에서 벗어나기 위해 구조조정과 친환경 전환을 동시에 추진해야 한다는 조언이 나온다. 선사들은 감속운항, 선복휴선, 노후선 퇴출 등 공급 조절에 나서고 있지만, 근본적인 해결책은 시장 수요의 회복과 친환경 전환에 있다는 평가다.

[항공] "2026년 항공여객 사상 최고치"… 대한·아시아나 통합시너지

국제항공운송협회(IATA)는 2026년 항공 여객 수요가 사상 최고치를 경신할 것으로 내다봤다. IATA의 최신 보고서에 따르면 2025년 전 세계 항공 여객 수요는 5.8% 성장할 것으로 예상되며, 이 성장세가 2026년까지 이어질 것으로 보인다. 특히 아시아-태평양 지역은 2025년 9.0%의 성장률을 기록하며 업계 전체 RPK(수송 실적) 성장의 52%를 차지할 것으로 예상된다.

2025년 전 세계 항공 여객 수는 49억8800만명에 달할 것으로 예상되며, 2026년에도 이 성장세가 지속될 전망이다. 여객 적재율은 2025년 84.0%를 기록하며 역대 최고치를 경신할 것으로 보인다.

국제노선 회복도 가속화되고 있다. 아시아-태평양 지역의 국제선 여객 수요는 2025년 9.0% 성장할 것으로 예상되며, 이는 전 세계 평균 성장률(5.8%)을 크게 상회하는 수치다. 한국을 포함한 동북아 지역이 주요 성장 동력이 될 전망이다.

대한항공 보잉 787-10

2026년은 대한항공과 아시아나항공의 통합이 결실을 맺는 시기이기도 하다. 두 항공사는 2026년 중 통합법인 출범을 목표로 하고 있으며, 통합 시너지로 연간 3000억원 이상의 비용 절감이 예상된다. 통합 후 출범하는 초대형 항공사는 250대 이상의 항공기를 보유하게 돼 아시아·태평양 지역에서도 손에 꼽히는 메가 항공사로 도약하게 된다.

항공산업의 가장 큰 변화는 지속가능항공유(SAF) 의무화의 시작이다. 국제민간항공기구(ICAO)는 2027년부터 국제선 항공편에 SAF 1% 혼합을 의무화하기로 했다. 이는 2026년이 SAF 도입 준비의 마지노선임을 의미한다. 정부도 이에 발맞춰 2027년부터 국내에서 출발하는 모든 국제선 항공편에 SAF 1% 이상을 혼합하도록 하는 'SAF 혼합 의무화 제도'를 시행할 예정이라, 이를 위한 준비가 본격화될 예정이다.

실증 운항을 위해 급유 되는 바이오항공유(SAF)

대한항공은 이미 SAF 도입에 적극 나서고 있다. 이 회사는 HD현대오일뱅크와 손잡고 2026년말까지 인천-고베 노선에 SAF를 단독 공급하는 계약을 체결했다. 대한항공 관계자는 "2026년까지 SAF 사용률을 1%로 확대할 계획"이라며 "2030년까지 10% 달성을 목표로 하고 있다"고 밝혔다.

저비용항공사(LCC)들도 SAF 도입 준비에 분주하다. 제주항공은 2026년 상업생산을 목표로 SAF 생산 공장 건설을 추진 중이며, 진에어와 에어부산도 SAF 도입을 위한 협력 업체 물색에 나섰다.

그러나 도전과제도 만만찮다.

SAF 도입 비용, 인건비 상승, 환율 변동성 등이 수익성을 위협하는 요인으로 작용하고 있다. IATA는 "2026년 항공업계가 직면한 화두는 성장과 지속가능성의 균형"이라며 "아시아-태평양 지역의 강력한 성장세 속에서도 SAF 도입 비용을 비롯한 친환경 전환 비용을 효율적으로 관리하는 것이 핵심 과제"라고 분석했다.

[방산] KF-21 전력화의 원년, 66조 국방예산으로 도약

2026년 방산산업은 KF-21 보라매 전력화의 원년이 되는 해다.

〈국방 예산안〉

	2025년	2026년	비고
전력 운영	43조 4007억원	46조 1203억원	• 초급간부 내일준비적금 (+0.03조원) • 급식단가 인상, 지역상생자율특식 확대 등 (+0.1조원)
방위력 개선	17조 8462억원	20조 1744억원	• 한국형 최신 전투기 양산 및 스텔스 전투기 연구 (+1.1조원) • 첨단 무기 전환을 위한 국방 R&D (+0.9조원) • K-방산 육성 지원 (+0.2조원)
합계	61조 2469억원	66조 2947억원	• 전년 대비 +8.2%

정부는 2026년 국방예산을 전년 대비 8.2% 증가한 66조2947억원으로 편성하며, 2019년 이후 7년 만에 최대 증가폭을 기록했다. 특히, KF-21 개발 및 양산 사업에 2조4000억원을 투입하며, 한국형 전투기 사업에 전력을 다하고 있다.

KF-21은 2026년 9월 공군에 1호기가 인도될 예정이며, 2027년까지 40여 대가 양산된다. 한국항공우주산업(KAI)는 2026년을 KF-21 상업화의 시작점으로 삼아 글로벌 방산 시장 진출을 본격화하겠다는 계획이다. KAI 관계자는

"KF-21은 단순한 전투기가 아니라 한국 방위산업의 미래를 책임질 핵심 플랫폼"이라며 "2026년을 기점으로 K-방산의 새로운 역사를 써내려갈 것"이라고 강조했다.

국방예산 증액은 단순한 규모 확대를 넘어 질적 도약을 위한 투자로 여겨진다. 방위력 개선비는 20조1744억원으로, 이 중 첨단무기체계 도입에 4조7000억원이 배정됐다. AI(인공지능), 드론, 우주 등 미래 전력 확보를 위한 투자가 대폭 증가했다. 정부는 AI 기반 작전 시스템 개발에 3500억원, 드론 전력화에 2800억원을 투입하기로 했다.

KF-21 시제기

KF-21 전용 무기체계 개발도 본격화된다. 2026년 예산에는 KF-21 전용 미사일 개발사업이 처음으로 반영됐으며, 전용 엔진 개발에도 1500억원이 배정됐다. 이는 KF-21의 전투력을 극대화하기 위한 필수 과정으로, 단순한 조립 생산을 넘어 핵심 기술의 독자적 개발로 나아가는 중요한 전환점이다.

방산 수출도 새로운 전기를 맞을 전망이다. 2025년 한국은 방산수출 세계 4위에 올랐으며, 2026년에는 K-9 자주곡사포와 FA-50 경공격기를 중심으로 250억 달러 수출을 목표로 한다.

차세대 성장 동력도 준비 중이다. 정부는 KF-21의 기술을 바탕으로 차세대 스텔스 전투기 개발에 착수하기로 했다. 2026년 예산에는 스텔스 전투기 기초 연구에 636억원이 처음으로 배정됐다. 이는 2030년대 초반 KF-21의 후속 모델로 활용될 차세대 전투기 개발의 신호탄이다.

국내 방산 생태계도 강화되고 있다. 2026년 방산업계의 연구개발 투자는 전년 대비 15% 증가한 3조8000억원에 달한다. 중소 방산기업들의 기술 개발을 지원하는 프로그램이 대폭 확대되며, 방산 클러스터 조성 사업도 본격화된다.

2026년 방산산업은 KF-21 전력화라는 역사적 이정표를 넘어, 첨단 기술 중심의 방위력 혁신과 글로벌 시장 진출이라는 두 가지 과제를 동시에 수행해야 한다. 66조 국방예산은 단순한 규모 확대가 아니라, 한국 방위산업의 질적 도약을 위한 전략적 투자가 될 전망이다.

'저성장' 진입… 스마트홈·모듈러가 '돌파구'

심화영·이계풍 기자

전자·포털·게임

글로벌 전자·가전 시장이 2026년을 기점으로 본격적인 '저성장 국면'에 진입할 것으로 보인다. 스마트폰과 TV, 노트북 등 주요 소비자 전자제품은 성능 향상과 디자인 개선이 꾸준히 이뤄지고 있다. 하지만, 초기 시장처럼 사용자 경험을 혁신하는 수준의 변화는 줄어들고 있다. 기술 발전이 점진적 단계로 접어들면서 수요도 안정세를 보이고, 이에 따라 'AI·IoT 기반 스마트홈'과 '모듈러 주택'이 새로운 성장 축으로 부상하고 있다.

[전자] 글로벌 시장 성장률 4~5% 수준… 성숙기 진입

인도 시장조사업체 '인피니티리서치'와 다양한 산업 분야의 고객에게 시장 조사 및 컨설팅 서비스를 제공하는 'IMARC' 그룹 등 주요 기관에 따르면, 2026년까지 글로벌 가전 시장 성장률은 연평균 4~5%(CAGR, 연평균 성장률)에 머물 것으로 전망된다. 팬데믹 기간 급증했던 교체 수요가 소진된 데다, 인플레이션과 고금리, 지정학 리스크가 소비 심리를 억누르고 있기 때문이다.

특히 일부 가전·전자제품은 성장률이 더 낮아질 것으로 예상한다. 대만 타이베이시에 본사를 둔 시장 조사 및 컨설팅 회사 '트렌드포스(TrendForce)'는 "2025년은 AI 서버가 유일한 성장 엔진이지만, 2026년에는 '고기저 효과(High Base Effect)'로 성장세가 둔화될 것"이라며 "스마트폰과 노트북, TV 등 전통 소비자 전자제품은 1~2% 내외 성장, 일부 품목은 역성장(-1%)의 가능성도 있다"고 내다봤다.

덴마크 미디어 '에버틱(Evertiq)은 이러한 상황을 '저성장 속 구조 재편(Low-Growth Consolidation)'으로 규정했다. 기술 혁신이 둔화된 포화 시장에서 기업들이 인수·합병(M&A)과 구조조정을 통해 효율성을 높이는 국면으로 접어들었다는 의미다. 산업 전반이 저속 성장기로 진입하면서, 전통 제품군은 둔화세를 보이는 반면, AI 서버와 스마트홈 등 일부 신성장 분야만이 성장 여력을 지닌다고 평가하고 있다.

中 가전, 국내 스마트홈 시장 공략 가속

국내 시장에서는 2026년 중국 가전업체들의 공략이 가속화될 전망이다. 2025년 로봇청소기 등 단일 품목으로 앞다퉈 진출했던 중국 가전업체들은 '스마트홈 전략'을 앞세워 공격적인 확장에 나서고 있다. 중국 가전업체인 샤오미와 로보락, 드리미 등은 AI 기능을 강화한 제품과 IoT 플랫폼을 기반으로 스마트홈 생태계 경쟁을 벌이고 있다.

샤오미는 '미 홈(Mi Home)' 애플리케이션을 중심으로 사람과 자동차, 집을 연결하는 스마트 생태계를 구축하고 국내 오프라인 매장을 확대해 제품 간 연결성을 직접 체험할 수 있게 했다. 2025년 6월 국내에서 처음으로 매장을 연 이후, 미 홈 앱의 월간 활성 사용자(MAU)는 90만 명으로, 64만 명이던 2022년 6월 대비 약 1.5배 증가했다.

중국 업체들은 제품군 확장을 통해 스마트홈 기반의 사업을 강화하는 중이다. 샤오미는 중국 현지에서 도어락과 주방 후드, 세탁기와 냉장고 등 주요 가전을 앱으로 제어할 수 있는 환경을 구축했다. 샤오미는 향후 한국 시장 진출 시 루틴 설정만으로 자동 제어되는 '완전한 스마트홈'을 제공한다는 구상이다. 로보락과 드리미 역시 로봇청소기를 넘어 무선 청소기, 세탁·건조기, 음식물 처리기 등으로 제품 라인업을 넓히고 있다.

국내 스마트홈 시장은 연평균 16%대 성장이 예상된다. 시장조사기관 '마켓리서치퓨처(Market Research Future)'에 따르면, 2024년 국내 시장 규모는 약 8조 8,771억 원(63억 3,000만 달러)으로 2030년에는 18조 7,641억 원(133억 8,000만 달러)에 이를 전망이다.

과학기술정보통신부의 '2024 사물인터넷 산업 실태조사'에 따르면 국내 IoT 사업체 매출은 2022년 23조 3,210억 원에서 2024년 27조 8,120억 원으로 증가했다. 또한, IoT 앱 중에서도 스마트홈 분야의 사용 빈도가 가장 높았다.

삼성·LG, AI 홈 생태계 강화… "모듈러 주택 결합이 핵심"

삼성전자와 LG전자는 2026년에도 각각 사물인터넷(IoT) 통합 플랫폼인 '스마트싱스(SmartThings)'와 'LG 씽큐(ThinQ)'를 중심으로 AI 기반 스마트홈 경험 확산에 주력할 것으로 보인다. 삼성전자는 'IFA 2025'에서 생활 패턴을 학습해 사용자 명령 없이도 자동 제어되는 스마트홈 생태계를 선보였다. LG전자도 통합 AI 솔루션을 통해 맞춤형 환경을 구현했다.

국내 전자 시장의 연평균 성장률은 2~3% 수준으로 저성장이 예상된다. 하지만, 프리미엄 가전과 스마트홈 융합이 성장의 돌파구가 될 것으로 관측하고 있다. 업계 관계자는 "가전·전자 산업은 하드웨어 중심에서 소프트웨어·서비스 융합 산업으로 진화하며, AI 기술 적용이 확산될 경우 시장 성장의 핵심 동력이 될 것"이라고 분석했다.

특히 주목받는 분야는 '모듈러 주택'과 '스마트홈'의 결합이다. LG전자는 'LG 스마트코티지' 신모델을 통해 8평형과 16평형 단층 및 2층형 라인업을 선보이며 세컨드 하우스 시장을 공략했다. 기존 모델 대비 가격을 절반 수준으로 낮추고, AI 가전 4종과 IoT 기기를 기본 설치해 에너지 효율성과 편의성을 높였다.

삼성전자 역시 'IFA 2025'에서 하루 만에 조립 가능한 모듈러 주택에 AI 홈 솔루션을 적용한 '스마트 모듈러 홈'을 공개했다. 기존 단독주택 대비 3분의 1 수준의 비용으로 공급할 수 있으며, 조명과 보안, 공조와 엔터테인먼트 시스템을 생활 패턴에 맞춰 자동 제어할 수 있다.

이처럼 국내외 전자업계는 전통 제품의 성장 둔화를 타개하기 위해 AI와 스마트홈·모듈러 주택 중심 신시장 선점 경쟁에 나서고 있다. 대한무역투자진흥공사(KOTRA)는 국내 스마트홈 시장이 2024년 8조 8,000억 원 수준에서 2030년 18조 7,000억 원 규모로 성장할 것으로 전망하고 있다. 2026년 전자·가전 산업은 저성장 구조 속에서 산업 재편기에 진입하며, AI를 중심으로 한 기술 경쟁력 강화와 플랫폼 주도권 확보를 통해 새로운 성장 동력을 모색할 것으로 보인다.

LG 스마트코티지 16평형 신모델이 서울 종로구 열린송현 녹지광장에 설치된 모습. (제공 : LG전자)

〈가정용 로봇 전세계 시장규모 전망〉

연도	시장 규모(달러)	시장 규모(원)
2023년	100억	약 14조 원
2032년	530억	약 73조 원

출처: 글로벌마켓인사이트

[포털·게임] **AI·규제 포화 속 '신뢰·플랫폼·글로벌'에 사활**

　2026년은 국내 포털과 게임 산업이 동시에 중대한 시험대에 오르는 해가 될 것이다. 2025년 한 해 동안 생성형 인공지능(Generative AI)의 급속한 확산은 네이버·카카오 등 포털 업체의 핵심 사업인 검색과 광고 구조를 뒤흔들었다. 게임업계 역시 모바일 중심의 성장세 둔화를 돌파하기 위한 해법을 찾는데 매달려왔다. 2026년에는 기존 비즈니스 모델의 한계를 넘어서는 질적 전환이 현실적인 과제로 떠오르고 있다.

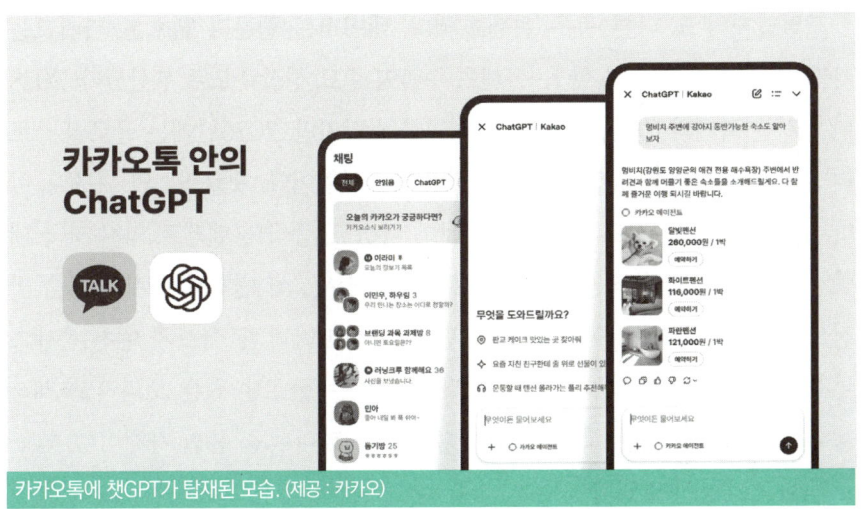
카카오톡에 챗GPT가 탑재된 모습. (제공 : 카카오)

2025년은 국내 포털업계가 '검색 신뢰성'과 '수익화'라는 두 가지 난제에 부딪친 해였다. 챗GPT와 구글 제미나이, MS 코파일럿 등 글로벌 AI 검색 서비스의 영향력이 급속히 확산되면서 국내 사용자들 사이에서도 AI 기반 답변을 통해 정보를 찾는 것이 일상화가 되었다. 네이버와 카카오는 이에 맞서 AI 검색 베타 서비스를 선보였지만, '정확성', '속도', '저작권 보호' 등 과제를 풀지 못하면 본격 상용화로 이어가기 어렵다는 지적이 이어졌다.

2026년에는 이 문제 해결 여부가 실적과 직결될 전망이다. 단순한 클릭 광고 기반에서 벗어나 AI 검색 결과에 맞춤형 광고·커머스를 어떻게 접목할 수 있는지가 관건이다. 네이버는 검색 신뢰성 확보를 위해 뉴스·백과·블로그 등 내부 콘텐츠를 학습에 적극 반영했고, AI가 제시한 출처를 명확히 노출하는 방식을 강화해왔다. 카카오는 메신저 안에서 AI 검색과 쇼핑을 연계해 체류 시간을 늘리는 전략을 시험해왔다.

포털업계의 또 다른 축은 '콘텐츠'였다. 네이버는 웹툰과 웹소설, 카카오는 카카오엔터를 중심으로 한 K-콘텐츠 수출이 주요 성장축으로 부상했다. 2025년 양사는 북미와 일본을 중심으로 성과를 쌓았지만, 2026년에는 글로벌 스트리밍·플랫폼 업체와의 정면 경쟁은 불가피한 상황이다. 넷플릭스와 디즈니, 아마존은 이미 K-웹툰·드라마 원작 확보에 나섰고, 중국의 텐센트 역시 자국 내 막강한 IP를 앞세워 역공을 준비했다. 업계에서는 "AI 번역과 현지화 기술 발전으로 국경 장벽이 낮아지는 만큼, 단순 유통이 아닌 IP 확보와 원천 콘텐츠 투자가 승부처가 될 것"이라 전망한다. 네이버는 '글로벌 웹툰 오리지널' 제작을 확대하고, 카카오는 북미 자회사 '타파스'와 '라디쉬'를 통한 자체 IP(지식재산권) 강화로 대응하고 있다.

엔씨소프트의 신작 MMORPG '아이온2'. (제공 : 엔씨소프트)

게임업계 역시 2026년을 분수령으로 삼고 있다. 2025년 국내 주요 게임사들의 실적은 '모바일 성장의 둔화'라는 공통된 한계에 직면했다. 모바일 RPG와 캐주얼 장르가 안정적인 수익은 유지했으나 글로벌 성과 확장은 제한적이었다. 이에 따라 엔씨소프트와 넷마블, 크래프톤과 카카오게임즈 등 국내 주요 게임사들은 콘솔과 PC·클라우드 게임으로 사업 중심을 옮겨왔다.

특히 글로벌 IP 확보와 AAA급 대작 개발이 주요 화두로 떠올랐다. 크래프톤은 과거 기대 이하의 성과를 거둔 '칼리스토 프로토콜'을 교훈삼아 차세대 글로벌 타이틀을 준비했고, 엔씨소프트는 리니지와 아이온 등 기존 IP를 차세대 콘솔과 PC 환경으로 확장하는 전략을 취하고 있다. 넷마블과 카카오게임즈는 북미·유럽 퍼블리셔와 협력해 콘솔 및 클라우드 시장 공략에 나섰다.

여기에 게임업계의 핵심 변수는 AI 활용이다. 시나리오 작성과 NPC 대화, 퀘스트 자동 생성 등 게임 개발 전 과정에 AI가 도입되면서 제작 효율성과 이용자 몰입도를 동시에 끌어올릴 수 있다는 기대가 커졌다. 다만 'AI 저작권 분쟁'과 '게임 밸런스 무너짐'에 대한 우려도 병존한다는 점에서 산업의 불확실성은 여전히 크다.

포털과 게임 산업 모두, 2026년에는 규제 리스크가 확대될 수 있다는 점도 변수다. 포털은 AI 검색 과정에서 뉴스와 콘텐츠의 무단 전재 문제가 불거지며 언론·저작권 단체와의 갈등이 심화될 가능성도 있다. 이미 2025년 하반기부터 'AI 뉴스 요약 서비스'에 대한 규제를 도입하는 논의가 시작됐고, 2026년에는 제도화가 가시화될 것으로 보인다. 게임업계는 확률형 아이템 정보 공개 의무화, 청소년 보호 규제 강화 등 기존 틀에서 더 나아가 '글로벌 스탠다드'에 맞춘 규제 환경을 요구받고 있다. 유럽연합(EU)과 미국은 게임 내 결제 구조에 대한 감독을 강화했고, 국내 역시 이용자 보호를 명분으로 한 규제 강화가 이어질 전망이다.

업계는 "산업 성장을 저해하지 않는 합리적 규제 설계가 필요하다"는 입장을 잇달아 내놨다.

투자자 관점에서도 2026년은 중요한 분기점이다. 포털과 게임 산업은 각각 AI와 글로벌 IP라는 거대한 전환기에 서 있는 만큼 밸류에이션 변동성이 커질 수밖에 없다. 증권가는 네이버·카카오의 경우 "AI 검색 상용화 여부와 콘텐츠 매출 성장률이 주가 방향성을 가를 것"이라고 분석했다.

게임주는 콘솔·글로벌 출시 성과에 따라 양극화가 심해질 전망이다. 일부에서는 "모바일 중심의 성장 둔화를 만회하지 못하면 주가 조정이 불가피하다"는 경고도 나왔다.

동시에 산업의 변화를 기회로 보는 시각도 존재한다. AI 도입으로 개발 비용 절감과 사용자 맞춤형 서비스 구현이 가능해지면서, 장기적으로는 이 변화가 기업가치 상승 요인으로 작용할 수 있다는 것이다. 특히 해외 투자자들은 K-콘텐츠와 게임 IP의 글로벌 확장 가능성을 주목하고 있다.

업계 관계자는 "2026년은 국내 기업이 기술과 콘텐츠, 규제라는 세 가지 축을 어떻게 관리하느냐에 따라 글로벌 투자자 신뢰를 얻을 수 있는 해가 될 것"이라고 내다봤다.

전문가들은 2026년 포털·게임 산업의 생존 키워드를 △신뢰 △플랫폼 △글로벌로 요약한다. 포털은 AI 검색 신뢰성을 입증해야 하고, 게임업계는 모바일을 넘어서는 멀티플랫폼 전략을 현실화해야 한다. 그리고 두 산업 모두 해외 시장에서의 성과를 통해 글로벌 경쟁력을 증명해야 한다.

업계는 2025년을 실험과 준비의 시기로 평가했다면, 2026년은 성과와 검증의 무대가 될 것으로 보고 있다. 이미 현실로 다가온 AI라는 거대한 흐름 속에서 국내 빅테크와 게임업계는 파도를 타느냐, 휩쓸리느냐의 갈림길에 서 있다. 기술과 콘텐츠, 정책과 규제가 맞물린 복합적인 변수들이 향후 산업의 향방을 좌우할 전망이다.

'초개인화 경험' 제공… 차별화 경쟁

문수아 기자

유통

2026년 유통시장은 소비자의 가치관 변화와 기술 도입 가속화, 글로벌 플랫폼 경쟁 심화가 동시에 맞물리며 한층 복잡한 국면에 접어들 것이다. 불황형 소비와 가성비 추구는 여전히 지배적인 흐름이다. 하지만, 동시에 공정성·투명성·웰빙·개인화 경험을 요구하는 소비자 역시 늘고 있다. 가치 있는 소비와 데이터 기반 초개인화 경험을 제공하는 기업만이 지속 가능한 성장을 확보할 수 있는 시점이다.

소비자는 '가치'를 다시 정의한다

2026년 소비시장을 설명하는 첫 번째 키워드는 가치 재정의다. 가격 민감성은 더 커졌지만, 단순히 저렴한 제품을 찾는 데서 멈추지 않는다. 소비자는 '내가 지지할 수 있는 브랜드인가'를 기준으로 삼으며, 기업의 태도와 정직성을 함께 평가한다.

BGF리테일이 운영하는 편의점 CU의 새 PB '피빅'. (제공 : BGF리테일)

　　2025년 국내 편의점 업계의 자체 브랜드(PB) 전략 변화는 이를 잘 보여준다. CU는 기존 PB 브랜드 '헤이루(HEYROO)'를 '피빅(PBICK)'으로 리뉴얼하고, '득템 시리즈'를 전면에 내세워 라면과 스낵,생필품을 포함한 250여 종 이상 상품군을 운영했다.

　　CU는 PB 스낵류 매출이 2022년 36.6%, 2023년 27% , 2024년 15.5%로 꾸준히 증가하는 현상을 분석, 스낵 소비가 트렌드와 맞물려 분화하고 있다는 점을 포착했다. 단순히 가성비만 앞세우지 않고 SNS에서 화제가 되는 이색 스낵류를 표방한 게 특징이다. 피빅으로 내놓은 △작은별 흑임자 라떼맛 △더블 왕새우칩 △타코야끼 볼 등은 기존 제품들과 다른 맛, 형태, 크기로 변주를 시도

한 이색 상품들이다.

이러한 현상은 글로벌 시장에서도 동일하게 일어나고 있다. '딜로이트'의 'Global Powers of Retailing' 보고서에 따르면 글로벌 유통사들도 PB를 확대해 소비자와의 직접적 관계를 강화하는 전략을 늘리고 있다. PB는 더 이상 단순한 저가 상품이 아니라 '투명성과 신뢰성을 상징하는 가치 소비의 도구'로 의미가 바뀌었다.

다이소와 편의점의 뷰티·건강기능식품도 같은 맥락에서 흥행할 전망이다. 특히 뷰티 카테고리는 새로운 제품을 테스트해 보고 싶은 소비자의 욕구가 강하다. 하지만 CJ올리브영 같은 기존 헬스앤뷰티 매장만으로는 실험적인 제품을 내놓기에 한계가 있다. 최소 입점 수량 등 허들이 높기 때문이다.

반면, 다이소와 편의점에서는 기존 헬스앤뷰티 매장에서 입증된 성분, 브랜드의 제품을 가성비 버전으로 바꿔서 빠르게 출시하고 있다. 가격도 5000원 미만이 주를 이뤄 소비자는 부담 없이 새 제품을 테스트해 볼 수 있다.

오프라인은 '경험', 온라인은 '데이터'로

오프라인 유통은 2025년에도 부진했다. 대형마트, 백화점, 편의점 모두 전년 대비 매출 하락을 경험했다. 상품을 판매하는 장소로써 오프라인 유통의 경쟁력은 온라인에 밀릴 수밖에 없다. 하지만, 경험을 제공하는 무대로서의 공간 가치는 계속 커지면서, 이제 그 중심이 될 전망이다.

현대백화점의 새 포맷 '커넥트현대 청주'. 유동인구가 많은 공간에 팝업 전용 존을 구성해 노출도와 고객 경험을 극대화했다. (제공 : 현대백화점)

오프라인 유통사 역시 점포를 자산 증식의 수단이 아니라 소비자 경험을 극대화하는 공간으로 재인식하기 시작했다. '더현대서울'을 통해 일찌감치 경험을 극대화하는 공간의 시험에 나섰던 현대백화점은 백화점과 쇼핑몰을 결합한 '커넥트현대'라는 새로운 포맷을 내놨다.

특히 수도권 비주력 상권과 지방에 위치한 백화점들은 경쟁력을 잃고 있는데, 여전히 고용과 지방 협력 등 지역별 백화점 점포가 가지는 상징성도 무시할 수 없어 리뉴얼 전략을 고심하던 차에 나온 카드다.

편의점은 K-콘텐츠를 직접 만나는 장소로 바뀌고 있다. K-팝 그룹은 이제 팝업스토어를 여는 게 일상이 되었고, 관광 상권, 대학가 등 일부 점포를 팝업스토어 전용 공간으로 꾸민다. GS25, CU, 세븐일레븐, 이마트24 등 국내 편의점들은 아이돌 그룹의 컴백과 음반 출시에 맞춰 단독 협업을 진행한다. 이곳에서만 구입할 수 있는 단독 출시 상품을 판매하고 온라인으로 주문한 음반 등을 수령할 수 있어 팬들의 커뮤니티 장소로도 활용된다.

　CU에 따르면 아이돌 앨범을 온·오프라인에서 판매하는 기간 동안 오프라인 점포에서의 매출은 판매하지 않았던 기간 대비 약 37% 정도 신장됐다. K-팝과 함께 세계적으로 인기인 K-뷰티, K-라면, K-분식 등을 테마로 한 특수 점포를 확장하면서 방한 외국인 고객까지 잡는 데 집중할 전망이다.

　온라인은 데이터 경쟁으로 도약한다. 시장 조사 보고서, 맞춤형 조사 보고서 및 컨설팅 서비스를 제공하는 '그랜드뷰 리서치'(Grand View Research)에 따르면 글로벌 AI 리테일 시장 규모는 2024년 116억 달러에서 2030년까지 연평균 23% 성장할 전망이다.
　이미 플랫폼 경쟁력을 가진 기업들이 인공지능을 활용해 초개인화 맞춤형 상품 추천을 운영하기 시작하면서, 제조·브랜드 운영사들에게는 맞춤형 광고 상품을 판매하는 새 비즈니스 모델이 부각될 전망이다. 네이버는 검색·쇼핑 연계 AI 기능을 고도화하며 개인 맞춤형 추천 경험을 개선했다.

　알리바바그룹과 신세계그룹의 조인트벤처(이하, JV) 역시 데이터 경쟁력을 끌어올리기 위한 맥락에서 사업을 강화할 전망이다. 알리바바그룹의 AI 역량과 신세계그룹 소속인 G마켓의 판매자 경쟁력을 더하면 해외 시장에서 수요가 많은 한국 상품을 선별해 타깃 공략이 가능하기 때문이다.
　알리바바그룹은 여러 차례 공식적인 자리에서 '한국 판매자들의 역량은 세계 최고 수준'이라 밝혔다. 상품 발굴 능력과 소비자 응대력, 자체 마케팅 전략 등이 개인 판매자이지만 기업과 경쟁할 만큼 우수하다는 것이다. 여기에 그룹의 AI 분석 툴을 도입, 동남아시아부터 공략할 계획이다.

글로벌 크로스보더 경쟁은 더 치열

국경이 없는 온라인 쇼핑(크로스보더) 경쟁은 더 치열해질 전망이다. 관세청에 따르면 2025년 상반기 해외 직구 건수는 전년 대비 50% 이상 증가했고, 역직구 금액은 전년 대비 200% 이상 늘었다.

〈온라인 해외쇼핑 규모〉

	2022	2023	2024	2025*
직접 구매(직구)	5.9	6.6	7.9	4.1
직접 판매(역직구)	1.9	2.4	2.6	1.5

단위 : 조원 / *2025년은 상반기, 자료=통계청

특히 해외 소비자들의 한국 상품 선호도가 커지면서, 글로벌 플랫폼들의 한국 공략은 강해질 전망이다. 뷰티, 패션과 같이 유망한 카테고리를 중심으로 판매자의 애로사항을 해소하고 관세와 통관, 물류 등 전 과정을 전폭적으로 지원하는 방식이 대표적이다.

이베이는 10월 17일부터 미국행 모든 배송을 '관세 선납 방식(Delivered Duty Paid, 이하 DDP)'으로 의무화했다. DDP는 판매자가 관세와 세금 등을 포함해 배송하는 방식으로, 구매자는 예상치 못한 통관 비용에 대한 부담 없이 상품을 받을 수 있게 됐다.

지난해 상반기 한국 판매자들은 이베이의 크로스보더 사업 10년 역사에서 최고 매출을 달성하고 전 세계 성장률 1위에 등극했는데, 각국 정책에 따른 어려움이 커지자 플랫폼이 직접 해소하고 나선 것이다.

아마존은 향후 3년간 K뷰티 브랜드의 글로벌 성장을 위한 'K뷰티 고 빅(Go Big) 이니셔티브' 전략을 운영한다. △인공지능(AI) 기반 온보딩(입점 초기 지원) 툴과 전략 컨설팅으로 브랜드 성장 가속화 △글로벌 수요 기반 신제품 개발 지원

△Z세대 타깃 팬덤 기반 마케팅 등이다. 미국뿐 아니라 일본, 중동, 라틴아메리카 등 전 세계 아마존에서 한국 뷰티 판매자를 시작으로 패션, 생활 소비재 등으로 지원 분야를 넓혀갈 예정이다.

그동안 부실했던 정부의 크로스보더 지원책도 보강될 전망이다. 현실적으로 글로벌 플랫폼 외에 한국의 판매자가 역직구 수요에 대응할 수 있는 방법은 없는 상태다. 특히 중소기업은 국제 배송을 위한 물류 시스템을 갖추기 어려워 해외 진출 시도조차 못하는 실정이다. 글로벌 온라인 결제, 외국어 CS 지원 등도 미흡하다.

이재명 대통령이 지난 제6차 대통령 주재 수석보좌관회의에서 '역직구를 활성화하면 해외에 가지 않아도 수출을 할 수 있어 관련 부처별로 지원 방안을 고민해 보라'고 지시한 만큼 새로운 지원책이 나올 가능성이 크다.

비이성적 소비… 감성 터치하는 전략 눈길

가격과 품질을 비교하는 플랫폼과 콘텐츠가 넘치면서 역설적이게도 논리로 설명 불가능한 감성적인 요소가 최종 소비를 결정짓는 현상이 두드러질 전망이다. 소비자 입장에서는 이유를 설명할 수 없지만 마음이 열리는 매장과 상품, 행사 등 모든 판매 콘텐츠는 데이터를 기반으로 전략적으로 설계한다는 역설이 자리한다.

시카고의 시장조사업체 'Beall Research'가 실시한 소비자 조사 결과, 응답자의 86%가 "구매 결정에 평균 10개의 감정적 욕구(emotional needs)가 작용했다"고 답했다. 이 욕구들은 자존감 강화, 타인에게 보이는 이미지 조정 등 내적·외적 요소를 포함한다.

무신사 스토어 강남점. 소비자 데이터를 분석해 취향을 발견할 수 있는 공간으로 설계했다. (제공 : 무신사)

국내에서도 기술을 활용해 감성을 건드리는 전략을 펴는 브랜드와 공간이 소비자를 끌어모으기 시작했다.

2025년 7월 문을 연 무신사 스토어 강남점은 데이터와 감성을 결합한 리테일 공간으로 주목받았다. 온라인에서 축적한 구매·검색 데이터를 기반으로 매장 동선을 설계하고, 고객 취향에 맞는 브랜드를 전시하는 방식으로 운영된다.

단순히 옷을 판매하는 공간이 아니라 '내가 좋아하는 브랜드와 스타일을 오프라인에서 만나는 경험'을 제공한다는 점에서 소비자에게 감정적 만족을 준다. 고객은 '데이터 기반 큐레이션'을 통해 자기 취향이 존중받는다고 느끼고, 오프라인 공간에서 그 감정을 실질적으로 체험한다. 결국 매출은 제품보다 경험에 의해 견인되는 셈이다.

팝업스토어 역시 판매가 아닌 브랜드 세계관을 고객이 직접 경험하고 감정적으로 동조하게끔 설계되고 있다. '이노션'은 트렌드 리포트에서 "팝업스토어가 단순 판매 공간이 아니라 팬덤과 감성 경험을 연결하는 미디어 채널로 진화하고 있다"고 분석했다. '아이소이'의 체험형 팝업, '뉴발란스'의 수비니어숍, '배민'의 '계란프라이데이' 팝업 등이 대표적이다.

이들 공간은 제품을 파는 대신 '브랜드 세계관'을 경험하게 한다. 굿즈 수집과 포토존 체험, 한정판 이벤트에 참여하는 소비자는 '브랜드와 함께 즐긴 기억'을 가져간다. 팝업을 다녀간 소비자는 충성 고객으로 전환될 가능성이 크다. 지난해부터 성수동 일대에 문을 연 뷰티 브랜드의 팝업스토어와 플래그십 스토어도 판매보다 브랜드 세계관을 전달하는 조형미를 강조하는 추세다.

위기 넘어 재도약… 르네상스 서막

김호윤 기자

제약·바이오

한국제약바이오협회와 주요 리서치 기관들의 전망에 따르면, 2026년은 단순한 회복기가 아닌 질적 도약의 원년이 될 것으로 보인다. 특히 바이오의약품 시장의 폭발적 성장과 CDMO(위탁개발생산) 산업의 글로벌 경쟁력 확보, AI 기반 신약 개발 가속화 등이 주요 성장 동력으로 작용할 전망이다.

CDMO, 61조 원 시장으로 성장

CDMO(위탁개발생산) 산업이 2026년 한국 제약바이오 산업의 또 다른 성장 엔진으로 부상하고 있다. 글로벌 CDMO 시장은 2030년 61조 원 규모로 성장하리라 전망되며, 한국 기업들이 이 시장에서 핵심 플레이어로 자리매김하고 있다.

바이오의약품 시장의 지속적인 성장과 함께 글로벌 제약사들의 아웃소싱 수요가 급증하면서, 생산 능력과 기술력을 갖춘 CDMO 기업들의 입지가 더욱 공고해지고 있다. 특히 mRNA 백신과 항체 치료제, 세포·유전자 치료제 등 차세대 바이오의약품 생산 수요는 폭발적으로 증가하면서 CDMO 산업의 황금기가 열리고 있다.

삼성바이오로직스 바이오리액터홀 (제공 : 삼성바이오로직스)

삼성바이오로직스는 명실상부 글로벌 CDMO 1위 기업으로서의 위상을 더욱 공고히 하고 있다. 2026년 5공장 가동을 앞두고 있으며, 이는 총 생산 능력을 70만 리터 이상으로 끌어올리는 역사적 이정표가 될 것으로 예상한다.

삼성바이오로직스는 최근 조직 개편을 단행하며 CDMO 사업 경쟁력 강화에 나섰다. 신약 개발 부문을 분리하고 CDMO 핵심 역량에 집중함으로써 더욱 전문화된 서비스를 제공할 수 있게 되었다.

대형 계약 수주 실적도 눈부시다. 2024년 한 해 동안만 수십억 달러 규모의 계약을 체결했으며, 2026년에도 이러한 성장세가 지속될 것으로 예상된다. 삼성바이오로직스 관계자는 "5공장 가동으로 생산 능력이 대폭 확대되면 더 많은 글로벌 제약사들의 파트너가 될 수 있을 것"이라 밝혔다.

셀트리온이 CDMO 사업에 본격적으로 뛰어들면서 업계의 주목을 받고 있다. 셀트리온은 자회사 셀트리온바이오솔루션스를 통해 차별화된 CDMO 전략을 추진하며, 2031년까지 3조 원 매출을 목표로 하고 있다.

셀트리온의 CDMO 전략은 기존 바이오시밀러 개발 및 생산 경험을 바탕으로 한 것이 특징이다. 특히 항체 의약품 생산 분야에서 축적한 노하우와 대규모 생산 시설을 활용하여 경쟁력을 확보한다는 계획이다.

대형 기업들뿐만 아니라 중견 제약사들도 특화된 영역에서 CDMO 경쟁력을 키우고 있다. 종근당은 항체약물접합체(ADC) CDMO에 집중하며 고부가가치 시장을 공략하고 있다. ADC는 차세대 항암제로 주목받고 있으며, 생산 난이도가 높아 전문성을 갖춘 CDMO 기업에 대한 수요가 높다.

한미약품은 평택에 바이오 플랜트를 건설하며 CDMO 시장 진입을 준비하고 있다. 한미약품은 합성의약품 분야에서 쌓은 생산 노하우를 바이오의약품 분야로 확장한다는 전략이다.

100조 원 비만치료제 놓고 '각축전'

비만치료제 시장이 제약산업의 새로운 블록버스터로 급부상하고 있다. 시장조사기관들은 2030년 글로벌 비만치료제 시장 규모가 100조 원을 돌파할 것으로 전망하고 있으며, 2028년에는 373억 달러(약 53조 5000억 원) 규모로 성장하리라 보고 있다.

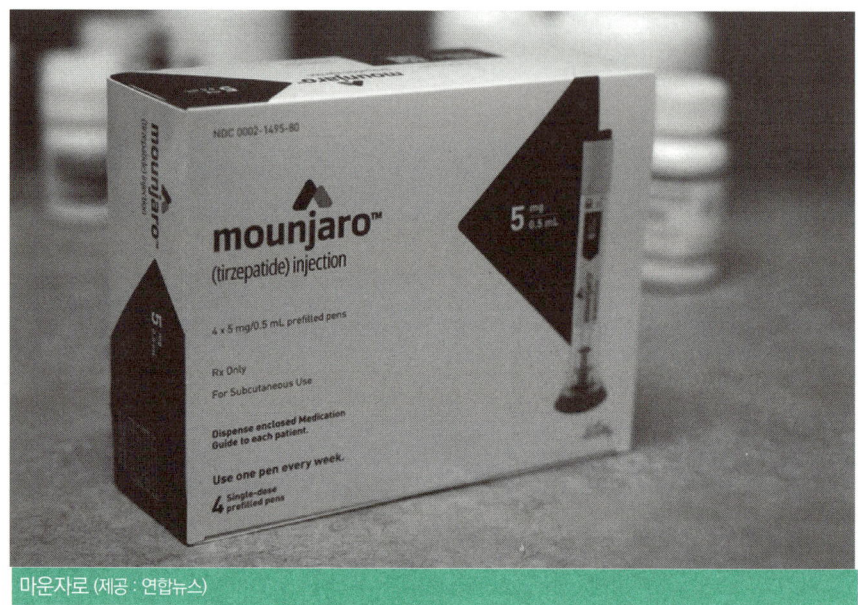

마운자로 (제공 : 연합뉴스)

'노보 노디스크'의 '위고비'와 '일라이 릴리'의 '마운자로' 등 GLP-1 기반 비만 치료제들이 시장을 선도하며 전 세계적으로 선풍적인 인기를 끌고 있다. 이러한 글로벌 트렌드에 발맞춰 국내 제약사들 역시 총 15개 기업이 비만치료제 개발에 뛰어들며 치열한 경쟁을 벌이고 있다.

국내 비만치료제 개발의 선두주자는 단연 '한미약품'이다. 한미약품은 자체 개발한 GLP-1/GIP 이중작용제 '에페글레나타이드(EFPEGLENATIDE)'의 상용화를 앞당기며 2026년 하반기 국내 출시를 목표로 하고 있다.

에페글레나타이드는 임상시험에서 우수한 체중 감소 효과를 입증했다. 특히 주 1회 투여로 편의성을 높였으며, 기존 GLP-1 단독 작용제 대비 우수한 효능을 보였다는 평가를 받고 있다. 한미약품은 이 신약으로 국내 시장에서만 연간 1000억 원대 매출을 목표로 하고 있으며, 글로벌 진출도 적극 추진 중이다.

'동아에스티'는 '옥신토모듈린(Oxyntomodulin)' 유사체인 'DA-1726'을 개발 중이다. 옥신토모듈린은 GLP-1과 글루카곤 수용체에 동시에 작용하는 천연 펩타이드로, 체중 감소와 대사 개선에 효과적인 것으로 알려져 있다.

DA-1726은 기존 GLP-1 기반 치료제와는 다른 메커니즘으로 작용하여 차별화된 경쟁력을 확보할 수 있을 것으로 기대된다. 동아에스티는 현재 임상 2상을 진행 중이며, 2026년 중 3상 진입을 목표로 하고 있다.

유한양행은 가장 다각화된 비만치료제 포트폴리오를 구축하고 있다. 자체 개발 중인 'YH341600'을 비롯해, 벤처기업 인벤티지랩과의 협업을 통해 국내 최초로 '제2의 위고비' 상업화에도 나섰다.

특히 주목할 만한 것은 GLP-1과 FGF21을 동시에 타깃하는 이중작용 항체 개발이다. FGF21(섬유아세포 성장인자 21)은 에너지 대사 조절에 중요한 역할을 하는 호르몬으로, GLP-1과의 결합을 통해 시너지 효과를 낼 수 있을 것으로 기대된다.

유한양행은 또한 주사제뿐만 아니라 경구용 비만치료제 개발에도 힘쓰고 있다. 베링거인겔하임과 협력하던 MASH(대사 이상 관련 지방간염) 치료제 후보물질을 반환받아 독자적으로 개발을 진행하는 등 적극적인 행보를 보이고 있다.

주사제 형태가 주를 이루는 현재 비만치료제 시장에서 경구용 및 패치형 제형 개발 경쟁도 치열하다. LG화학은 경구용 비만치료제 개발에 집중하고 있으며, 일동제약, 대원제약, 광동제약 등도 각자의 강점을 살린 차별화된 비만치료제 개발에 박차를 가하고 있다.

비만치료제와 함께 당뇨병 치료제 시장도 지속적인 성장세를 보이고 있다. 전 세계적으로 당뇨병 환자는 증가하고 있다. 특히 아시아 지역에서의 증가세가 두드러지는 가운데 글로벌 당뇨병 치료제 시장은 2026년 700억 달러를 넘어설 것으로 전망된다.

GLP-1 계열 치료제는 당뇨병과 비만을 동시에 치료할 수 있다는 점에서 시장의 관심이 집중되고 있다. 이미 시장에 출시된 '오젬픽', '트루리시티' 등이 블록버스터 의약품으로 자리 잡았으며, 차세대 제품들의 개발도 활발하다.

국내 제약사들도 당뇨병 치료제 시장에서 경쟁력을 키우고 있다. 특히 GLP-1 기반 치료제뿐만 아니라 새로운 기전의 치료제 개발에도 힘쓰고 있어, 향후 글로벌 시장에서의 입지 확대가 기대된다.

AI 신약 개발, 현실이 되다

인공지능(AI) 기술이 신약 개발의 패러다임을 바꾸고 있다. 2026년은 AI 기반 신약 개발이 본격적으로 성과를 내기 시작하는 해가 될 것으로 전망된다. AI는 신약 후보물질 발굴, 임상시험 설계, 환자 모집 등 신약 개발의 전 과정에서 혁신을 일으키고 있다.

국내에서도 AI 신약 개발 플랫폼을 보유한 스타트업들이 주목받고 있다. '스탠다임', '신테카바이오' 등이 AI 기술을 활용해 신약 후보물질을 발굴하고 있으며, 대형 제약사들과의 협력도 활발하다.

AI를 활용하면 신약 개발 기간을 절반 이상 단축하고 비용도 크게 절감할 수 있다는 것이 입증되고 있다. 전통적으로 10년 이상 걸리던 신약 개발 기간이 5~7년으로 줄어들 수 있으며, 이는 제약산업의 생산성을 획기적으로 높이는 계기가 될 것이다.

디지털 치료제·원격의료 성장세

디지털 치료제(DTx)와 원격의료 시장도 빠르게 성장하고 있다. 특히 코로나 19 팬데믹 이후 비대면 의료에 대한 수요가 증가하면서, 디지털 헬스케어 시장이 급성장하고 있다.

국내 제약사들도 디지털 치료제 개발에 뛰어들고 있다. '에이치케이이노엔', '뉴냅스' 등이 디지털 치료제 개발을 진행 중이며, 일부는 이미 식약처 승인을 받아 상용화 단계에 진입했다.

디지털 치료제는 기존 약물 치료와 병행해 치료 효과을 높이는 방식으로 활용되고 있으며, 특히 정신건강과 만성질환 관리 분야에서 활발하게 적용되고 있다.

기회를 현실로 만들 준비

2026년 한국 제약바이오 산업은 여러 면에서 전환점을 맞이한다. 100조 원 규모의 비만치료제 시장에서 국내 기업들이 본격적으로 경쟁하고, 61조 원 CDMO 시장에서 글로벌 리더십을 공고히 하며, AI와 디지털 기술을 활용한 혁신이 가속화되는 해가 될 것으로 전망되고 있다.

물론 글로벌 경제의 불확실성과 고환율 리스크, 공급망 리스크 등 극복해야 할 과제들도 적지 않다. 하지만 업계는 이러한 도전을 기회로 만들 수 있는 기술력과 경쟁력을 갖추고 있다는 자신감을 보이고 있다.

실제로 국내 제약바이오 기업들의 시가총액 합계는 이미 100조 원을 넘어섰으며, 기술 수출 규모도 매년 증가하고 있다. 삼성바이오로직스는 글로벌 CDMO 1위 기업으로 확고히 자리 잡았고, 셀트리온은 바이오시밀러 분야에서 세계적인 경쟁력을 인정받고 있다.

중견·중소 제약사들도 각자의 강점을 살린 차별화 전략으로 성장하고 있다. 한미약품의 에페글레나타이드, '유한양행'의 다각화된 비만치료제 포트폴리오, 동아에스티의 옥신토모듈린 유사체 등은 글로벌 시장에서도 충분한 경쟁력을 가질 것으로 평가받고 있다.

바이오벤처 생태계도 성숙해지고 있다. 과거처럼 무분별한 투자와 과대 포장이 아닌, 실질적인 기술력과 임상 데이터를 바탕으로 한 건전한 성장이 이뤄지고 있다. '레고켐바이오사이언스', '에이비엘바이오', '앱클론' 등 기술력을 인정받은 바이오벤처들이 대형 기술 수출 계약을 체결하며 성공 사례를 만들어가고 있다.

정부의 적극적인 지원도 긍정적인 요인이다. K-바이오 전략을 통한 체계적인 육성 정책, 규제 혁신을 통한 시장 진입 장벽 완화, 인재 양성과 인프라 구축 등이 산업 성장의 든든한 뒷받침이 되고 있다.

이제 남은 것은 실행이다. 기술력을 바탕으로 한 차별화, 글로벌 파트너십 강화, 규제 환경 개선, 인재 확보 등 산업 생태계 전반의 경쟁력을 높여야 한다. 정부, 기업, 학계가 협력하여 한국 제약바이오 산업의 르네상스를 현실로 만들어야 할 때다.

2026년, 한국 제약바이오 산업은 글로벌 무대에서 더욱 빛날 것이다. 수십 년간 쌓아온 기술력과 생산 능력, 그리고 끊임없는 도전 정신이 결실을 맺는 해가 될 것으로 기대된다. 반도체와 자동차에 이어 바이오가 한국 경제의 새로운 성장 동력이 되는 그날을 향해, 제약바이오 산업은 힘찬 발걸음을 내딛고 있다.

2026 메가트렌드

불확실성을 넘을 비즈니스 전략 포인트

인 쇄 일	2025년 11월 13일
발 행 일	2025년 11월 20일
발 행 인	유일동
발 행 처	**대한경제**
소 재 지	서울 강남구 언주로 711, 12층(논현동, 건설회관)
전 화	02) 515 - 7320
홈페이지	www.dnews.co.kr

※ 이 책은 저작권법에 의해 보호를 받은 저작물이므로 어떤 형태의 무단 전재나 복제를 금합니다.

정   가 20,000원
I S B N 979-11-93258-29-3